U0894971

The Wars of Gods and Men

众神与人类的战争

[美] 撒迦利亚·西琴 著
(Zecharia Sitchin)
赵娟 宋易 译

THE EARTH CHRONICLES

地球编年史

III

第三部

江苏凤凰文艺出版社
JIANGSU PHOENIX LITERATURE AND ART PUBLISHING, LTD

图书在版编目（CIP）数据

众神与人类的战争 / (美) 撒迦利亚·西琴 (Zecharia Sitchin) 著；赵娟，宋易译. — 南京：江苏凤凰文艺出版社，2019.7

（地球编年史）

ISBN 978-7-5594-3412-8

Ⅰ. ①众… Ⅱ. ①撒… ②赵… ③宋… Ⅲ. ①远古文化－世界 Ⅳ. ①K11

中国版本图书馆CIP数据核字（2019）第040250号

江苏省版权局著作权合同登记：图字10-2019-397号

书　　名	众神与人类的战争
著　　者	[美] 撒迦利亚·西琴
译　　者	赵　娟　宋　易
责任编辑	孙金荣
特约编辑	张雪雅
出版统筹	孙小野
封面设计	金牘文化·车球
出版发行	江苏凤凰文艺出版社
出版社地址	南京市中央路165号，邮编：210009
出版社网址	http://www.jswenyi.com
印　　刷	三河市金元印装有限公司
开　　本	700毫米×1000毫米　1/16
印　　张	26
字　　数	353千字
版　　次	2019年7月第1版　2019年9月第2次印刷
标准书号	ISBN 978-7-5594-3412-8
定　　价	52.00元

（江苏凤凰文艺版图书凡印刷、装订错误可随时向承印厂调换）

《地球编年史》继续其伟大的进程，为我们展开了诸神统治地球时发生的世界大战乃至星球大战。这注定是一部最重要也最受争议的史诗性大作……值得一读！

——《锐评》杂志（*Critical Review*）

※ 为什么地球的历史如同一本一章接着一章描述战争的图书？

※ 人类天生就是战士吗？或者是众神教会了人类如何作战？

※ 外星战神是否应该对人类历史上的重大变故负责？

※ 地球上的战争是开始于天空、然后在地球上延续的吗？

※ 天相的变化会不会真的决定地球上人类的未来？

大洪水……特洛伊战争……罪恶之城所多玛和蛾摩拉的毁灭……西琴全景式地还原了上古时代神与人共同参与的世界混战，其真实性令人震撼。

——《每日镜报》（*Daily Mirror*）

中译本总序

《地球编年史》系列修订本终于和大家见面了！

十年前，这套被翻译为30多种语言的全球畅销书，在第一本发行30周年之后引入中国，引起了广大读者的兴趣。而这套书的再次出版，我相信会再一次掀起一股有关人类文明起源的探索热潮。

对一个读者——至少是我本人——来说，这可能是有史以来最伟大、最具说服力而且也最陌生的关于太阳系与人类历史的知识体系。它是如此恢宏、奇诡、壮丽，使我首次意识到，人类在终于有机会和能力追寻人类起源的真相时，才发现事实竟然比想象或幻想更加不可思议。而此前，人类也许并不知道，其实我们一直就置身于创造的奇迹之中，或者，我们本身就是一个被创造的奇迹。

应该说，大多数对人类进化及其文明有兴趣的人都将对这个系列的图书保持一种开放的态度。同样，对《圣经》故事以及大洪水之前的历史感兴趣的人，也可能会持有同样的阅读姿态。你是否思考过，为什么我们这个物种是地球上唯一的高智能物种？你是否想过，为什么从古代的哲人到现代的科学家，都无法完全回答我们从哪儿来？或者你是否知道，为什么希腊词语anthropos（人类）的意思是“总是仰望的生物”？甚至连earth（大地、地球）一词都是源于古代苏美尔的e.ri.du，而这个词的本义竟是“遥远的家”！

——其实，撒迦利亚·西琴在《地球编年史》系列图书中回答的远不止这些。

西琴是现今能真正读懂苏美尔楔形文字的少数学者之一。作为一位当代伟大的研究者，他既利用了现代科学的技术，又从古代文献中窥知了那些一度处于隐匿状态的“神圣知识”。而这些神圣的知识所包含的内容，正是：“我们是谁”，“我们从哪儿来”，甚至“我们往何处去”。

在他看来，人类种族是呈跳跃式发展的，而导致这一切的是30万年前的一批星际旅行者。他们在《圣经》中被称为“纳菲力姆”（中文通行版《圣经》中将其误译为“伟人”或“巨人”），在苏美尔文献中被称为“阿努纳奇”。与《圣经》中所记载的神话式历史不同，他通过分析苏美尔、巴比伦、亚述文献和希伯来原本《圣经》，替我们详细再现了太阳系、地球和人类这一种族及其文明的起源与发展历程。

西琴发现，借助现代科学手段得来的天文资料，竟与古代神话或古代文明的天文观有着惊人的相似。令人震惊的是，数千年前的苏美尔文明的天文观甚至是近代文明所远远不及的。哪怕是现在，虽然天文学家已经发现了“第十二个天体”尼比鲁的迹象，但却无法证明它的实际存在；而位于人类文明之源的古代苏美尔，却早就有了尼比鲁的详细资料。《地球编年史》充当了现代科学和古代文献之间的桥梁，在现代科学技术和古代神话及天文学的帮助下，西琴向我们全面诠释了太阳系、地球以及人类的历史。

西琴的另一个重要成果是发现真正的人类只有30万年的历史，而非之前认为的有上百万年历史。而这是基于他对最古老文献的研读、对最古老遗址的考察，以及对天文知识的超凡掌握。借助强有力的证据，他向全世界证明，人类的出现是缘于星际淘金者阿努纳奇的需求。人类是诸神的造物，这一点在《地球编年史》中有着完美的科学解释。

不过，这套旷世之作的重点并不仅止于此。

在《地球编年史》中，我们能看到古代各文明神话中对“神圣周期”的理解竟然出奇地一致。与这个周期相关的正是太阳系的第十二名成员，被称为“谜之行星”的尼比鲁，即阿努纳奇的家园。所谓的“末日”——如一万多年前的大洪水——是尼比鲁与地球持续地周期性接近的结果，而人类文明就是在这一次次的“末日”中走向未来。

在我看来，《地球编年史》是一部记录地球和地球文明的史书，它传递给我们的，不仅仅是思想和观点那么简单。它是一本集合了最新发现和最古老证据的严肃的历史书。而对未来，撒迦利亚·西琴同样有着科学的预测。按照古代神话中“神圣周期”的推算，以及最新的天文学研究成果，有迹象表明，一次巨大的事件就快发生了。凡是接触过各古代神话的读者都应该不会遗忘，诸神曾向我们许诺：“我们还会回来。”那么，如果他们真的以某种身份存在的话，人类与造物者的再一次相会，将是在未来的哪一年、哪一天呢？

我不禁想起17世纪英国语言学家约翰·威尔金斯（John Wilkins）创造的一个词：everness，他用它来更有力地表达“永恒”之意。而阿根廷诗人豪尔赫·路易斯·博尔赫斯（Jorge Luis Borges）以此为名，写下了一首杰出的十四行诗，仿佛是在与西琴所关注的领域相呼应：

不存在的唯有一样，那就是遗忘。
上帝保留了金属，也保留了矿渣，
并在他预言的记忆里寄托了
将有的和已有的月亮。
万物存在于此刻。你的脸
在一日的晨昏之间，在镜中
留下了数以千计的反影，
它们仍将留在镜中。

万物都是这包罗万象的水晶的
一部分，属于这记忆，宇宙；
它艰难的过道没有尽头
当你走过，门纷纷关上；
只有在日落的另一边
你才能看见那些原型与光辉。

从《地球编年史》的第一部《第十二个天体》的出版，到第七部《完结日：审判与回归的预言》的出版，西琴耗时达30年。而他在这30年间所做出的成果，对于全人类来讲，价值都是无法估量的。

我们期待着一个有关地球和人类起源与文明的新的探索热潮，将随着《地球编年史》系列修订本的出版再次出现。

宋易

2019年5月20日于成都

再版前言

为什么人类的历史看起来似乎是一本一章接一章描述战争的图书？为什么发生于20世纪的第二次世界大战的众多战役中，至少有一场是整个战争的终结，而之后的21世纪却是以众多挑战先例的恐怖主义为开端，紧随其后的依旧是连绵不绝的战争和对核子灾难的恐惧？

难道人类天生就是战士吗？难道命中注定他们的天性就是战斗和残杀？……或者，人类早就接受过发动战争的专业训练？

我们之所以研究过去，是为了对我们的现存状态作出一个评判。《众神与人类的战争》将向读者展示一些很久以前发生的众神也加入其中的人类战争；而事实上，这些战争还只是一系列众神之战和人类战争的开端。读者将会看到，众神之间为了争夺地球统治权而发动的战争，最早是发生在他们自己的星球之上。是的，不仅人类的历史看起来是一本描述战争的图书，关于来自“谜之行星”尼比鲁的造物者阿努纳奇的传说，同样也是一部战争史。

我们重塑了当时发生在地球和天国的所有事件，其来源包括目击者的记录文献——其中的一些人真实地记录了众神是如何发号施令的。那些故事反映在《圣经》的《创世记》中，而这显然是一种嘉奖，它表明我们更广泛地接受了《圣经》的真实性，并深深地影响了我们看待世界和生命的方法。

更加具有启示性的，也是让人倍感苦恼的——是本书一步一步地讲述了众神之间的对抗和野心是怎样愈演愈烈的，以致到最后失去控制，从而导致了地球上第一次核武器的使用——在大约4000年前。那一场无意中造成的巨大灾难，毁灭了人类第一次文明。

这些都是事实，并非虚构和杜撰。可喜的是科学研究者在这本书首次出版之后，证实了我们在书中所描述的事情、它们的发生背景以及精确的发生时间：公元前2024年。

在今天，在公元21世纪的当下，我们还会重复公元前21世纪的事件吗？《众神与人类的战争》的各个章节将为读者详尽地讲述这些故事。

撒迦利亚·西琴

2006年10月于纽约

大事件年表

（约 450000 年前至公元前 2023 年）

时间	事件
	I. 大洪水之前
约 450000 年前	尼比鲁，我们太阳系的一位遥远成员，其上的大气正在慢慢地腐蚀，生命面临着慢性灭绝。在被阿努废除之后，统治者阿拉卢坐上太空船逃到了另一个星球——地球将其作为他的避难所。他发现地球上有一种名叫黄金的矿物，可以保护尼比鲁的大气层。
约 445000 年前	在阿努的一个儿子恩基的带领下，阿努纳奇人登陆了地球，建立了埃利都—地球站一号，以从波斯湾水域提取黄金。
约 415000 年前	地球的气候成熟了起来，更多的阿努纳奇人来到了地球，在他们之中有恩基同父异母的姐妹宁呼尔萨格。她是主要的卫生部官员。
约 430000 年前	由于黄金开采困难重重，阿努带着他的另一个儿子恩利尔来到了地球。很明显，恩利尔将是继承人。他们打算在非洲南部进行黄金开采。的确，成果是巨大的，恩利尔也赢得了地球任务的控制权：恩基被降职到了非洲。离开地球后，阿努受到了阿拉卢的孙子的挑战。
约 416000 年前	在美索不达米亚南部有 7 个有着不同职能的殖民点，包括一个太空站（西巴尔），一个太空航行地面指挥中心（尼普尔），一个金属冶炼中心（巴地比拉），一个医药卫生中心（舒鲁帕克）。矿石从非洲通过水运来到这里，提炼出的金属被送到由伊吉吉负责的轨道飞行器上，然后被运到从尼比鲁周期性到来的飞船上。
约 400000 年前	有了伊吉吉的支持，阿拉卢的孙子企图夺得对地球的统治权。恩利尔一方赢得了这场对老神的战争。
约 380000 年前	阿努纳奇在金矿事变中失败了。恩基和宁呼尔萨格通过对女性类人猿的基因改造创造了原始人工人，他们承担了阿努纳奇的繁重工作。恩利尔对矿井进行了突然袭击，将原始人工人带到了美索不达米亚的伊丁。
约 300000 年前	在被赋予生育能力之后，智人开始繁殖。
约 200000 年前	地球生命在一个新的冰河期开始了衰退。
约 100000 年前	气温再次转暖。阿努纳奇（《圣经》中的“巨人”，纳菲力姆人）因在地球上越发增多的烦扰，与人类的女子们结婚了。

约 75000 年前	"地球所承受的"一个新的冰河时代开始了。多个人类种族在地球上消亡。克罗马农人生存了下来。
49000 年前	恩基和宁呼尔萨格将带有阿努纳奇血统的人类提拔为舒鲁帕克的统治者。恩利尔愤怒了，秘密策划着要灭亡人类。
13000 年前	认识到尼比鲁向地球接近会引发一场巨大的潮汐波，恩利尔让所有阿努纳奇都宣誓保守这个秘密，不让人类知道。

II.大洪水之后

公元前 11000 年	恩基破坏了约定，指挥吉尔苏德拉 / 诺亚修建了一艘潜水艇性质的船。大洪水席卷地球，阿努纳奇在他们的轨道飞行器上目睹了这场大灾难。恩利尔答应给予人类残余部分工具和种子；高地上出现了农业。恩基驯化了动物。
公元前 10500 年	诺亚的后人分别被给予了三个区域。恩利尔最重要的儿子，尼努尔塔将山地筑成堤坝并放走了河水，让美索不达米亚变得适合居住；恩基开垦了尼罗河流域。西奈半岛被阿努纳奇作为后洪积世的太空站，在摩利亚（后来的耶路撒冷）山上建立了一个太空航行地面指挥中心。
公元前 9780 年	拉 / 马杜克，恩基的长子，将埃及划分为两部分，交给奥西里斯（古代埃及冥府之神）和赛特管理。
公元前 9330 年	赛特干掉了奥西里斯，夺取了他的领地，独自统治尼罗河区域。
公元前 8970 年	何璐斯（古代埃及太阳神）为了替父（奥西里斯）报仇，发动了第一次金字塔战争。赛特逃到了亚洲，夺走西奈半岛和迦南。
公元前 8670 年	因所有的太空设备都掌握在恩基后人的手中，恩利尔集团发动了第二次金字塔战争。作为胜利者的尼努尔塔腾空了大金字塔中的所有设备。宁呼尔萨格，是恩基和恩利尔同父异母的姐妹，召开了一次和平协商会议，会上重申了地球的划分。埃及的统治权从拉 / 马杜克王朝转移到了透特王朝的手中。太阳城作为灯塔市的替代品而建立。
公元前 8500 年	阿努纳奇在前往空间设备的关卡位置建立了前哨站，其中之一是耶利哥。
公元前 7400 年	随着和平年代的继续，阿努纳奇给了人类新的建议；新石器时代开始了。半神统治着埃及。
公元前 3800 年	阿努纳奇在苏美尔重建了老城，从埃利都和尼普尔开始，城市文明出现了。阿努来到地球，进行了场面宏大的访问。一座新城，乌鲁克（以力），在他的荣耀下建成，他将那里的神庙当作他最爱的孙女伊南娜 / 伊师塔的住所。

III. 地球上的王权

公元前 3760 年	人类被授予了王座。在尼努尔塔庇护下的基什是第一座都城。历法从尼普尔开始。文明在苏美尔（第一个区域）开花结果。
公元前 3450 年	苏美尔的主神变为了兰纳 / 辛。马杜克正式宣布巴比伦是“众神的门廊”。发生“巴别塔事件”之后，阿努纳奇使人类的语言变得混乱。马杜克 / 路政变失败，回到埃及，罢免了透特，抓住了他的小弟弟杜穆兹，他和伊南娜订了婚。杜穆兹被意外杀死；马杜克被监禁在大金字塔里，他从紧急通道中逃了出来，开始逃亡。
公元前 3100 年	埃及第一位法老在孟菲斯就职，结束了长达 350 年的混乱，文明由此走进了第二区域。
公元前 2900 年	苏美尔的王权转移到了以力。伊南娜被赋予第三区域的统治权；印度河流域文明开始了。
公元前 2650 年	苏美尔的都城频繁迁移。王权开始堕落。恩利尔对难以驾驭的人类失去了耐心。
公元前 2371 年	伊南娜与舍鲁金（萨尔贡）坠入爱河。他建立了新的都城：阿加得（阿卡德，《圣经》中的亚甲）。阿卡德帝国建立。
公元前 2316 年	为了统治四个区域，萨尔贡从巴比伦窃取了神圣泥土。马杜克—伊南娜的对抗再度爆发，它结束于马杜克的兄弟奈格尔从非洲南部来到巴比伦，并劝说马杜克离开美索不达米亚。
公元前 2291 年	那拉姆—辛登上了亚甲的王座。在好战的伊南娜的指引下，他穿过西奈半岛，进军埃及。
公元前 2255 年	伊南娜篡夺了美索不达米亚的权力；那拉姆—辛玷污了尼普尔。大阿努纳奇扫平了亚甲城。伊南娜逃走了，苏美尔和亚甲被外来军队占领，向恩利尔和尼努尔塔效忠。
公元前 2220 年	苏美尔文明在拉格什的开明统治者的带领下进入了一个更高的阶段。透特帮助它的国王古蒂亚，为尼努尔塔修建了一座塔形神庙。
公元前 2193 年	德拉，亚伯拉罕的父亲，出生于尼普尔的祭祀—皇室家庭。
公元前 2180 年	埃及分裂；拉 / 马杜克的追随者保留着南部；法老们与之相对，紧握着下层埃及的王座。
公元前 2130 年	随着恩利尔和尼努尔塔的渐行渐远，位于美索不达米亚的主要政权也开始了腐化。伊南娜为以力重新夺得王权的企图没有得逞。

Ⅳ.重要的世纪

公元前 2123 年	亚伯拉罕出生于尼普尔。
公元前 2113 年	恩利尔将闪族之地托付给了兰纳；乌尔被宣布为新帝国的都城。乌尔南模登上了王座，被称作尼普尔的守护者。一位尼普尔僧侣德拉，亚伯拉罕的父亲，来到乌尔与它的皇室交流。
公元前 2096 年	乌尔南模在战斗中死去。人们认为他不合时宜的死亡是由于阿努和恩利尔的背信弃义。德拉带着他的家人离开，去往哈兰。
公元前 2095 年	舒尔吉登上乌尔王座，加强了帝国内的联系。随着帝国的兴旺，舒尔吉拜倒在了伊南娜的魅力之下，成了她的情人。他将拉尔萨交给埃兰人，让他们充当他的外援军。
公元前 2080 年	底比斯的亲王们效忠拉 / 马杜克，他们在孟图赫特普一世的带领下向北方逼近。马杜克的儿子那布，在西亚为他的父亲赢得了支持者。
公元前 2055 年	在兰纳的命令下，舒尔吉派出埃兰军队镇压迦南的城市暴动。埃兰人到达了通往西奈半岛和它的太空站的关卡地带。
公元前 2048 年	舒尔吉去世。马杜克移动到了赫梯人的领地。亚伯拉罕被命令带着一支精锐骑兵前往迦南南部。
公元前 2047 年	阿马尔辛（《圣经》中的阿拉菲尔）成了乌尔的国王。亚伯拉罕去往埃及，停留了 5 年，然后带着更多的军队回来了。
公元前 2041 年	在伊南娜的指引下，阿马尔辛组建了东部国王联盟，向迦南和西奈发动远征。它的领导者是埃兰人赫多尔拉美尔。亚伯拉罕在通往太空站的门廊前阻截了他们的前进。
公元前 2038 年	舒辛在帝国崩溃之时取代阿马尔辛坐上了乌尔的王座。
公元前 2029 年	伊比辛替代舒辛。西部各省日益向马杜克倾斜。
公元前 2024 年	马杜克带领着他的追随者向苏美尔进军，在巴比伦自立为王。战火烧到了美索不达米亚的中心。尼普尔最神圣的地方被玷污了。恩利尔要求惩办马杜克和那布，恩基反对，但他的儿子奈格尔却站在恩利尔一边。当那布集结他的迦南追随者，要占领太空站的时候，大阿努纳奇批准使用了不洁净的武器。奈格尔和尼努尔塔摧毁了太空站以及那些误入歧途的迦南城市。
公元前 2023 年	风将放射性的云朵带去了苏美尔。人们大量死去，动物开始绝种。水是有毒的，土壤变得贫瘠。苏美尔和它的伟大文明瓦解了，它的遗物传到了亚伯拉罕 100 岁时生下的合法继承人手中，他的名字叫以撒。

目录

第一章

人类的战争

1947年春天，一个牧童在死海附近昆兰的悬崖边寻找一只丢失的羊羔时，意外地发现了一个洞穴。在这个洞穴的一只陶罐中，藏着一只希伯来语的卷轴。在随后几年里，其他的卷轴相继在这个地区被发现，它们被统称为死海卷轴，它们在这里静静地存在了将近2000年。这些卷轴被精细地包裹着，即使在位于朱迪亚的犹太王国挑战罗马帝国的动荡岁月里，也得到了妥善的保藏。

难道是在公元前70年，在城市和神庙沦陷前，耶路撒冷的官方图书馆就将这些卷轴运送到了安全地区，或者，就像大多数学者假设的那样，是爱色尼教派图书馆一个有着弥赛亚偏见的教派隐士运送了这些卷轴？意见产生了分歧，因为图书馆里既有传统的《圣经》文献，也有讲述宗派习俗、组织和信仰的著作。

其中一幅最长、最完整，也可能是最戏剧性的纸卷，讲述了一场未来的战争。这是一场最后的战役，被学者命名为“光明之子和黑暗之子的战争”。它设想了战争的蔓延——当地的战争会将朱迪亚的邻国席卷在内，最后战争的强度会增强，范围会扩大，直到整个世界被吞没。“光明之子和黑暗之子的首次交战，将会是对以东、摩押、亚扪人和腓力斯人以及那些给予他们帮助的盟约违反者的攻击”。在这些战争后，“他们将前往埃及的克辛斯”，然后“在适当的时候抗衡北方的国王”。

纸卷上写道，在这场人类的战争中，以色列神将处于积极的位置：

> 在克辛斯战败的那一天，当以色列神出现的时候，将会有一场猛烈而且残酷的战争；因为那一天是以色列人确定为攻击黑暗之子最后一战的日子。

先知以西结也预言了这场包括巨人族的孑遗歌格和玛各在内的最后的战役。君主本人“在这场战役的最后几天里，也会打得敌人落花流水”。但是死海纸卷更深入地预见了众神在这场战役中的实际表现，他们同凡人同心协力，并肩作战：

> 战争来临的那一天，众神和众人一起走进了血腥的战场。
>
> 众神的出现，引来战场上的轰然骚动和人们的叫喊，光明之子和黑暗之子开始了战争。

虽然十字军战士促使君主有了必须亲自挂帅的信念，包括萨拉森人在内的无数凡人在这一历史性的时刻都“以上帝之名”进入了战场，因为他们相信，人和神将会并肩作战。这听起来有些不可思议，所以我们最好只是把它当作一个寓言。不过，要是放在更早的年代，这也并非如它们听起来的那样离奇，因为那时的人类战争确实是由众神来发号施令的，虽然众神未必会积极参与。

最浪漫的一场战争是希腊的亚该亚人和特洛伊人之间的特洛伊之战，当时“爱情的力量发动了几千艘船只”。我们所知的是，为了使特洛伊人将美丽的海伦归还到她的合法配偶身边，希腊人发动了这场战争。然而，在古希腊描写发生在《伊利亚特》之前事件的 11 卷史诗《库普利亚》中，这场战争则是由伟大的宙斯神预谋策划的：

> 曾有一段时间，成千上万的人蓄意破坏广阔的地球内部。带着对人类的怜悯之心，宙斯以其过人的智慧减轻了地球的负担。所以，他使特洛伊的战争就那样结束了：这个通往死亡的过程令人类的竞赛显得如此虚空无益。

希腊神话的讲述者荷马在他的《伊利亚特》中讲述了这场战争的经过，他指责众神煽动战争，且最大限度地扭曲战争的冲动行为。

在这场人类戏剧中，众神时隐时现，他们推波助澜地将戏剧中的主角带入了他们的命运中。

这场戏剧的幕后推手是朱庇特 / 宙斯，尽管其他的神灵和众多披甲的战士在旷野上沉睡，朱庇特依然在辗转反侧地思考如何给阿喀琉斯带来荣誉，以及在亚该亚人的船上消灭更多的人类。在战争开始前，阿波罗神已经有了敌意：

> 他脸色阴沉，远远地离船而坐。他向亚该亚人射击，他的白色弓箭象征着死亡……他的弓箭向人们射击了整整 9 天……而且每天都有成堆的死者尸体被焚烧。

当抗议一方同意暂时休战，以使他们的统帅可以决定短兵相接的问题，不愉快的众神指派女神密涅瓦“立即前往特洛伊和亚该亚，设法使特洛伊人首先打破他们的誓言，然后攻击亚该亚人”。怀着对使命的满腔热情，密涅瓦“如耀眼的流星一般划过天际”，随后，为了不使狂热的战争停止在那个夜晚，密涅瓦通过点亮战场，使黑夜变成了白昼，她“将黑夜的薄雾从眼前驱走，无论是在船上还是在火热的战场上，光明笼罩着他们；而且亚该亚人可以看见赫克托和他们的人民”。

当战火越来越旺，有时还会有英雄的对峙时，众神始终聚精会神地观望着这些人类勇士：他们会救出下一个被围攻的英雄或稳定一辆无人驾驶的四轮马车。但是当众神意识到他们处于对立的双方，便开始相互伤害，宙斯命令战争暂停，让众神离开人类的战斗。

战争中止，且不会持续太久，因为战争中的许多统帅是众神或女神（有人类配偶的子嗣），最为愤怒的是马尔斯（Mars），当他的儿子阿斯卡拉福斯被一名亚该亚人刺死的时候，马尔斯对众神宣布，“在天堂居住的神，如果我在亚该亚人的船上为我死去的儿子报仇，请不要指责我，即使最终我会被朱庇特的闪电攻击，而且倒在尸山血海中”。

“只要众神远离人类的战争，亚该亚人就会胜利”，荷马说，因为“现在阿喀琉斯拒绝与他们交锋。但是众神的愤怒与日俱增——亚该亚人正是从半神半人的阿喀琉斯那里知道，朱庇特改变了主意”。

> “从我自身出发，我会待在这里，
> 静立在奥林匹斯山，静观和平，
> 但是你们其他人应该到特洛伊人和亚该亚人中去，
> 去帮助你应该帮助的任何一方。”
> 朱庇特如是为战争致辞，一锤定音，
> 众神因此进入了战争。

在东土耳其的特洛伊之战，长期以来一直被认为是令人心怡却又难以置信的，它是被学者们称为“神话学”的希腊传说的一部分。这个事件被认为纯粹是个神话。当一个名叫海因里西·谢里曼的商人冒着破产的风险，在1870年挖掘出了其遗迹，并有了惊人的发现后，学者们才承认特洛伊的存在。

现在人们已经普遍认为特洛伊战争在公元前13世纪真实地发生过，根据希腊史料记载，从那以后，神和人并肩作战，在这种信念下，希腊人并不孤单。

在那些日子里，在面临着欧洲和爱琴海的小亚细亚顶端居住着希腊的移民，小亚细亚受控于赫梯人，通过参考《圣经》以及埃及碑铭，现代学者第一次了解了这些历史。当考古学家发现了他们的古城，赫梯人和他们的国王就开始走进我们的视野之中。

赫梯文本以及对他们印欧语的解密，使我们可以将他们的起源追溯到公元前2000年。那时，印欧语系的部落开始从高加索地区移民，东南部的部落移民到印度，而西南部的部落移民到小亚细亚。公元前1750年是赫梯王国的繁荣期，500年以后，赫梯王国开始衰落，从那以后，赫梯王国被横跨爱琴海的入侵者侵犯，赫梯人认为入侵者是阿客雅瓦，许多学者认为他们就是荷马称为Achioi的亚该亚人。他们向小亚细亚末端的进攻，让他们在《伊利亚特》中留名。

在特洛伊战争前的几个世纪，赫梯人将王国扩展成为帝国，他们声称，之所以这样做，是要服从他们的至尊神特舒卜（“暴怒者”）。

关于赫梯人扩充领地的战役，荷马的标题是“上帝的愤怒会带来死亡”，而且赫梯国王们有时也认为神灵在战争中掌握控制权，“强大的暴君神灵，我的陛下”，国王玛舍里写道，“显示出他神的力量并且能够控制雷电”，是他帮助我们击退了敌人。女神伊师塔也在战争中帮助了赫梯人，并被戏称为“战场上的女士”，战场上的多次胜利都归因于她“神的力量”。因为她从天空中缓缓落下，用微笑面对敌军。

《旧约》的许多参考文献表明，赫梯的势力一直延伸到了南部的迦南，但是他们只是移民者而不是征服者。尽管他们把迦南作为中立区，放宽对它的管制，但是这并不是埃及人的态度。法老王反复寻找途径，试图将他们的统治向北延伸到北部的迦南和黎巴嫩，大约在公元前1470年，在米吉多，他们最终取得了胜利。

击败了迦南国王的联合部队，赫梯人发现，敌人留下的《旧约》、碑文将赫梯人描述为在古老的近东地区能够熟练使用四轮马车的专业战士。但是赫梯人自己的碑文记载，只有当神灵发号施令后，他们才会发动战争，而且在战争开始前，会给敌人一个举手投降的机会，并且，一旦战争取得了胜利，赫梯人便会非常心满意足地接受敬意并且接收战俘，他们不会掠夺城市和屠杀人民。

但是，法老特摩斯三世在米吉多之战中尝到了胜利的快感，他骄傲地在他的碑文上写道："现在我去了北方，掠夺城镇和安营扎寨的物件。""我使他们的城镇荒凉，用火焚烧他们的营地，他们不可能重建家园，所有被我抓获的人统统做了囚犯，我运走了他们数不尽的物品，我拿走了他们的生活资源，我削减他们的谷物，破坏丛林和宜人的树木，总之这里完全被我毁灭。"法老写道，这些行为完全是遵照他的神阿蒙拉的旨意。

埃及战争的残暴性以及他们对战败者无情的毁灭是这类傲慢的碑文的主题，例如，法老王佩皮在一首诗中通过亚洲的"沙漠居住者"来庆祝胜利。诗中高度赞扬了那些"占有沙滩居民土地，砍伐树木、藤木，向居民区纵火，残杀了当地成千上万的居民"的行为。这首诗被制作成纪念碑文，同时还配有关于战争场面的生动绘图（见图1）。

埃及人将他们的凶狠残暴归因于神灵阿蒙发出的作战命令，因为阿蒙要和以色列神抗衡。预言家耶利米写道："以色列神说：我将惩罚底比斯神阿蒙以及那些信任他的人们，我也会使埃及以及它的众神灵、法老和国王们得到报应。"据《圣经》记载，这将是一场持续的战争；大约1000年前"在以色列人从埃及出逃的时候，以色列神耶和华就已经重击了埃及，使其经受了很多苦难，耶和华不仅要削弱埃及统治者的集权，还要和埃及众神对抗”。

《出埃及记》的传说认为，以色列人能够离奇地摆脱埃及的奴役从而到达自己的理想国度，多亏了以色列神耶和华在关键时刻一次又一次的帮助：

他们从疏割起行，
在旷野边的以倘安营。
日间耶和华在云柱中为他们引路，
夜间在火柱中照亮他们，
使他们日夜都可以行走。
日间云柱，夜间火柱，
总不离开百姓的面前。

我们从《出埃及记》中了解到，在那以后，埃及又发生了法老不愿意留下任何记载的海战：

图1

埃及法老以及他的臣民
被以色列人的出逃激怒，
他们一路追赶，并且追赶到了
已经在海边安营扎寨的以色列人。

借助整夜刮起的强劲东风，耶和华
驱车来到海边，并且抽干了海水。
他使海面分离，
并且使以色列的孩子们
安全地进入了海中间的干涸地带。

破晓时分，当埃及人意识到发生的一切，埃及法老疾驰战车紧追以色列人。但是：

在正午时分，耶和华腾云驾雾
观察了埃及人的营地，
而且在暗中，他破坏了
埃及人的帐篷，并且松动战车的车轮，
使其跑动起来很困难。
最后埃及人无奈地说：
"让我们放过以色列人吧，
耶和华正在和他们一起与埃及对抗。"

但是紧追以色列人的埃及统治者命令他的战队加紧攻击。结果却给埃及人带来了灾难性的打击：

干涸的海水突然汹涌澎湃，

席卷了战车和骑士。

紧随他们的埃及法老，

也无一生还。

注视着耶和华施加给埃及人的强劲力量，

埃及人惊讶而敬畏。

埃及后期的法老拉美西斯二世，在记载发生于公元前1286年的一场战争时，描述天神阿蒙－拉神奇地出现在他的身边的文字，与《圣经》文字很相似。

这场发生在黎巴嫩加低斯要塞地带的战争，削弱了埃及拉美西斯二世的4支全国部队，这4股力量对抗着由赫梯国王穆瓦塔里斯统领的势力。战争也削弱了埃及对北方的叙利亚和美索不达米亚的进攻，以埃及人的撤退宣告结束。战争耗尽了赫梯王国的物资，使赫梯王国陷入饥荒。

对赫梯来说，这是一场珍贵的胜利，因为他们抓获了埃及法老。我们只找到了赫梯王国关于这场战争的不完整记载；但是在埃及法老拉美西斯重回埃及以后，他详细地描写了这场战争，以及他从赫梯逃脱的艰辛。

神庙的墙上记载了他的描述，并且配有战争细节的详尽描绘图（见图2），

图2

讲述了埃及军队怎样到达加低斯，并且在南方扎寨、养精蓄锐、准备战斗的事。奇怪的是，赫梯军队并没有提前准备战争。拉美西斯随后命令他的两支部队前往要塞地。但是，赫梯战队却突然从天而降，从背后袭击行进中的埃及部队，并且攻击在营地中的另外两支部队。

当埃及军队开始落荒而逃的时候，拉美西斯发现"他已被敌军的护卫队隔离"。然而，"当他在背后注视着战斗的时候，他发现，他已经被2500辆来自赫梯的战车包围"。

法老抛弃了他的臣子、战队和步兵，来到了他的神的身边。他意识到，他之所以处在困境之中，是因为他遵从了神的指令，而神怎么会陷他于绝境呢？于是他向神发出质疑：

君王问道：
"我的父亲阿蒙现在怎么样了？
一个父亲难道忘记了他的儿子吗？
如果没有你，我能做成任何事情吗？
无论我做过这些事情与否，
我都不会遵从你的指令了。"

这时，埃及神意识到敌军赫梯人也服从于其他的神灵。拉美西斯继续问道："对你来说这些东方亚细亚人是什么，我的阿蒙？这群坏蛋中又有谁不知道你呢，我的神？"

拉美西斯恳请他的神阿蒙救援埃及，因为神灵的力量将远远超过"几十万步兵，成千上万个战队"，因此，奇迹出现了，天神阿蒙出现在了战场上！

听到我的呼唤，

阿蒙很高兴，他向我伸出了手。

他站在我的后面大声呼喊：

“向前！向前！

拉美西斯，我与你同在！”

按照神的指令，拉美西斯向敌军发起猛攻。在神的影响下，赫梯莫名其妙地停止了进攻：“他们没有了士气，垂下了手，也没有力量发射弓箭和举起盾牌。”赫梯人交头接耳地议论着：“一个伟大的神来到了我们的战场上，他的行动不是人类行为，天神来到了。”没有了敌军的反攻，便可以杀得敌军片甲不留，拉美西斯得以逃脱。

在以赫梯国王之名命名的城市穆瓦塔里斯，埃及和赫梯王国签署了一个和平协议，而且当时执政的埃及法老迎娶了赫梯公主为自己的合法妻子。埃及人和赫梯人都呼唤和平，因为他们受到了来自克里特岛和其他希腊岛屿的“如海一般的人潮”的进攻。这些人在地中海沿岸的迦南地区立足，并且成了《圣经》中所说的腓力斯人；但是他们对埃及地区的进攻，被埃及法老拉美西斯三世击退，他在一处神庙的墙壁上重现了战争场景以纪念战争的胜利（见图3）。他把战争的胜利归功于他严格地遵守了“上帝之王，我威严而神圣的父亲的计划”。拉美西斯写道，对神阿蒙拉来说，战争的胜利是理所当然的，因为“阿

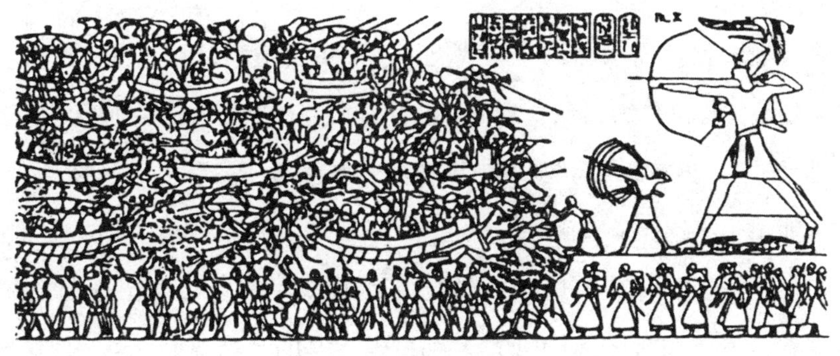

图3

蒙拉紧随他们，在后方打击敌人”。

人类代表他们的神的意志向同胞开战的血腥战争史，将我们带回了美索不达米亚，《圣经》中名叫示拿的土地，位于幼发拉底河和底格里斯河之间的平原。《创世记》记载，在那里，诞生了人类的第一座城市。城市中的建筑物用砖头修建而成，高塔直耸云空。人类有记载的历史从那里开始：随着旧神们的定居，史前文明在那里开始了。

这段遥远的历史，不久后就会世人皆知。但是，现在让我们回到在法老拉美西斯二世统治埃及的那段充满戏剧性的时代前的 1000 年。那个时候，在遥远的美索不达米亚，王位被授给了一位雄心勃勃的年轻人。他被称为舍鲁金——“正义的标尺”：我们的教科书把他称为萨尔贡。他建立了一座新的都城，命名为亚甲，并且建立了阿卡德王国。楔形文字的文本写道，阿卡德人的语言是所有闪族语言的母语，希伯来人和阿拉伯人至今仍在使用这种语言。

公元前 24 世纪，萨尔贡统治了美索不达米亚很多年，并且深得人心。他认为他之所以能长期处于统治地位（45 年），是因为伟大的神赋予了他特殊的地位，伟大的神使萨尔贡成了“伊师塔的看管者，阿努的救世主，恩利尔伟大正直的牧羊人”。萨尔贡写道，恩利尔“不许任何人违抗萨尔贡”，而且他还给予了萨尔贡“从上海域到下海域的地区”（从地中海到波斯湾）。因此萨尔贡在“恩利尔参议院的门口”带走了被俘的国王，并把挂在狗的项圈上的绳索套在了国王的脖子上。

在穿越扎格罗斯山脉的一场战役中，萨尔贡亲眼目睹了在特洛伊战场上也曾出现过的神的伟大力量。当他“前往瓦拉，在黑暗中摸索前行时……伊师塔为他照明”。这样，当萨尔贡带领他的军队跋涉于今天的卢里斯坦山口时，他们才能够“穿越黑暗”。

萨尔贡开创的阿卡德王朝在他的孙子那拉姆－辛（Naram-Sin，意为“受到神辛的厚爱”）的时代到达顶峰。那拉姆－辛的纪念碑上写着，他之所以能够取得战争的胜利，是因为他的神赐予了他独一无二的武器："上帝的武器"，而且其他的众神明确地允许他——甚至是邀请他——进入他们的王国。

那拉姆－辛的主要战略部署在西北方，他攻占的城邦包括艾贝拉。最近在艾贝拉发现的黏土牌匾的档案，引起了科学家们极大的兴趣："虽然从人类纷争的那时候开始，没有一个君王破坏过安南和艾贝拉，但是神奈格尔为那拉姆－辛开辟道路，并将安南和艾贝拉赐给他。神同时也将阿马努斯山脉、雪松山和上海域作为礼物送给他。"

正因为如此，那拉姆－辛将战争的胜利归因于服从了他的神的命令，而将战争的失败归因于对神的旨意的违抗。学者们从多个版本的片段中拼凑出了完整的文章，并命名为《那拉姆－辛的传说》。在这部以第一人称叙述的悲凉神话中，当女神伊师塔"改变她的计划"，并且"赐福于 7 个国王和他们的兄弟们，使他们的军队人数增加到 360000 人"时，那拉姆－辛的麻烦就开始了。被赐福国家的部队从今天的伊朗出发，入侵古提姆和埃兰山脉，并一直向东行进到美索不达米亚，威胁到了阿卡德本身。那拉姆－辛询问神灵应该如何应对敌人的威胁，神灵命令他放下武器，不是去战场而是去和他的妻子共度良宵（但是，因为某种深层次原因，要避免发生性关系）。

神灵答道：

"那拉姆－辛，这是我们的命令：这支军队正在向你进攻……

绑住你的武器，将它们放到角落！

待在家里，控制住你的冲动！

和你的妻子一起，上床入睡。

但是，和她在一起你不能……

你不能走出你的土地，去敌人那里。"

但是那拉姆－辛不顾神的旨意，宣布他将拿起武器，并且决定向敌人进攻。“第一年，我派出了 120000 人的军队，但是他们无一生还。”那拉姆－辛在他的题献里坦白地回忆。在接下来的第二年和第三年中，更多的军队被消灭，而且阿卡德人向死亡和饥饿屈服了。在这场未经神灵授权的战争的第四年，那拉姆－辛呼吁伟大的神拉推翻伊师塔，并且将他的提案交给了其他神灵。众神建议他退出接下来的战斗，并允诺“在随后的几天，恩利尔将摧毁邪恶之子”。这样一来，阿卡德人终于可以喘口气了。

众神所承诺的和平时代大约持续了三个世纪，古代的美索不达米亚平原也在这期间维持了和平。苏美尔作为王权的中心重新显现，而且古代世界的旧城市中心——乌尔、尼普尔、拉格什、伊辛、拉尔萨再次蓬勃发展。在乌尔国王的领导下，苏美尔成了包括整个古代近东的大帝国的中心。

我们认为，这是《圣经》中具有强大影响力的重大事件。它被无数的哀诗纪念和追悔，长久地停留在人们的记忆中。对于苏美尔这座伟大的古代文明中心所经受的破坏和荒凉，都有详尽而生动的描述。那些美索不达米亚的文献，记录了这场降临在苏美尔的灾难是众神一致决定的结果。

南美索不达米亚的重建用了将近一个世纪，再过了一个世纪，它才完全从这场天降的灾难中康复。到了那时，美索不达米亚力量的中心北移到巴比伦。一个新的帝国诞生，并尊奉雄心勃勃的天神马杜克为巴比伦的最高神。

大约在公元前 1800 年，因为法典而闻名的国王汉谟拉比登上了巴比伦的王座，并且开始扩展疆域。他的碑文记载，神灵们不仅仅告诉他是否发动战争和什么时候发动战争，而且还认真严格地领导了他的军队：

借助神灵的伟大力量，
深受马杜克爱戴的国王
重建了苏美尔和阿卡德。

因为有了阿努的命令，
还有恩利尔率领部队，
以及众神灵赐予他的非凡力量，
埃姆特巴的军队和它们的国王辛
都不是他的对手……

为了击败更多的敌人，神马杜克授予汉谟拉比一个“力量强大的武器”，它被称为“马杜克的非凡力量”：

有了马杜克认为能助他成功的超强武器，
这个英雄（汉谟拉比）在战场上
击败了爱什南那、沙巴图和
古提姆的部队。
有了“马杜克的非凡力量”，
他打败了沙提姆、图如库和卡姆（kamu）的军队。
有了阿奴和恩利尔的超级力量，
他打败了沙巴图国家的所有敌人。

但是在不久之后，位于巴比伦北方的亚述成了它的新对手，并要与之一起分享力量。在那里，他们不是将马杜克而是把大胡子神阿舒尔尊奉为他们的最高神。巴比伦向南方和东方扩展土地，而亚述人则将他们的统治区向北部和东部扩展，最远到达了“位于大海沿岸的黎巴嫩”。这片土地是神尼努尔塔和阿达德的范围，而且亚述王认为，他发动战争是因为服从了这些神的旨意。因此，在公元前 20 世纪，提格拉特帕拉沙尔一世用下面这些文字来纪念战争的胜利：

提格拉特帕拉沙尔，合法的国王，世界之王，亚述的国王，地球上四大区域的国王；他的陛下，他的伟大的神阿舒尔和尼努尔塔向他发出了鼓舞人心的命令，在命令的指导下，这个勇敢的英雄打败了他的敌人们……

在我的主人阿舒尔的指挥下，我从扎卜河下游一直征服到西边的上部海域。我向奈里发动了三次进攻……我让奈里诸国的 30 个国王向我致敬。我从他们那里取得人质，我接受他们的马作为给我的贡品……

阿努和阿达德，伟大的神，命令我到黎巴嫩的雪松山，以雪松为梁，修筑阿努和阿达德的神庙。

有着“世界之王，地球四大区域之王”称号的亚述国王直接挑战巴比伦，这是因为古巴比伦包括古代的阿卡德桑玛兰德地区。为了让他的称谓令世人信服，亚述国王不得不控制大量神灵居住的古城。但是通往这些城市的道路已经被巴比伦封锁，直到公元前 9 世纪，撒缦以色三世才完成了攻陷巴比伦的壮举。他在他的碑文上写道：

为了报复，我向阿卡德进攻……并且取得胜利……我进入库德城、巴比伦和博尔西巴。

为了圣城阿卡德的神灵，我做出了牺牲。我进一步来到下游的迦勒底王国，并收到迦勒底王国所有国王的贡品……

在那个时候，伟大的主阿舒尔……给了我权力和幕僚……所有这些对于通知人民都是必要的。

我只是根据阿舒尔发布的值得信赖的命令行动，他是我伟大的主，也是爱戴我的主。

叙述完了他的不同的军事行动，撒缦以色三世断言，是两个神向他提供的武器帮助他取得了胜利：“我用我的主阿舒尔、奈格尔给我的武器与敌军的强大力量对抗。”据描述，阿舒尔的武器具有“超强的力量”。在与阿迪尼的战争中，敌人落荒而逃，因为他们看到“阿舒尔的卓越力量，这种力量震慑了他们”。

经过了几次挑衅行动后，巴比伦被亚述国王西拿基利（在公元前689年）洗劫，它的消亡是完全合理的，因为它的神马克杜被它的国王和人民激怒，并下令说：“要在70年内使巴比伦荒凉。”由于征服了整个美索不达米亚，西拿基利是当之无愧的“苏美尔和阿卡德的国王”。

在他的碑文上，西拿基利还描写了他在地中海沿岸的战争，他们在通往西奈半岛的入口处与埃及人战斗。他列出的被攻陷的城市名单之多，如同《旧约》上的一个章节——西顿、提尔、毕博罗斯、阿卡、亚实突、阿什卡龙。在“我的主阿舒尔极具震撼力的武器”的帮助下，西拿基利制服了这些“强大的城市”。描绘这些战争的浮雕表明（其中的一个浮雕描绘了对拉吉的包围场景，见图4），攻击者利用外形类似火箭的发射物攻击敌人。在被征服的城市里，西拿基利“杀死了他们的官员和贵族……并把他们的尸体挂在城市周围的城柱上；普通的居民都成了战俘”。

在西拿基利的一块人造棱镜上，保存了一些具有历史意义的碑文。在那上面，他提到了他攻击耶路撒冷和征服朱迪亚。西拿基利与那里的国王希西家所发生的争斗确有其事，在这场斗争中，西拿基利俘获了以革伦的腓力斯城的国王。

“对不屈服于我的枷锁的希西家、朱迪亚，”西拿基利写道，“我围攻了他们46个强大的城市，被围墙包围的城堡和无数邻近的小村庄……希西家本人成了他的王室所在地——耶路撒冷的战俘。我修建土坝等工程围住他，他就像一只被困在笼子里的鸟儿。我霸占了被我掠夺了的城市的土地，并将这些城市

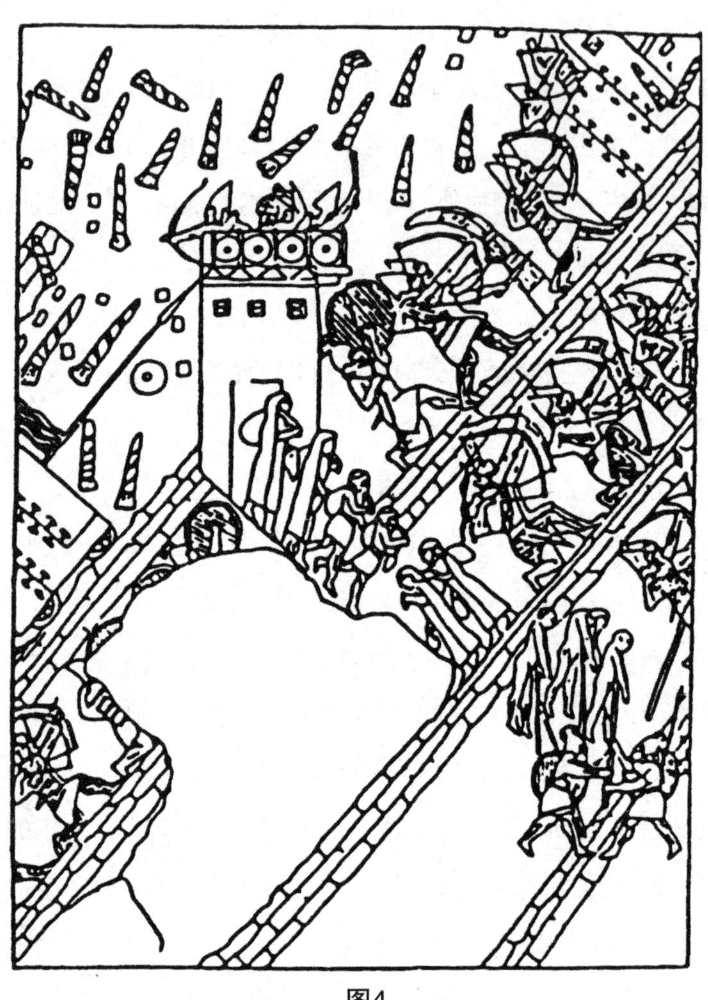

图4

分别赐给了亚实突的国王米提里提、以革伦的国王帕第和加沙的国王舍尼博。就这样，我削弱了希西家和朱迪亚的国家。”

对耶路撒冷的围攻给我们提供了非常有趣的信息。仅仅因为一些间接的原因，侵略者就控制了三位国王。曾经被用来镇压“强大的城市”腓尼基和腓力斯的“阿舒尔极具震撼力的武器”，没有被用来对付耶路撒冷。而且传统的碑文——“我和他们对抗并且取得了胜利”消失在耶路撒冷的战争中；西拿基利仅仅是通过将外围的疆域分给邻国的国王，就缩小了朱迪亚的势力范围。

而且，攻击一片土地或者是一座城市，是因为服从神阿舒尔“值得信赖的命令”，这一解释在耶路撒冷事件中已不复存在。一些人认为，这是否说明了进攻耶路撒冷并不是神的旨意，而只是西拿基利本人的突发奇想？

另一方面，当我们读到另外一个故事时，这种说法变得令人信服——因为其真实地存在于《旧约》中。

虽然西拿基利掩饰他攻占耶路撒冷的失败，但是《列王纪Ⅱ》的第十八和第十九章，完整地讲述了这个故事。我们从《圣经》中了解到，“亚述王西拿基利在14年的国王生涯中，袭击了朱迪亚所有有城墙的城市并且攻占了这些城市”。随后他派他的两名将军率部队来到都城耶路撒冷。他们没有破坏这座城市，而是由亚述的将军拉伯沙基和耶路撒冷的领导人进行交流——为了使大家能够听懂，他坚持使用希伯来语。

关于民众应该知道的事情他必须说些什么？正如《圣经》明确指出的那样，口头交流的内容是关于亚述入侵的朱迪亚是否接受了主耶和华的旨意。

“拉伯沙基对他们说：现在你向希西家说，也向伟大的亚述王说，在你的期望下是怎样的冲突呢？”

> 如果你们告诉我：
> “我们相信耶和华，我们的神”……
> 那么，我是在耶和华没有给我命令的情况下
> 来到这里毁坏你们的国家吗？
> 耶和华确实对我发出了命令：
> “去进攻那片土地，并且毁坏它！”

当越来越多希西家国王的大臣站在城市的城墙边，恳求拉伯沙基停止用

希伯来语讲述这些不真实的事情，并且用亚拉姆语表达这些信息的时候，拉伯沙基更加激动地来到城墙上，他大声喊话，使得所有人都能听到。不久之后，他开始用脏话攻击希西家的使者，并且诋毁国王。受他自己演讲的影响，拉伯沙基放弃了自己宣称的攻击耶路撒冷是因为耶和华的允许的说法。

希西家被告知了这些亵渎神灵的言辞后，“他便穿上神灵的衣服，用麻布袋盖住自己并且进入耶和华的住宅……而且他对先知以赛亚说：‘这一天充满了麻烦、责备和渎神………神耶和华可能会听到受亚述国王派遣的拉伯沙基所说的话。’主耶和华、先知以赛亚给予了回答：‘关于亚述国王……他怎么来，就应该怎么回去；但是他不能再进入耶路撒冷……因为我决定保护这座城市。’”

> 夜幕来临，耶和华的天使
> 破坏了 8500 个亚述人的帐篷；
> 太阳升起的时候，看啊，
> 到处都是死者的尸体，
> 这样亚述王西拿基利从耶路撒冷撤退，
> 回到尼尼微定居。

《旧约》记载，西拿基利回到尼尼微以后，某一天“在他的神尼斯洛的神庙里叩拜，他的儿子亚德米勒和沙利色用剑重击了他；他们逃到了亚拉腊地。他的儿子伊撒哈顿代替他掌握政权”。亚述记录印证了《圣经》的描述：西拿基利的确被刺杀，他年轻的儿子伊撒哈顿在他之后继承了王位。

我们所知的伊撒哈顿的碑文“B”更加详尽地描述了当时的环境。在神灵的命令下，西拿基利宣布他年幼的儿子为继位者。“他将所有的亚述人召集在一起，并且要求我的兄弟在亚述神出现时庄重宣誓……以使我安全地继位。”兄弟们随后违背了他们的誓言。但是神撵走了他们，“并让他们待在一个隐蔽的地方……保护我继承王位”。

在混乱期之后，伊撒哈顿接到了“来自神灵的值得信赖的命令：‘立即出发！我们和你一同作战！’”

伊师塔代表众神陪同伊撒哈顿前往。他来自尼尼微的兄弟们来到都城和他对抗，“战场上的女神，伊师塔站在我的身边，保佑我胜利。她破坏敌军的弓箭，驱散了他们有序的战斗部队”。尼尼微军队顿时慌乱，为了伊撒哈顿的利益，伊师塔对他们发号施令。“因为女神崇高的命令，他们齐步走向我并且站在了我的身后，”伊撒哈顿写道，“承认我为他们的国王。”

伊撒哈顿和他的儿子以及继承者亚述巴尼波都有意向埃及发起进攻，并且都在战争中使用了神赐的武器。“阿舒尔的具有威慑力的武器”，亚述巴尼波写道，“使法老失去理智以至精神失常。”

亚述巴尼波另外的碑文认为，正是这些激起了战斗的热情，带来无限光明的武器，即神的旧头饰。例如，一个敌人“被来自神的头饰的这种力量弄得神志不清”。再例如：“居住在阿尔比勒的伊师塔披着神火，头顶上光芒四射，向阿拉伯半岛洒下了熊熊烈火。”

《旧约》也认为这种非凡的武器可以迷惑人。当神的天使（准确地说是使者）在所多玛城被毁坏之前来到那儿的时候，民众企图从他们居住的房屋中逃脱。所以天使“不假思索地在房屋的入口处重击民众……因此他们找不到出口”。

※

当亚述拥有无限权威，其势力范围已经扩展到下埃及地区的时候，先知以赛亚的语录记载，亚述的国王忘记了他们仅仅是神的一个工具：“噢，亚述，教鞭代表了我的愤怒！他们受到鞭笞是因为我的愤怒；我向不敬的国家挥下了教鞭，鞭笞那些受我管辖却反对阻碍我的人。”

但是亚述国王受到的不仅仅是惩罚，“当然，在它的心脏地区，消灭和扫除绝大多数人”，这超越了上帝的意志。因此，上帝耶和华宣布，“将由耶和华考虑如何处置他，这是他那日益膨胀的傲慢所带来的后果”。

《圣经》认为亚述的灭亡真实地发生过：因为来自北方的侵略者和来自南巴比伦的叛军联合，宗教圣城阿舒尔在公元前 614 年沦陷，而王城尼尼微也在两年后被洗劫和攻占。伟大的亚述王国不复存在。

支离破碎的亚述被埃及和巴比伦的诸侯占领，这是恢复他们的统治霸权的绝好机会。这片土地再次变得弥足珍贵，在法老尼科的领导下，埃及率先攻占了这些领地。

在巴比伦，西拿基利二世——如他的碑文记录——奉神马杜克的命令率军队西行。因为支持在西方地区推行原始君主制的“另一个神”的远征成为可能，“没有理想的雪松土地”不复存在；现在，“外国的敌人攻占并统治了它”。

在耶路撒冷，根据先知耶利米所说，上帝耶和华和巴比伦结成联盟，因为耶和华——他称尼布甲尼撒为“我的仆人”——决定使巴比伦国王成为他对抗埃及神的工具：

以色列神耶和华说：
“我将派出我的仆人尼布甲尼撒……
他将重击埃及神，
死亡、奴役以及搏斗将接连发生。
我将在埃及神的屋前点燃火光，
尼布甲尼撒会烧死他们……
他还会破坏太阳城的方尖塔，
其中一个方尖塔位于埃及；
埃及神的房屋将和火光同归于尽。”

在战争中，神耶和华宣布，耶路撒冷人民崇拜“天空女王”和“埃及神”，因而罪恶深重，他们将受到惩罚：“我要对这个地方倾洒愤怒……怒火将燃烧而且不会熄灭……在这个我名字的诞生地，他们的厄运开始了。”而且也是在公元前586年，“巴比伦国王守卫的首领尼布甲尼撒进入耶路撒冷，烧掉了耶和华的房子、国王的房子和所有耶路撒冷人的房子……围绕耶路撒冷的城墙被迦勒底的军队推翻”。然而，耶和华允诺，这场洗劫将持续7年之久。

对这个允诺满意的国王是居鲁士，他可以重建耶路撒冷的神庙。我们认为他那些说着印欧语的祖先们已经在从里海地区到位于波斯湾东海岸的安珊地区的迁徙过程中移居到了南方。在那儿，移民的领导者，哈克汉姆 - 阿尼什建立了我们所谓的阿契美尼德帝国；他的后人——居鲁士、大流士、薛西斯创造了一段统治波斯帝国的历史。

当居鲁士在公元前549年登上安珊的统治宝座时，他的土地远离埃兰和美地亚。在随后的权力中心巴比伦，统治权被拿波尼度掌握，他是在不同寻常的条件下成为国王的：不是神马杜克的传统选择，而是因为最高女祭司（拿波尼度的母亲）和罪恶之神的特有的条约。残缺不全的牌匾里记录了对拿波尼度的最终控告：“他在这里建造了一座邪教雕像……并称其为‘罪恶之神’……在欢庆新年的时候，他建议取消庆祝活动……他取消仪式，违背律法。”

居鲁士忙于和小亚细亚的希腊斗争，马杜克则设法恢复他巴比伦神的地位，“在这些城市中寻找一个正直的统治者。他叫出了安珊国王居鲁士的名字，而且任命他为这片土地的统治者”。

在证实了居鲁士的第一次行动与他的神的意志相一致之后，马杜克“命令他与自己的城市巴比伦斗争。他让居鲁士出发前往巴比伦，并像朋友一样和居鲁士一同前往”。这样，有了巴比伦神的陪同，居鲁士没有经过屠杀便攻占了巴比伦。在公元前538年3月20日这天，居鲁士在巴比伦的圣区“握住他的神马杜克的手”。新年的那天，他的儿子冈比西斯号召群众在这个重新恢复的节日里向马杜克致敬。

居鲁士留给他的继承者一个包括了所有早期帝国在内的强大王国：位于美索不达米亚的苏美尔、阿卡德、巴比伦和亚述；东方的埃兰和美地亚；北方的土地；小亚细亚的赫梯和希腊；腓尼基、迦南和腓力斯，他们都由国王和神阿胡－玛兹达统治。阿胡－玛兹达是真理和光明之神。在古代波斯，他被形容成一个漫步在云端、长满了胡子的神（见图 5a），这种形容和亚述人对他们的神阿舒尔（见图 5b）的描述很相似。

当居鲁士在公元前 529 年去世的时候，唯一一个拥有独立国王的独立国

图5

家是埃及。4 年后，居鲁士的儿子和继承者冈比西斯率领部队来到地中海沿岸的西奈半岛和佩鲁希昂，打败了埃及；几个月后，他进入了埃及的王城孟菲斯，并且称自己为法老。

尽管取得了胜利，但冈比西斯并没有占有埃及。像其他的国王一样，他在他的碑文里公开写道：“伟大的神阿胡－玛兹达选择了我。”他承认，没有神他就不能打败埃及。冈比西斯拜倒在神的雕像前，接受他们的领导。作为回报，埃及的祭司们让他对埃及的统治合法，并授予他“拉的后代”的称号。

古代世界就此融为一体，处于冈比西斯的统治下，他代表了“真理和光明之神”，并且被埃及神所接受。神和人都没有理由再去战斗，地球进入了和平时代！

但是和平并没有持续。穿过地中海，希腊对财富和权力充满了欲望并且野心勃勃。在小亚细亚，爱琴海和地中海以东，国内和国家间的冲突与日俱增。在公元前 490 年，大流士一世企图侵略希腊，却在马拉松战败。9 年以后，薛西斯一世在萨拉米斯战败。一个半世纪后，马其顿王国的亚历山大穿越欧洲，最远到达印度，并且发动进攻，致使人们的鲜血流淌在古代的每一片土地上。

他是执行了众神“值得信赖的命令”吗？与之相反，我们相信他是被埃及神强迫着发动战争的这种传说。在进攻希腊的途中，亚历山大第一次听到上帝的神意，神灵声称，他的祖先是半人半神。而且神意还认为他会英年早逝。亚历山大的旅行和进攻（见下页：亚历山大的世界）都是为了寻找生命之水，只有喝下生命之水，他才能逃脱他早逝的命运。

黑海
特洛伊
哈图
小亚细亚
赫蒂（赫梯）之地
亚拉腊山
克里特岛
托罗斯山
哈兰
尼尼微
（亚述）
迦基米施
亚述
塞浦路斯
卡迪什
马里
底格里斯河
美索不达米亚
巴勒贝克
地中海
大马士革
幼发拉底河
赫利奥波利斯
迦南
耶利哥
亚甲
巴比伦
苏萨
尼普尔
死海
吉萨
赫利奥波利斯
苏美尔
以力
孟斐斯
西奈
伊尔法尤姆
波斯湾
埃及
丹达腊
底比斯
卡尔纳克
艾得夫
赛伊尼（阿斯旺）
尼罗河
海
库什（努比亚）
幼发拉底河

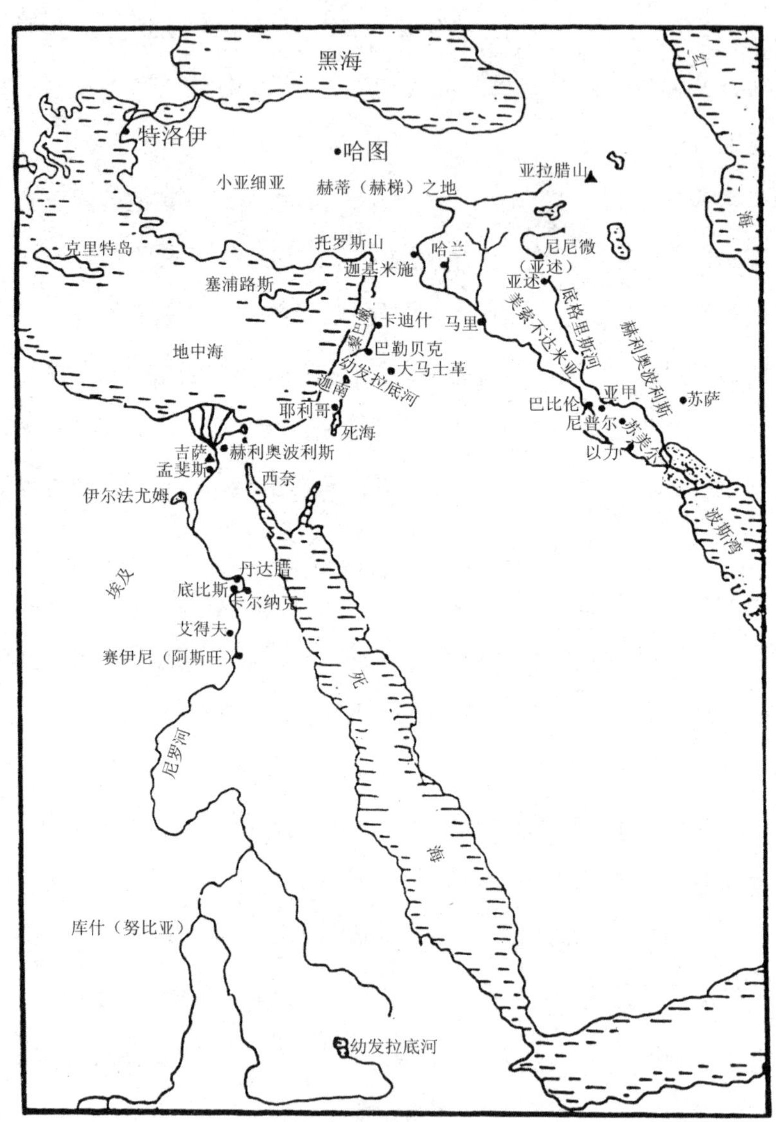

亚历山大的世界

第二章

何璐斯和赛特之间的战争

救世主预见，在人类的最后一场战争中，众神将和人类联合，而且“人和神的哭声”将在战场上混合——这场战争那么令人悲哀吗？

答案是否定的。光明之子和黑暗之子的战争，是为了像战争开始一样，使人类之间的战争永远结束：人和神因此而并肩作战。

听起来不可思议的是，描述神将凡人带入战争的一部文献真实地存在着。它是刻在艾得夫的伟大神庙墙壁上的一段碑文。这座神庙位于神何璐斯掌管的埃及圣城。何璐斯建造了一座被特殊地包围起来的炼“神铁”的铸造厂，在那里，他保留着能够腾云驾雾的翼碟。“当铸造厂的大门打开”，一本埃及的教科书描写道，“翼碟腾空而起”：

它的地域准确性让人惊叹，同时，碑文里还有更加确切的数据——不是关于事件里的人而是关于神。它讲述了远在法老统治埃及以前，神灵统治埃及

时期的很多事情（见图 6）：

> 在 363 年，埃及的陛下，神拉——永生的非人类——居住在肯努的土地上。他和勇士们一起对抗意图进攻他们国家的、被称作瓦瓦王国的敌军。
>
> 拉坐船前往该地区，他的勇士们尾随着他。他在何璐斯的王城着陆，王城位于这片地区的西边、肯努的家乡的东边，从那以后，王城被称作“皇家肯努”。

何璐斯，被称作羽翼测量员，来到了拉的船上。他对他的祖先说：“噢，天空的雄鹰，我看到敌人们对王位虎视眈眈，企图夺取这耀眼的王权。”

图6

像从前展现在世人面前那些描述不同寻常的战争的文献一样，古代的书吏用简洁的文字便成功描述出了这场战争，使我们了解到这场战争是神拉和何璐斯的“敌人”为了夺取“耀眼的王权”而发起的。很显然，这可能是其他一些神灵的旨令，去阻止拉乘船来到——“勇士们和他一同前往”——何璐斯设立总部的地区。

从其他的一些记载中我们了解到，拉的“航船”是一只能带领他飞翔到最远的天边的天空之船。在这次事件中，拉使船在远离水域的地方着陆，即瓦瓦的西部地区。在那里，他在何璐斯“王国”的东部着陆。何璐斯迎接了他的祖先，而且告知他，“敌人们”正在集合他们的势力：

> 然后天空的雄鹰神灵拉对何璐斯说：“我的孩子，现在你最重要的事情，就是快速前往，击倒敌人。”

接受了命令，何璐斯借助拉的翼碟飞翔于天际，并寻找敌人：

> 这样，何璐斯借助拉的翼碟飞向了天空；因此，从那一天起他被称为“伟大的天空之神”。

飞翔在天空中，何璐斯辨认出了敌军，并向他们发动了一场看不到也听不到的“风暴”，许多人立刻丧失了性命：

> 何璐斯在空中发现了敌军，并从后面袭击他们。他在前方给了敌人看不见也听不到的攻击。瞬间所有的敌军全部丧命，没有一个生还者。

之后何璐斯飞回到拉的船上，他乘驾的翼碟“闪闪发光”，而且可以听到魔力技艺之神透特发出的胜利欢呼：

> 随后，何璐斯再一次乘上了闪闪发光的翼碟，回到了拉的船上。透特说：“噢，众神之主！羽翼测量员乘坐着散发着五颜六色光芒的翼碟返回了。”
>
> 因此。从那天起他被称为“羽翼测量员”。而且从那天以后，哈特城被称为了“比哈特（翼碟的别称）”。

我们上面所讲的何璐斯和他的“敌人们”之间的战争发生在上埃及。1870年，海因里希·布鲁格施在其著作《太阳翼碟传奇》中认为，肯努的领地是努比亚，而何璐斯的是在色耶尼（现在的阿斯旺）。正如沃尔特·B.伊莫里在《努比亚的埃及》一书中所讨论过的那样，更多相关的研究都认为塔肯是努比亚，而瓦瓦是它北方的地区——尼罗河和第二瀑布之间的区域（努比亚南方的区域被称作库什）。自从比哈特城出现以后，这些区域是合法的。艾得夫城是何璐斯第一次战争后的战利品，从那时候起它就属于何璐斯。

传统上一致认为何璐斯在艾得夫建立了一座金属制造厂，在那里，用“神铁”铸成的独特武器诞生了。也是在那里，何璐斯训练了一支“机械工程”的军队——“金属人”。在艾得夫神庙的墙上，这些战士被描述成光头，身穿长袍和大衣领，每个人手中都持有武器。未辨别出的类似鱼叉的武器出现在描述“神铁”和“金属人”的象形文字中。

根据埃及的传统，我们了解到，那些金属人是第一批持有用神铁炼成的武器的军队。正如我们会在不久后从传说中看到的那样，这些人也是第一批受神的指令，去和其他的神斗争的人。

在阿斯旺和艾得夫之间的区域，那些和神一起前往北方埃及中心区域的全副武装和受过训练的勇士，到现在为止都还完好无损。这场首战告捷的战争使神的联合力量更加强大，因为我们已经被告知，亚洲神伊师塔（在埃及的史料中用的是她的迦南名：亚斯他录）参加了神联盟的组织。何璐斯盘旋在空中，向拉汇报他侦查到的敌情：

何璐斯说："噢，拉，向前进！去寻找就在下方这片土地上的敌人！"

然后拉出发前行，亚斯他录和他前行。他们在这片土地上找到了敌人；他们都隐藏了起来。

因为敌人隐藏后消失在神的视线之中，拉有了一个主意："拉对和他前行的神说：'因为敌人在陆地上，所以我们从水上出发。'从那天起，他们称水为'水路'。"尽管拉可以利用水陆两栖工具，何璐斯却需要一个水上的工具。他们给了何璐斯一条船，至今我们仍称它为马克-A（"伟大的保护者"）。

紧接着，人类的第一场战争发生了：

但是敌人同样也走了水路，他们宛如鳄鱼和河马，他们攻击拉的船……

接着何璐斯和他的勇士们一同前往，这些勇士们每个人都用姓名称呼，他们手拿神铁和铁链，鞭笞河马和鳄鱼。

有651名敌人到达了目的地，他们被杀死了。

拉对何璐斯说："要让人们知道这片南方土地的胜利，你的权威在这里建立起来了。"

从水、陆、空征服了敌人，何璐斯的胜利很完美；透特因此发起了庆祝活动：

> 据说透特对其他的神说：“噢，天空之神，让我们欢呼吧！噢，土地之神，让我们欢呼吧！年轻的何璐斯带来了和平，在这场战争中他打了场漂亮的胜仗。”

后来何璐斯乘坐的翼碟成了他胜利的象征：

> 从那天开始，金属象征着何璐斯的存在。何璐斯使翼碟成了他的标志，并把它挂在了拉的船头。他把代表了阴险的南方和北方的神留在了身边。
>
> 何璐斯站在拉的船上这个标志的后面，神铁在他的手中。

尽管何璐斯被透特称为带来和平的人，但是和平仍旧没有来到。当众神继续南行，“他们看到了东南部底比斯土地上的两片光明。拉对透特说：‘这是敌人，让何璐斯消灭他们……’”何璐斯随后对他们进行了疯狂的屠杀。

在他所训练的全副武装的人类部队的帮助下，何璐斯再一次取得了胜利；透特在这场战争胜利后为这些地方命名。

第一次水战的胜利使埃及从色耶尼的努比亚分离，陆战和水战的胜利使何璐斯拥有了尼罗河、底比斯到丹德拉的土地。伟大的神庙和王权所在地的范围扩散了，现在道路已经开辟到了埃及的中心。

神向北行进了很多天——何璐斯一直借助翼碟在空中观察，拉在他的陪同下沿尼罗河行进，身披金属战衣的战士在陆地上保护着侧翼。一系列的冲突发生了；这片土地的名字——同样在古埃及的地图上——象征着神灵们到达的有湖的地方，范围已经从红海延伸到了地中海（其中的一些地方至今仍存留着）：

敌人远离了这里，去了北方。他们在能遥望地中海后海的水域上定居；他们对何璐斯充满了恐惧。

但是何璐斯乘着拉的船一路紧跟他们，手握神铁。

他的拿着用神铁铸成的武器的战士们，从四面八方着陆。

包围敌人的企图没有成功：“他乘水路紧紧跟随了敌人四天四夜，但是没有发现一个敌人。”拉建议何璐斯再一次乘翼碟返回空中，这样何璐斯便可以看见逃离的敌人；“他从背后向敌人猛投坚韧的兵叉，然后转向敌人的正面并成功地击败了他们。他把 142 个敌人带到了拉的船头”，在那里敌人被快速地处决。

艾得夫神庙上的记录现在转移到了一块新碑上，实际上是开启了关于这场神的战争的新篇章。敌人后来设法逃脱，“他们直接沿着湖前行，到达地中海，在那里他们打算安营扎寨。但是神使他们的内心充满了恐惧，他们逃亡到水域的中部，从西部湖前行到达了海域，企图和生活在赛特的敌人联合”。

这些消息并不仅仅存在于地理志中，他们也第一次区分了“敌人”。冲突转移到了古代的湖所在的区域，那时候的湖比现在要多得多，实际上将埃及从西奈半岛分离了出去。赛特城位于没有水域的东部，由奥西里斯的强大对手何璐斯的父亲统治。我们知道，赛特攻击了那些何璐斯南行追击的敌人。现在何璐斯到达了埃及和赛特的分界线。

在何璐斯率领他的战士们去到战斗的一线，拉乘船到达战争地的时候，有一段时间的休战。敌人也重新联合而且穿越水域，一场大战开始了。在这场战斗中，381 名敌人被抓获和处决（据史料记载，何璐斯这边似乎没有发生伤亡）；何璐斯紧急穿过水域到达了赛特城。

艾得夫神庙上的碑文记载，面对何璐斯发动的一次又一次战争，赛特暴怒了——无论是在陆地上还是在空中，神与神发生了战争。关于这场战争，我们了解到有多个不同的版本，有趣的是，这是第一次有手拿神铁的人类参加神的战争，并令何璐斯取得了胜利，“很显然，他将战争归功于战士们武器的超凡力量和制作这些武器的材料”。

于是，根据埃及人的记录，人学会了击剑比武。

当所有的战争结束，拉表达了对“何璐斯的金属士兵”的满意，并且命令，从此以后，他们“要在这片圣地上居住”，并且赐给这些士兵美酒作为他们杀死了何璐斯的敌人的奖励。他们在艾得夫定居，这里是何璐斯的上埃及都城，也是神灵的下埃及都城（希腊神话中的塔尼斯和《圣经》里的锁安）。随着时间的推移，他们逐渐超越了纯粹的军事作用，获得了“shamsu-hor”（何璐斯的随从）的美称，成了人类的助手和何璐斯的使者。

※

艾得夫的神庙里有关于这场战争的记录，但是这些是在什么时候记录的，又是被什么人记录的，没有人知晓。研究这些记录的学者认为，在这些文章中，准确的地理描述和其他的数据表明，“我们并不能得出这个神话的完整内容。但是几乎可以确定的是，这场战争的胜利归功于荷布特特（何璐斯的艾得夫），因为他是早期就在艾得夫建立了政权的征服者”。

就像所有埃及的史料记录一样，这份记录也是以时间开头的：“在363年。”类似这样的时间，通常是法老取得统治权的年份；每一个法老都有他统治的第一年、第二年，等等。然而，问题是，这份记录没有讲述很多法老的事情，而是讲述了神的事情——神之间的战争。这样，这份记录包含在神掌权的“363年”里发生的一些事情，它将我们带回到神，而不是人统治埃及的时代。

确实存在这样的一个时代，这样埃及的传统才毫无疑问地保留了下来。希腊的历史学家希罗多德（公元前 5 世纪）在多次访问埃及的过程中，得到了牧师记录的法老的王朝和统治资料。“这些牧师，”他写道，“说人类是埃及的第一个国王，是他修建了沟渠，保护孟菲斯不被尼罗河淹没；他改变河水的流向，并且将孟菲斯建在了安全的地方。”除了这些工作以外，牧师说，他还要修建罗马火神弗尔坎的神庙，这座神庙建在城内，是一座巨大的建筑，是非常值得一提的神庙。

“接下来，我们从文献上了解到在这个王国拥有继承者的 330 个君王的名字。在这些继承人中有 18 个埃塞俄比亚国王，其中有一个王后是本地人，其余都是埃及人。”

这个牧师随后给希罗多德展示了代表历代法老的一排排雕像，而且给他讲述了其中一些法老各种不同的详细故事，以及他们对其神灵祖先的宣言。“这些雕像所代表的法老，实际上是从距离今天非常遥远的神开始的，”希罗多德评论道，“然而，”他继续说：

> 在这些法老之前的时间里，埃及是另一番景象：“随后埃及让神灵成为它的统治者，这些神灵依靠地球上的人类，其中的一个比其他的人的地位都高。”
>
> 何璐斯是这些人中的最后一个，他是被希腊人称为太阳神的奥西里斯的儿子。他罢免了堤丰，成了统治埃及的最后一个国王。

公元一世纪的历史学家弗拉维·约瑟夫在记录埃及的历史时，引用了埃及的牧师曼涅托的著作作为他的文献来源。这样的著作从来没有被发现过，但是毫无疑问的是，当我们意识到，这位历史学家的著作是后埃及几位历史学家写作的基础的时候，我们不禁会问，是否存在这样一个历史学家呢？我们现在可以确定的是，曼涅托（他的象形文字名字意味着“透特的礼物”）实际上是一个高级牧师和伟大的学者，他应大约公元前 270 年的托勒密·菲勒德哈斯国王的请求，用大量篇幅编写了埃及的历史。原始手稿保存在伟大的亚历山大图书馆里。公元 642 年，这座图书馆和馆内的许多藏书被侵略者的大火焚烧，原稿与其他一切无价的史料一起被烧毁了。

曼涅托是第一个给埃及的统治者划分了朝代的历史学家，他的这种划分方式一直持续到今天。他的国王列表——名字、身高、朝代、成功的口号和其他一些相关的信息，都通过朱利叶斯·阿非利加努斯和古犹大首都该撒利亚的优西比乌（在公元 3、4 世纪）的著作得以妥善地保存。以曼涅托的著作为基础的多种著作都认为，他列出了埃及第一个王国的法老和人类国王，即希腊的美尼斯——希罗多德通过自己亲身在埃及的调查所讲述的，同样是这个国王。

这个说法已经被今天的发现所证实，例如在埃及东北部的阿比多斯发现的一块牌匾（见图 7）。在这个牌匾中，法老塞提一世和他的儿子拉美西斯三世列出了他们的 75 位前辈的名字，第一个前辈名叫米纳。

如果希罗多德在埃及法老的朝代年限上的记录是正确的，那么他在埃及“有神灵作为统治者”的“前时代”上的判断也是正确的。

我们发现，曼涅托在这个问题上也认可希罗多德。他写道，在法老王朝开始前还经历了 4 个朝代——两个神灵，其中一个是半神半人，他处在王朝的

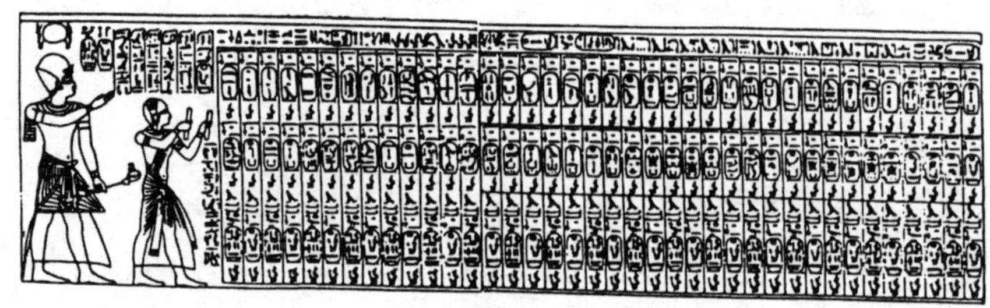

图7

转折期。首先，他写道，7 个神统治了埃及整整 12300 年。

卜塔	统治	9000 年
拉	统治	1000 年
舒	统治	700 年
盖布	统治	500 年
奥西里斯	统治	450 年
赛特	统治	350 年
何璐斯	统治	300 年
7 个神	统治	12300 年

曼涅托写道，神的第二个朝代由 12 个神统治者构成，第一个是神透特；他统治了埃及 1570 年。他说，19 个神总共统治了埃及 13870 年。接着是 30 个半神半人统治的时代，他们统治了埃及 3650 年；总共有 49 个神和半神半人统治了埃及 17520 年。在接下来的 350 年里，在整个大埃及区没有统治者；这是一个混乱的时期，在这个时期中有 10 个人继承了统治地位。也就是在这一时期后，人类建立了第一个由人统治埃及的法老王朝，并且为神卜塔修建了一座新的都城——希罗多德的弗尔坎。

一个半世纪的考古学发现以及用象形文字记录的著作，都使学者们相信，法老王朝可能从大约公元前3100年开始。实际上，在一个被象形文字称为“人类”的人的统治下，上埃及和下埃及得以统一，而且，还建立了被称作孟奈菲（意为“美丽的人类”）的新都城——希腊的孟菲斯。他登上王位，实际上是在统一支离破碎的混乱的埃及之后，正如曼涅托所记录的一样。在巴勒摩石刻中，有关于埃及前王朝至第五王朝时代国王及其重大活动时间的记录，这块人造石至少保存了埃及所经历的 9 个国王的时期之久，这些国王戴着下埃及的红色王冠，在美尼斯之前统治埃及。我们发现，陵墓和其他一些人造古物属于一些古老的君王，他们的名字是“蝎子”、卡、热舍尔、纳尔迈和斯马。埃及著名的历史学家弗林德斯·皮特里在他的《第一王朝的王陵》和其他的一些著作中表示，这些名字和曼涅托列出的那些在混乱时期于塔尼斯古城统治了埃及的国王们的名字是一致的。皮特里认为，在第一王朝前的那些时期应被称作“O王朝”。

关于埃及王权的主要考古文献《都灵纸草》书写于神灵统治埃及的时代。这些神灵是拉、盖布、奥西里斯、赛特和何璐斯，然后是透特、正义女神玛特和其他的神灵。这之中，何璐斯和曼涅托一样，统治了埃及 300 年。

这些书写于拉美西斯二世统治时期的文献，还列出了神灵统治者之后的 38 位半神半人统治者：“19 个白色墙的首领和 19 个北方的首领”。《都灵纸草》认为，在他们和美尼斯之间，有一些人类统治者受到了何璐斯的支持；他们被称为“何璐斯的随从”。

1843 年，埃及文物馆馆长塞缪尔·伯奇博士在伦敦大英博物馆为皇家文学会致辞时宣布，他在《都灵纸草》和它的碎片里一共找到了 330 个名字，这个数字“和希罗多德提到的 330 个国王的名字吻合”。

即使他们之间在细节上存在异议，埃及历史学家们现在也认为，考古发现有力地支持了古代历史学家提供的信息，即认为美尼斯开始统治埃及，是紧随在 10 个统治者统治支离破碎的埃及这一混乱时期之后的；在埃及统一，并且由何璐斯、奥西里斯和其他一些君王统治以前，必然还存在一个时代。然而那些很难接受神灵统治者说法的学者认为，这些神仅仅只是“神化”的人。

为了使这个问题的答案更加明朗，我们可以从埃及重新统一后美尼斯选择的都城开始讲述。我们发现，选择孟菲斯的所在地并不是出于偶然；它涉及了一些和神有关的事情。孟菲斯城的建造具有某种象征意义：美尼斯将这座城市建在一座人造土丘上，这座土丘是为了改变尼罗河的流向和建造一些大坝以及土地开垦工程而修建的。而他的这种做法实际上模仿了埃及最初建造时的情况。

埃及人认为，“一个在很久以前前往埃及的伟大神灵”到达过这片位于水和烂泥之下的土地。他开始了伟大的土地开垦工程，使埃及免受洪水的困扰——这同样解释了埃及的昵称“一片上升的陆地”。这个古老的神的名字是卜塔——“天地之神”。他被认为是一个伟大的工程师和熟练的技术家。

这片上升的陆地的传说的真实性，因它的大坝的技术水平而增大。尼罗河是色耶尼（阿斯旺）之上一条平静的可以航行的河流；除此之外，这条河流的南段很险峻，并且被瀑布阻挡。就像今天尼罗河的水位被在阿斯旺的大坝调整了一样，很显然在史前的埃及，尼罗河不断泛滥。埃及传说中的统治者卜塔在阿布岛上建立了他的活动基地，它位于尼罗河在阿斯旺的第一个大瀑布上。在史料和绘画作品中（见图 8），卜塔被描绘成从修建地下洞穴开始控制尼罗河水位的人。“是他修建了阻挡洪水的大门，是他在适当的时候扣上了门闩”。通过专业的技术语言，我们了解到，从工程的角度来看，卜塔在最合适的地方修建了“两个洞穴”（两个相互联系的水库），这两个水库可以打开也可以关闭，可以“锁上”也可以打开，这样就可以人为地控制和引导尼罗河的水流和水位。

在埃及，卜塔和其他的一些神被称为 Ntr ——“守护神、观察者”。埃及人写道，他们从“很远的地方”塔乌尔来到埃及，乌尔意味着“古老”但是真实地存在的地方——我们从美索不达米亚和《圣经》记录中知道了这个名字，即古代美索不达米亚南部的乌尔城。连接美索不达米亚和埃及的红海海峡被称为塔 - 尼特尔，它是“上帝的所在地”，神通过红海海峡来到了埃及。最早的神来自《圣经》中的闪族土地，他们被一个令人迷惑的事实震惊，即这些古老的神起源于“闪米特人”（阿卡德人）。因此，卜塔这个名字在埃及没有任何含义，但是用闪族语言却可以解释为“他通过凿刻和打开来造物”。

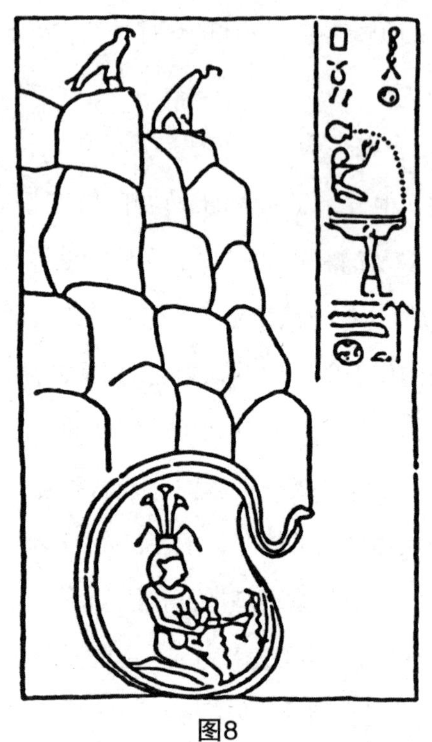

图8

根据曼涅托的记述，我们知道在9000年以后卜塔的儿子拉成了埃及的统治者。他的名字在埃及语中同样没有任何含义，但是因为拉有着明亮的极美的身体，学者们认为拉的含义是“明亮的”。我们可以信心十足地确定拉的昵称“提姆”在闪族语中的含义是“完整的、唯一的统治者”。

埃及人认为，他是从“存在了几百万年的行星”上乘神船来到地球的，神船的锥形上半部被称作本本（“锥形鸟”），随后它被保存在圣城安努中——这座圣城也可以简称为安，在《圣经》中，它又叫安城，希腊人则称之为太阳城赫利奥波利斯。历朝历代的埃及国王到这片圣地来朝拜，瞻仰和拉有关的残骸和神的航线。对拉来说，以色列被迫修建了在《圣经》里被称作皮同的城市——“提姆的大门”。

※

负责太阳祭礼的祭司赫里奥坡里坦首次记录了埃及众神的传统习俗，也记录了拉领导的由何璐斯和赛特等 39 对神灵夫妇组成的联盟：守护者。这些追随者中，有一对神灵夫妇是拉的孩子：男神（大气之神）舒（“干燥”）和女神（雨水之神）泰芙努特（“湿润”）。他们在拉厌烦待在埃及时统治了埃及。根据埃及传说，这对夫妻的主要功绩是帮助拉控制了地球之上的天空。

在随后的时间里，舒和泰芙努特树立了人类法老的典范：这个法老选择了他的表妹作为配偶。他们的孩子——曼涅托和传说都这样记录——盖布(“扩展了地球”）和纳特（“拉伸了苍穹”）兄妹夫妻随后统治了埃及。埃及传说中神的那些纯粹的神话手法——就像原始人认识自然和神一样——使学者认为，盖布代表了神化的地球，纳特代表了神化的天空：埃及人认为这些神是天地合一的化身。但是如果说《金字塔文本》和《亡灵书》记录很准确的话，似乎盖布和纳特因为贝奴鸟周期性的外形变化而得此称谓，正是从这之中，埃及出现了长生鸟的传说：这种鸟的羽毛是红色和金色的，它们的存活期长达千年。因为这种鸟——它的名字和拉踏上地球所使用的工具的名字一样——盖布参加了扩展地球的工作，而且纳特“拉伸了苍穹”。这些丰功伟绩似乎是被神灵们“在雄狮的土地”上完成的；就是在那里，盖布“开辟了地球，这个巨大的球体来自”延伸的天际，“并且出现在地平线上”。

在获得上述功勋之后，盖布和纳特将埃及的统治权直接交给了他们的 4 个孩子：阿萨尔，希腊人称他为奥西里斯，妻子阿斯特，人们称她为伊西斯；赛特和他的妻子妮芙提丝——她又被称为那波特海特，意为“房屋女士”，是伊西斯的妹妹。就是这些神灵真正统治了埃及。埃及的传说也大部分是关于这些神灵的。但是在对他们的描绘中（见图 9），赛特从来都是以动物面孔出现，我们从未看到过他的脸，他名字的含义仍然困扰着埃及的历史学家，即使他的

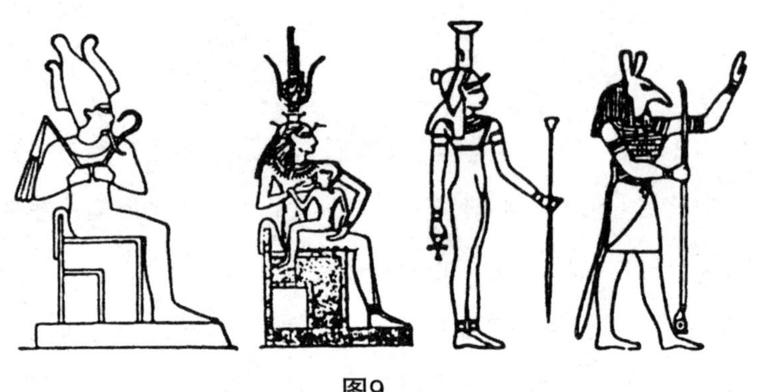

图9

名字和《圣经》中出现的亚当和夏娃的第三个儿子的名字一模一样。

因为两兄弟娶了自己的两个妹妹为妻，神灵面临着一系列传位的问题。唯一可行的办法是使王国分裂：奥西里斯拥有了北方的低地（下埃及），赛特得到了南部和山地地区（上埃及）。我们仅仅能够从曼涅托的编年表中，猜测出这种划分持续了多长时间，但是很清楚的是，赛特并不满足于他所得到的疆域，于是他想尽一切办法获得统治整个埃及的权利。

学者们认为，赛特的主要动力是获得权力。一旦掌握了继承的神权，就能够理解神统治下的丰功伟绩（以后是人类统治）。自从神（随后是人）除了自己正式的妻子外还可以拥有多个嫔妃后，便产生了次子。继承王权的规则首先是这样规定的：法定配偶所生的第一个儿子是王位的合法继承人；如果合法的妻子没有子嗣，嫔妃们所生孩子中的长子就获得继承权。

正是由于这种习俗，在天空之神和大地之神之间便产生了很多的对立和纷争，而且我们认为这种习俗也解释了赛特的基本动力。我们推测的依据是普鲁塔克的著作《伊西斯和奥西里斯》。普鲁塔克是公元 1 世纪的历史传记作家，他写下了他所在时代的希腊和罗马的东方神的历史传说。他所依据的埃及文献，在那个时期被认为写的是神透特，在描写神的过程中，记录了他们在地球上的所有年代和行为。

“现在只是简洁地讲述了伊西斯和奥西里斯的故事，其最重要的部分被保留，多余的部分则被省略”，普鲁塔克在书的开篇写道，接下来他继续讲述纳特——希腊人把她和他们的泰坦女神瑞亚做比较——养育了 3 个儿子：第一个儿子是奥西里斯，最后一个是赛特。她还生下了两个女儿，伊西斯和泰芙努特。但是并非所有孩子的父亲都是盖布：只有赛特和泰芙努特是盖布的孩子。奥西里斯和他的二弟的父亲是神拉，他悄悄来到他的孙女纳特的身边；而伊西斯是透特——希腊神赫尔墨斯的女儿，透特同样和女神陷入爱河，并且用各种方式补偿她。

随后，故事这样发展：第一个儿子奥西里斯虽然是神拉的儿子而不是盖布的亲生子，但是他立志要取得王位。但是合法的继承人是赛特，他是盖布和他的妹妹纳特所生。这还不够，更复杂的是，这两兄弟开始竞争以确保他们的儿子将是下一任王位的合法继承者。为了达到这个目的，赛特和他表妹（同时也是他妻子）伊西斯生养了一个儿子，但是奥西里斯可以跟伊西斯和泰芙努特生养孩子（这两个对他来说都是表妹）。但是奥西里斯娶伊西斯为妻故意破坏了赛特拥有王位继承人的机会。随后赛特娶了泰芙努特；但是因为泰芙努特是他的亲妹妹，他们的后代都很无能。

这样赛特和奥西里斯之间的冲突就产生了，奥西里斯剥夺了赛特的王位，也夺取了他拥有继承人的权利。

根据普鲁塔克所述，在“埃塞俄比亚的女王阿索”拜访埃及的时候，赛特报仇的机会来了。“赛特和他的支持者们密谋为女王举行了一场欢迎宴会，所有的神都被邀请赴宴”。在赛特的计划中，他制造了一个大得能够装下奥西里斯的神奇盒子：“他带着这个盒子走进了宴会厅，在向众神致敬后，就像开玩笑一样允诺，将这个盒子送给能够将身体装进去的人。这个宴会上的所有人，一个接一个地进入了盒子。”

“最后，奥西里斯走进了盒子，密谋者们立刻拥到了一起，盖上了盒子，然后用铁钉钉紧。”他们将装有奥西里斯的盒子带到了塔尼斯的海边，尼罗河在这里流入地中海，他们将盒子沉到了海里。

随后，伊西斯身着丧服，剪掉一缕头发表示悲痛，前去寻找盒子，“最终她得到了关于盒子的详细消息，它已经被海浪带到了毕博罗斯（现在的黎巴嫩）”。伊西斯找到了装有奥西里斯身体的盒子，并在知道如何使奥西里斯复活之前一直将盒子藏在一个荒芜的地方。但是赛特发现了这一切，他夺走了盒子，并且将奥西里斯的身体砍成了 14 段，分散到埃及的各个地方。

伊西斯再一次出发寻找她的丈夫四处分散的肢体。据一些记载说，她将找到的肢体在发现地埋葬，并在这些地方开始了奥西里斯王权的统治；另外一些记载，却说她将她找到的肢体粘合在一起，开始了木乃伊的传统。所有历史都认为，除了阴茎外，她找到了奥西里斯身体的全部。

但是，在最后处理尸体之前，她试着从奥西里斯的身体里抽取其“精髓”，并且和他的精子相结合，实行人工受孕，就这样，男孩何璐斯诞生了。伊西斯将何璐斯藏在尼罗河三角洲的沼泽地里，这样赛特就不会发现他。

我们发现很多关于这件事情的传说：莎草纸上的传说不断书写，最终形成了《亡灵书》，或者形成了在《金字塔文本》里的诗歌。这些传说构成了一出伟大的戏剧，这个戏剧中讲述了合法的控制、绑架、国家的目的、神奇的死而复生、同性恋以及一场伟大的战争——这场戏剧的利益冲突点是神的神圣王权。

几乎所有人都相信，奥西里斯死去了，并且没有留下王位继承人，因此，赛特想通过这个机会，强行迎娶伊西斯，使他获得合法的王位继承权。他绑架了伊西斯并且把她关进了监狱，但是在神透特的帮助下，伊西斯逃出了监狱。

伊西斯用自己的语言描述而成的传说，被记录在所谓的“梅特涅石碑”上，它讲述了伊西斯当晚逃出监狱，冒险到达何璐斯藏身的那片沼泽地的事。

她发现何璐斯被蝎子叮咬，已经快要死了（见图 10）。从文献中我们可以

图10

推测出，正是她儿子的垂死促使了伊西斯的逃亡。伊西斯的叫喊引来了居住在这片沼泽地的所有人，却找不到任何解救何璐斯的办法。随后一艘飞船送来了帮助：

伊西斯的叫喊传到了天空中，并且向这艘存在了百万年的飞船求救。

于是飞船突然停止，但它并不是从其所在的地方来到这里。

透特从飞船上走到了地面，他拥有神奇的力量，能够实现他所说的每一句话。他说：

"噢，伊西斯，悲伤的人，你有说不尽的苦衷；看着，没有任何邪恶的力量能够带走何璐斯这个孩子，因为他受拉的飞船的保护。

"我乘坐飞船从昨天它所在的地方来到了这里。当夜晚来临的时候，这些光亮能够驱走何璐斯体内的毒，使何璐斯健康痊愈……

"因为这个孩子的母亲，我从天空中下来拯救他。"

一些文献记载说，因为被聪明的神透特治愈，何璐斯终身都不会有任何疾病，并且长成了涅其－阿特夫："为父亲复仇的人"。何璐斯被那些支持奥西里斯的神用军人的方式教育和训练，他被培养成天空之神的王子。然后有一天，他出现在神的议会上，宣布继承奥西里斯的王位。

许多神对他的出现惊讶万分，但这其中最吃惊的当属赛特了。很多地方都值得怀疑：他真的是奥西里斯的儿子吗？赛特建议神们停止讨论，从而给他一个机会和他这个突然出现的侄子平静地谈论这个问题。他邀请何璐斯，"来，去我的家里度过愉快的一天"，何璐斯同意了。但是赛特心里盘算的并不是和平解决这件事情，他心中已经盘算出了一个计谋：

> 黄昏之时，赛特便打算和何璐斯同睡双人床。
>
> 到了夜晚的时候，赛特让他的仆人们都退下，他从何璐斯的腰间下手，将他砍成了两半。

当众神再次聚集在议会室里，他要求获得统治者的权力，因为何璐斯已经没有了任何能力：不管他是不是有奥西里斯的精液，赛特的精液出现在他的身上。赛特，赋予他成功的权利！

现在到了何璐斯再次使神吃惊的时候了。何璐斯说，当赛特取出他的精液的时候，"我将精液拿在了手中"。他在清晨将赛特的精液交给了他的母亲，告诉了她所发生的一切。伊西斯立刻让何璐斯取来他自己的精液，并将赛特的倒入杯子里。随后他来到了赛特的花园，将自己的精液倒在了一棵莴苣上，让赛特在不知不觉中吃了下去。这样，何璐斯宣布："赛特的精液和我不相符，不仅如此，他的身上才有我的精液！是赛特没有资格取得王位。"

众神叫来了透特解决这场纷争。透特检查了何璐斯交给他母亲并被保存在杯子里的精液，发现确实是赛特的精液。他随后检查了赛特的身体，然后证实了里面有何璐斯的精液……

赛特被激怒了，他不能让讨论继续下去。这个问题只有依靠战争解决，他咆哮着离开了。

在那时，赛特已经统治了埃及350年。如果加上我们所认为的伊西斯寻找奥西里斯的13块身体残缺部位所花费的13年，实际上拉和何璐斯在努比亚的联合是“在363年”，在努比亚，拉联合何璐斯发动战争来对抗“敌人”。对于埃及之神何璐斯，S.B.摩尔瑟尔用一句明确的话概括了学者们对于这个事件的看法：“何璐斯和赛特之间的冲突代表了一个伟大的历史事件。”

※

根据艾得夫神庙上的记录，何璐斯和赛特的第一次正面冲突，发生在“众神之湖”。这个湖随后被人们称为“战争之湖”。何璐斯拼尽全力用他的神矛攻击赛特；当赛特倒下的时候，何璐斯在拉之前抓获并带走了他。“他的长矛架在了赛特的脖子上；这个恶魔的腿被枷锁扣住，他的嘴巴已经被何璐斯打得无法张开。”拉决定，何璐斯和伊西斯可以随心所欲地处置赛特和其他被抓获的“赛特的同谋者”。

但是当何璐斯用砍头的形式杀戮这些战俘的时候，伊西斯对她的哥哥赛特心生怜悯，她给了赛特自由。关于接下来发生的故事，有不同的叙述，其中包括我们所熟知的《第四突击纸草书》。根据大多数的记录，释放赛特激怒了何璐斯，以至于他砍下了他母亲伊西斯的头；但是神透特救活了伊西斯（这个事件同样是普鲁塔克记述的）。

逃脱之后，赛特最初隐藏在地道中。6天后，一系列空中的战争发生了。何璐斯依靠纳尔（一个“火柱”）来到了空中。纳尔被描述成一种细长的圆柱形的拥有鱼鳞和短翅膀的容器。它的舱壁上有两只“眼睛”，它们总是不断地在红色和蓝色之间变换颜色；在它的背部，显示出喷流状结构；在它的前方，一种奇妙的装置发射出射线（何璐斯的继承人所写的埃及文献，没有描写赛特的空中工具）（见图 11）。

这些记录描述了这场波及范围很广的战争和对何璐斯的第一次攻击——被赛特的空中工具的强光所袭击，纳尔失去了一只眼睛，何璐斯借助拉的翼碟继续战斗。通过翼碟，他向赛特投掷了神叉；赛特被击倒，并且失去了他的睾丸。

W. 马克斯・穆勒在《埃及神话》一书中叙述了这种武器的外形，“它有很奇特的、几乎不可能存在的头部”，并且在用象形文字记录的文献中，它还有一个昵称：“30 的武器”。正如古代的文献描述的那样（见图 12a），这种“叉”实际上是一种三合一的火箭：当第一个很大的火箭被发射后，两个小型火箭也被发射。昵称“30 的武器”表明，这种外形似火箭的武器，就是我们今天的多弹头导弹，每一个导弹都有 10 个弹头。

这不会只是巧合，这是因为相同的环境下有相同的含义，密苏里州圣路易斯的麦克唐纳・道格拉斯公司将其最新设计的海上导航导弹也命名为“鱼叉”（见图 12b）。

伟大的神宣布了休战，而且再一次召开神的会议来进行商讨。我们通过公元前 8 世纪的沙巴寇法老记录在石块上的资料，一点点地了解了当时所提出的意见。沙巴寇表示，文献是一个更古老的纸卷的复制本，这些纸卷上布满了蛀虫，它被埋藏在卜塔在孟菲斯的神庙里。这个会议最初将奥西里斯时代的埃及分给了何璐斯和赛特，但是盖布有了新的想法，而且否定了这个决定，因为他考虑到了这个问题的持续性：谁能拥有继承人？赛特已经失去了睾丸，他不可能再有后代……盖布也是一样。“地球的主啊，给何璐斯王权”，给他整个埃及吧。赛特得到了远离埃及的一部分领地。因此，他被埃及人看作是亚洲之神。

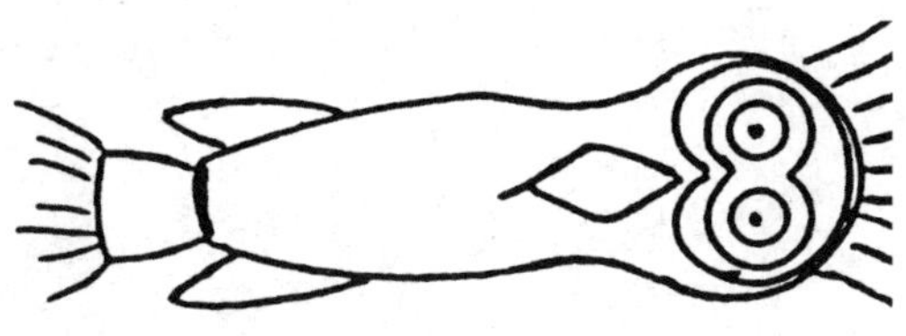

图11

图12

神的会议最后形成了一致的意见。他们的最后决定被描述在《哈列夫的纸草书》上：

在所有神的眼中，何璐斯是胜利者。世界的统治权交给了他，因此他的统治范围是最大的地球。

盖布的王权以及神舒所发现的领地都交给了何璐斯。

这是一种合法的王权。纸草书上继续写道：

哈特使居住在记录中所述的房屋合法化；

根据卜塔父亲的命令，这些事件被记录在了金色牌匾上……

天空之神和土地之神为何璐斯的儿子效力。他们跟随他住在他的宫殿里。他将要统治这些神。

第三章

宙斯和因陀罗的发射物

在希罗多德于公元前5世纪访问埃及后，他深信，希腊人是从埃及人那里接受了神的思想和观念；他为人们写作，并用了希腊神的名字来描述埃及的神灵。

他对希腊神学起源于埃及的深信，不仅来源于神的相同特性和名字的相同含义，还来源于关于他们的相同神话传说。在这些神话传说中，其中一个的惊人相似，使他认为这不仅是巧合：这是一个关于两个神在争夺权力的过程中，其中一个神被割掉睾丸的传说。

很幸运的是，希罗多德作为依据的那些希腊原始资料仍然完好地保存着：多种不同的文字著作，比如荷马的《伊利亚特》；在希罗多德以前就已经存在并闻名的底比斯的品达的著作《颂诗》；第一部也是最著名的著作是赫西奥德所著的《神谱》(神的族谱)，赫西奥德是希腊中部的土著阿斯卡热居民，他在公元前7世纪写了《神谱》和另外一部著作《工作和生活》。

诗人赫西奥德把他的《神谱》献给了音乐、文学、艺术女神缪斯，他写道，缪斯曾鼓励他“用唱歌的方式”表达“对神灵的尊重，然后歌唱强大的人类，使奥林匹斯山的宙斯高兴”。这些都是有一天他在他居住的神山附近“牧羊”时发生的。

尽管我们看到了对神的赞美，但是赫西奥德所揭示的神的形象大多是激情、反叛、狡猾而且有身体缺陷的，他们喜欢冲突，喜欢发动全球性的战争。虽然关于宙斯的赞美诗集很多，但是这些赞美诗集都毫不隐讳地揭露了宙斯为了获得权力而做出的血腥残暴行径。希罗多德写道，不管缪斯如何歌唱，“这些诗歌都在歌唱缪斯女神，她们是宙斯的9个女儿”。

可以肯定，在一个混乱来临之时，
在胸襟宽广的盖亚之后……
以及在宽广的大地之下的、阴暗的塔尔塔罗斯，
还有在诸女神中最具魅力的厄洛斯……
当混乱来到黑暗区域之时，
安瑟尔和赫美拉生下了尼克斯。

当盖亚（“大地女神”）生下乌拉诺斯（“天王星”）时，第一批天空之神出现了，盖亚拥护她的第一个儿子，这样他就可以进入神的王国。在乌拉诺斯出生后不久，盖亚生下了她漂亮的女儿伊雷亚。

然后神又有了后代——盖亚和乌拉诺斯的后代：

此后，她和乌拉诺斯生养了深海之神，科俄斯、克利俄斯、许配里翁、拉皮特斯、忒伊亚、瑞亚、西弥斯和摩涅莫辛涅，戴着皇冠的菲比和可爱的特耶斯。在他们之后出生的克罗诺斯，是他们最老谋深算、最年轻和最可怕的孩子。

尽管这12个孩子是他们的母亲和自己亲生儿子结合的后代——6个男孩，6个女孩，是名副其实的神的后代，但是，在天王星有了流特斯以后，接下来的几个孩子都有着不同的畸形。他们首先生下的“怪物”是3个独眼巨人，雷神、电神和霹雳神；“他们看起来都很像神，但是在他们额头的中间只有一只眼睛，他们被称作‘独眼巨人’”。

“那以后盖亚和乌拉诺斯又生下了更多的儿子，他们比神话故事中所描述的更加勇敢和伟大：科托斯、布里亚琉斯和古埃斯，他们都是富有冒险精神的孩子”。因为他们高大的身材，这几个孩子被称为亨克堂切瑞斯（“拥有100只手臂的人”）：“从他们的肩膀上延伸出了100只手臂，它们相互独立，而且他们每个人的肩膀上都有50个头”。

赫西奥德写道：“克罗诺斯不喜欢这些强壮的祖先”；但是，“乌拉诺斯为他的邪恶行为而欢呼”。

然后盖亚“做了一把镰刀并且把她的计划告诉了她亲爱的儿子们”，他们“邪恶的父亲”会因为“可耻的狂怒”而受到惩罚：砍下乌拉诺斯的生殖器，使他不能再有性欲。但是“这些孩子都充满了恐惧”，只有“伟大而聪明的克罗诺斯有勇气冒险”。

盖亚把她做的灰色镰刀交给克罗诺斯，并且把他藏在她在地中海边住所的“埋伏点”里。

乌拉诺斯在夜晚进入房间，
他躺在了盖亚的身旁，把身子靠近她。
他们的儿子突然出来
抓住了他父亲的左手，
克罗诺斯的右手
紧握着那把齿状镰刀。

他迅速砍下了他父亲的生殖器，
并且将它丢进了
波涛汹涌的海里。

这次行动成功了，但是乌拉诺斯并没有因此断子绝孙。他喷涌出来的血使盖亚怀孕，她因此生下了“伟大的厄里倪里斯（复仇女神）和身着闪闪发光的铠甲、手中紧握着长矛的杰耿迪斯，以及被人们称为墨利亚神女的纽墨菲”。被割掉的生殖器被海水冲到了塞浦路斯海岸，“那里居住着勇敢可爱的女神……神和人叫她阿芙罗狄忒”。

失去了生殖器的乌拉诺斯命令怪物神前去复仇。他呼喊着他自己的孩子泰坦、史崔勒斯，但是他们“并不赞成他的行为”；现在其他的神灵必须确保“复仇行动随后开始”。受到惊吓的克罗诺斯将独眼巨人和其他的怪物囚禁在了很远的地方，这样就没有人回应乌拉诺斯的叫喊。

自始至终，尽管乌拉诺斯忙着孕育他的子嗣，但是其他的神灵也都有了后代；他们的孩子厌烦了代表他们特征的名字——长而且仁慈的名字。现在，在一些邪恶的行为发生后，女神尼克斯纳米西斯通过生养邪恶之神回应了乌拉诺斯的叫喊：“她生下 3 个命运女神，克罗托（纺造生命之线的女神），拉克西斯（主宰生命长短的女神）和阿特伯罗斯（负责切断生命之线的女神）……她生下了厄运和死亡之神……责备和痛苦之神……饥饿和伤心之神。”同样地，她把“欺骗、斗争、谋杀、屠杀、争吵、谎言、争论、违法和毁灭”带到了世界上。最后世上的这些邪恶都被复仇女神尼克斯纳米西斯创造。乌拉诺斯的呼喊得到了回应：战争来到了神灵之间。

泰坦生育了第三代神灵到这个险恶的世界上。由于恐惧惩罚和战争，这些神灵之间关系亲密，6 对兄弟姐妹中有 5 对结为了夫妻。在这些神灵兄妹夫妻中，最重要的是克罗诺斯和瑞亚，这是因为有着英勇行为的克罗诺斯承认神之间的领导权。通过这个结合，克罗诺斯有了 3 个女儿和 3 个儿子，他们是：赫斯提、帝门特、赫拉、哈迪斯、波塞冬和宙斯。

这些孩子们一出生就“被伟大的克罗诺斯吃掉了”，克罗诺斯吃掉他的孩子是因为他听说了一个预言，据说“虽然他强大无比，但是他命中注定会被自己的儿子消灭”：命运将克罗诺斯对他父亲的所作所为重新上演到他自己身上。

但是我们逃脱不了命运，瑞亚聪明地应对克罗诺斯的阴谋。她将她最小的儿子宙斯藏在了克克里特岛上。她把“一块大石头用衣服包紧”，代替她的儿子宙斯献给了克罗诺斯。克罗诺斯上了当，吃掉了这块大石头，他还以为是自己的儿子宙斯。不久后他开始呕吐，以前吃下的孩子被他一个一个地吐了出来。

“岁月流逝，宙斯很快长成了一个强壮优秀的王子。”作为强壮的乌拉诺斯名正言顺的孙子，有一段时间宙斯和他的同僚们陷入了麻烦。但随后他把注意力转移到国家大事上来。因为太阳神之间的战争已经持续了 10 年，“这些太阳神来自欧日瑞斯山（他们的住所）”，他们是年轻的神。拥有茂盛头发的瑞亚必须忍受这些“居住在奥林匹斯山背面”的神和克罗诺斯结成联盟。“因为充满了仇恨，他们持续对抗已经整整 10 年了，没有一方做出让步来停止这场战争，而且有关这场战争的争议也一直处于平衡状态。”

这场战争仅仅是领地相邻的神之间关系恶化的最高体现吗？它是乱伦的神（在那里，母亲和儿子、叔叔和侄女在一起生儿育女）之间爆发的一场对抗吗？或者说它是年轻的神持续对抗旧政权的第一个例子？《神谱》没有给出明确的答案，但是以后的希腊传说和戏剧，说出了这场发生在年轻的神和年长的神之间持久战争的动机。

这场持续的战争被宙斯认为是掌握神权的大好时机，因此宙斯罢免了他的父亲克罗诺斯——有意地，也可以说是无意地，实现了他父亲注定的命运。

※

宙斯的第一步行动是“将他父亲的兄弟从可恶的束缚中解脱出来”。作为感谢，3个独眼巨人把母亲盖亚藏起来的超凡武器“雷、霹雳和闪电”送给了宙斯；他们也给了冥神哈迪斯一个魔力头盔，戴着它，任何人也看不到他的存在；波塞冬也收到了独眼巨人赠送的魔力三叉戟，它可以使陆地和海洋咆哮。

宙斯结束他们的囚徒生涯，给了他们自由和活力。宙斯为他们举行欢迎宴会，并且“用美酒和美食”招待他们，然后宙斯对他们说：

听我说：
噢，乌拉诺斯和盖亚的孩子，
我将给你们说说我的心里话，
因为我们是克罗诺斯——太阳神的孩子，
我们现在将长期面对战争并且要取得胜利。
你们愿意拿出你们的勇气和能量
走上战场，面对太阳神吗？

百臂神中的科托斯回应了宙斯说：“陛下，你所说的我们都明白……因为你的帮助，我们得以走出阴暗，并且获得了重生。现在你有着深思熟虑后的计划，我们将助你一臂之力，进行殊死搏斗，我们要走上战场对抗太阳神。”

这样，“宙斯和他带给他们光明的具有强大力量的伟大神灵联合……这些男神和女神在当天挑起了仇恨之战”。和这些奥林匹斯神对抗的是年长的太阳神们，他们“急切地想要加强他们的权力和地位”。

战争波及了整个地球和海洋：

广袤无垠的大海怒吼了，
地球发出了巨大的震动；
天空在颤抖和咆哮，
奥林匹斯山在不朽的神的掌握下剧烈摇晃，
因为神的巨大脚步声和他们的发射物的恐怖袭击，
剧烈的震动一直到达了地狱。

在死海纸卷文献的一段回忆中，《神谱》回忆了战争中神的怒吼：

由此，他们开始了这场悲剧。
他们相互攻击。
双方军队的呼啸声，
传到了布满星光的天国。
他们在战斗中发出喊杀声。

宙斯自己也尽力战斗，他把他的非凡武器的作用发挥到了极致。“他立即登上奥林匹斯山背面，从天空中发射闪电。武器从他的手中轻快地飞升，雷电交加，汇成了可怕的火焰。富饶的地球在火光中碰撞，巨大的森林也疯狂地燃烧。大地和海洋怒吼了。”

然后宙斯掷出了他的雷石（见图 13），对抗来自欧日瑞斯山的太阳神。实际上，这正是不折不扣的原子弹爆炸：

热气重叠在太阳神周围，
不可思议的火焰点燃了天际。

图13

> 它的光芒，弄瞎了太阳神的眼睛，它是如此强烈。
>
> 令人惊骇的热量带来了混乱……
>
> 看起来好像天地就要合一了；
>
> 强大的碰撞发生，地球似乎面临着毁灭。

“碰撞是如此强烈，以至于战场上的众神们互相碰撞。”

除了可怕的碰撞声，炫目的混乱和巨大的热量以及雷石的能量，还产生了超强的风暴：

> 风隆隆地刮了起来，
>
> 地震、沙尘暴和雷电
>
> 都在那一刻交汇。

宙斯的雷石产生了这一切。当互相对抗的两个阵营听到和看到所发生的这一切,“战场上发出了可怕的喧嚣;非凡的行为出现了;战争即将分出胜负”。战争有了停止的趋势,因为宙斯这边的神灵在对抗太阳神时有了明显的优势。

为了“发泄他们对战争的不满”,三个独眼巨人猛攻太阳神,用手中的放射物袭击他们。“他们将太阳神用铁链拴住”,并把这些俘虏关到了很远的极深层地狱。“在那里,依照腾云驾雾的宙斯的意图,太阳神被关在了阴暗的地狱,这里是地球的最底层。”3 个独眼巨人留在了那里,因为他们是宙斯“忠实的看守”,由他们来看守囚禁于此的太阳神。

当宙斯正准备宣布他获得了神的最高统治权的时候,一个突然的挑战者出现了。这是因为,“当宙斯从天空中带走太阳神的时候,盖亚对她最小的儿子巨人堤丰心生怜悯,在爱与美的女神阿芙罗狄蒂的帮助下,堤丰没有被带到地狱”。堤丰是一个真正的怪物:“他的手力量无穷,他的脚不知疲倦,可以随意跋涉。他的肩膀上长出了 100 个头,这些头中有蛇头、龙头,还有不可思议的黑暗的蛇头。在他的眉毛下面火光四射;当他怒视的时候,他的头里可以燃烧出火焰。他的可怕的头里,还可以发出各种各样不可思议的声音”:有人的声音、牛的声音、狮子的声音,还有幼犬的声音(根据希腊抒情诗人品达和埃斯库罗斯的记录,堤丰是一个高大无比的巨人,“他的头可以触碰到星星”)。

“无法挽救的事情的确在那一天发生了。”宙斯对赫西奥德说。这一切似乎是不可避免的,堤丰“到来并且统治了所有的人和非人类”。宙斯很快就面临了危险,他快速地回击堤丰。

神和太阳神堤丰之间的战争,是所发生的这一连串战争中最可怕的战役,因为蛇神堤丰有翅膀,而且可以和宙斯飞得一样高(见图 14)。“宙斯发出了威力无穷的雷击,地球顿时发出了可怕的声音,天空怒吼,大海咆哮,地球以下的地狱也在震动。”又一次,战争的双方都使用了神灵的武器:

图14

他们的战争雷电交加，深蓝色的海面上热气沸腾；
怪物堤丰释放出的火焰使风疾驰，雷电怒吼。
整个地球、天空、海洋沸腾了。
海边波浪翻滚，
而且产生了无尽的摇晃。

在地球的底部，“地狱之神哈迪斯感受到了强烈的摇晃”。被关押在地狱的太阳神也有同样的感受。宙斯和堤丰在天空和陆地相互追逐，宙斯努力用他的“震耳欲聋的雷声”给堤丰直接的攻击。这次攻击“烧掉了这个怪物肩膀上所有可怕的头”，堤丰和他奇妙的武器一起倒向了地球：

宙斯征服了堤丰，并鞭打他。
堤丰用力投下他受伤的残骸，
巨大的地球呻吟着，
在昏暗崎岖、与世隔绝的山谷中，

堤丰被击败，在那里他依然发射出火光。

因为热能爆发，地球的大部分都在奔腾、在咆哮。

人把这种能量炼成了锡……

在燃烧的火焰中，地球融化了。

尽管堤丰的武器遭受了沉重的打击，但是堤丰还活着。根据《神谱》记录，宙斯抓住了他，并把他“关进了阴森的地狱”。因为取得胜利，宙斯保住了他的王权，接下来他专心和他的妻子、嫔妃生儿育女。

虽然《神谱》只描述了宙斯和堤丰之间的一场战争，但是其他的希腊著作认为，那就是最后的战争，也是宙斯在战中第一次受伤的一场战争。最初宙斯和堤丰近距离作战，宙斯使用了他妈妈给他的镰刀消除恶魔，他的目的也是砍掉堤丰的生殖器。但是堤丰使宙斯落入了他的网中，并且夺走镰刀，用它砍掉了宙斯手上和脚上的肌肉。然后他把无助的宙斯、他的肌肉和他的武器都藏到了一个山洞里。

但是神伊吉潘和赫尔墨斯发现了山洞，他们救出了宙斯，并且使他的肌肉复原，又将武器归还给他。宙斯随后逃走，并且乘坐“有翅膀的战车”飞回了奥林匹斯山，在那里，他获得了更多的雷电能量。这样，宙斯再一次向堤丰发起攻击，并把他带到了妮莎山。在那里，命运女神凯莱斯欺骗堤丰吃下了人类的食物；于是堤丰没有了能量，越来越虚弱。这场新的战争在色雷斯的哈莫斯山上端的天空中开始了，并且在西西里岛的埃特纳火山继续进行，最后在东地中海亚洲海岸的卡西乌斯山上结束。在那里，宙斯运用雷电交加的能量，将堤丰击下了天空。

这些战争与埃及的有着许多相同点，使用的武器、发生的地点、阉割的传说、自我摧残，还有复活——都是在争斗的过程中发生的，使希罗多德（以及希腊其他的古典历史学家）相信，希腊是从埃及借来了神谱。伊吉潘主张，埃及的非洲神拉姆、赫尔墨斯和神透特平起平坐。赫西奥德认为，宙斯和人间的美女阿克梅娜相爱，生下了英雄赫拉克里斯，他在夜晚从奥林匹斯山来到了特冯辛大陆，在斯芬克斯山的山顶居住了下来。“可怕的斯芬克斯消灭了卡得美亚人（远古神民）”，他们和宙斯的合法妻子赫拉的活动，以及堤丰和他的领地，与那些神话传说联系起来。阿波罗多里斯讲到，当堤丰出生并且长成了不可思议的巨人的时候，神们为了目睹这只可怕的怪物，来到了埃及。

大多数学者认为，宙斯和堤丰最后一场战争的发生地卡西乌斯山，位于今天叙利亚奥伦特河的河口。但是奥图埃斯菲德表示，还有另外一座以存在的年代命名的山脉——位于地中海西奈半岛上的舍巴尼克舍勒特的海角上。他认为这才是传说中的山脉。

我们只能再一次相信希罗多德在希腊得到的信息。在描述从腓尼基经过腓尼斯到达埃及的大陆时，他写道，亚洲大陆“延伸到靠近位于海边的卡西乌斯山的赛博尼斯湖。埃及发源于赛博尼斯湖，传说中堤丰藏在这里”。

希腊和埃及传说再一次会聚在了一起，西奈半岛成了他们的顶峰。

※

尽管古代希腊人发现，他们的神谱和埃及人的神谱有着许多联系，但是相差得还是有点远。而在印度，19 世纪的欧洲学者曾经发现了更令人吃惊的相似性。

当古印度的语言梵语在 18 世纪末期被今人掌握的时候，欧洲人开始为翻译出了曾经无人理解的著作而欣喜若狂。最开始，英国人占有了印度的一片土地，对梵语哲学、神话、文学的研究交给了 19 世纪中期的德国学者、诗人、智者，因为梵语被证实是印欧语言（属于德国）的母语，后来在印度居住的是来自里海的移民——“雅利安人”，德国人认为他们的祖先也是雅利安人。

文献的中间部分写的是《吠陀经》，它是关于印度人相信的传统——“起源不是人类”——中关于神的经典著作，在早先的时代里，这部著作由神自己完成。他们被公元前第二个千年的雅利安移民带到了印度半岛。但是随着时间的流逝，最初的10万篇原稿越来越多地丢失了；大约在公元前200年，一位圣人写下了至今仍存在的记录，它被分成了4个部分：里格吠陀（吠陀版本），它由10本书构成；先马吠陀（.歌颂的吠陀）；雅哲经吠陀（大多数是牺牲的祈祷者）；阿达婆吠陀（符咒）。

《吠陀经》的不同组成部分以及附属的文献都产生于颂歌、梵书、森林书和典义书，它们被无吠陀的宇宙古史提升。它们和伟大的神话史诗《摩诃婆罗多》《罗摩衍那》一起，构成了雅利安人和印度关于天地、神灵和英雄传说的来源。

因为长时间的口述间隔，长而多的文献经过了几个世纪才完成，多种多样的名字在神的交替期被使用。事实是，有很多最原始的名字根本不是雅利安人的名字。精确性和持续性不是梵语文献的成功标志。但是，有很多事实，成了雅利安印度文化遗产信条的基础。

起初，这些来源讲述，只有一个天空之体“原始地流动着”。在那时，天空剧烈地动荡，而且“龙”被“奔涌的风暴”分成了两截。这两半不是按照雅利安人的起源来命名，这个传说说明，为了复仇，被毁坏土地的上部，瑞胡不停地横越天空；下半部分，克图（Ketu，被砍掉的一部分）和原始的那一部分结合，沿着它们奔涌的轨道前行。许多年过去了，天空之神和地球之神的时代到来了。天空的国王马－艾西和他的使地球人格化的配偶波哩提毗生有7（或者10）个孩子。其中的一个孩子卡西雅伯统治了德婆，并且被称为帝奥斯－皮塔（天空之父）——这正是希腊名字宙斯和罗马统治者朱庇特名字毋庸置疑的来源。

卡西雅伯有很多子嗣，他与他的妻子、嫔妃们生下了许多神灵。其中最杰出的是在吠陀时代便被人们熟知的阿底提亚，他是卡西雅伯和他的配偶阿底提所生。阿底提生下了 7 个孩子，他们是护持神毗湿奴、宇宙神伐楼拿、契约神米特拉、鲁德拉、普善、技术之神瑟奇以及因陀罗。然后阿底提和火神阿格尼结合，阿格尼或许是卡西雅伯和阿底提（一些文献记载）的儿子，也可能是卡西雅伯和地母波哩提毗的儿子。在埃及的奥林匹斯山的神族里，阿底提家族的人口一下子达到了 12 个。财富之神跋伽也是他们的其中一员，学者们认为，他是斯拉夫人的最高神博格。阿底提最小的孩子是苏利耶，他的父亲是不是卡西雅伯还不确定。

技术之神瑟奇给这些神灵提供了空中的车辆和魔力武器。他用空中的耀眼金属给毗湿奴制成了一个铁饼，送给了楼陀罗三叉戟，并且把"会飞的权杖"送给了苏利耶。在古印度的著作中，所有的武器看起来都是形状各异的、可以手持的发射物（见图 15）。除此之外，神们还从瑟奇的助手那里得到了其他的武器，例如，因陀罗拥有了一个"空中大网"，有了它，因陀罗可以在天空作战时给敌人设下陷阱。

空中战车被一致地描述成明亮而且发光的物体，它的外表用金属制成。印度的银河战机的每一边都发出耀眼的光芒，其运行之快令人惊讶，它可以快速地穿越很长的距离。它的看不见的战马拥有"太阳眼"，发射出淡红色的光线，但是也会变换颜色。在其他的一些文献中，神的空中战车被描述成具有多层结构；它们不仅能在天空飞翔，而且也能潜入水底。在叙事史诗《摩诃婆罗多》中，描述了神乘坐空中战车去参加一个婚礼庆典的场景：

> 众神乘坐战车穿越云层前来参加婚礼；
> 阿底提亚的到来场面很壮观，魔录多在流动的空气中到来；
> 有翅膀的 Suparnas，是神秘的龙族之神，

天神提婆纯净而高傲；

乐神乾闼婆有飞天舞女的陪伴；

耀眼的空中战车从广场上驶向云端。

图15

文献同样也描述了阿沙文，他是专门驾驶空中战车的神。“如年轻的雄鹰一样敏捷”，他们是“天空中最好的战车驾驶员”，他们通常是两人同驾一辆战车，有领航员的陪伴。他们的战车用金属制成，“明亮而耀眼……有舒适的座位和隆隆的响声”。战车根据三倍原理制成，有三个平面，三个座位、三个支撑极、三个转动的轮子。《吠陀经典》丛书第八册的赞歌这样歌颂阿沙文，“因为拥有三个座位和黄金铸造，这架有名的战车穿越了天地。”转动的车轮也有不同的作用：一个轮子使战车上升，另一个给战车指引方向，第三个轮子保持战车前行，“其中的一个战车车轮飞速地转动，指引战车前行”。

在希腊传说里，《吠陀经》里的神在对待两性关系上，同样也不负责任和没有道德感——愤怒的阿底提亚选择了楼陀罗来杀害他们的祖父帝奥斯，因为他玷污了他们的姐妹黎明之神乌纱斯（帝奥斯受伤了，他逃到遥远的天空而保全了性命)。根据印度的口头传说，在随后的时间里，人类英雄的爱情和战争中神的做法也是一样的。在这些战争中，驾驶天空战车的神所起的作用比天空战车要大得多。这样，当一个英雄倒下的时候，阿沙文出现在三架战车组成的舰队里，“自我控制的，不漏水的飞船穿过云端”进入海底，在深海中寻找英雄，而且“将他带到海边的陆地上”。随后有了叶雅亚提的传说，他是娶了神的女儿为妻的一个国王。当这对夫妻有了孩子，高兴的祖父送给这个国王“闪闪发光的金色空中战车，这架战车能够马不停蹄地去往任何地方”。说时迟那时快，“叶雅亚提登上战车，进入了战争，用了 6 个晚上，攻占了整个地球”。

在伊利亚特和印度的传统故事中，也将战争中的人和神描述成了英雄。这其中最著名的传说是《罗摩衍那》，这部长叙事诗讲述的是一个王子的美丽妻子被兰卡(锡兰的一个岛屿，靠近印度)国王劫持的故事。众神中出面帮助罗摩的是哈奴曼，这个神有一张猴子脸，他和大鹏金翅鸟迦楼罗(见图 16)一起驾驶着天空战车。迦楼罗是卡西雅伯异形后代中的一个。

另外一个例子是，“被无道义玷污了名字”的神甘露劫持了因陀罗战车驾驶者美丽的妻子塔拉。“杰出的神楼陀罗”和其他的神们随后给予了这位悲伤的丈夫帮助。为了塔拉，他们发动了“一场可怕的战争，战争是对神和恶魔的毁坏”。尽管拥有最具震撼力的武器，神灵还是要和“最伟大的女神”一起寻找避难所。于是神灵的祖父亲自来到了地球，他使塔拉回到了她丈夫的身边，这样，战争结束了。不久后塔拉生下了一个儿子，孩子的“美丽使天空之神黯然失色……带着疑惑，神灵们决定弄清楚这位孩子的亲生父亲是谁：是塔拉的合法丈夫，还是劫持她的神甘露”。塔拉说这个男孩是“不朽的天神”索玛的儿子，并给这个男孩起名叫佛陀。

但是所有的一切都是时候到来了。在很久以前，神因为很重要的原因相互斗争：为了地球和其他领地的最高统治权。卡西雅伯和他的妻子以及嫔妃们生下了众多的子女，其他旧神的后代同样也很多，战争因此就不可避免了。阿

图16

底提亚的领地很快就受到了哥哥阿苏茹阿的攻击。

嫉妒、竞争还有其他的摩擦最终导致了地球的战争，“在那里，最初不用耕作就能生长粮食”，于是人们屈服于地球上的饥荒。文献中所讲述的神们，继续喝着索玛酒过着他们不朽的生活。索玛酒是由天使从天空之神那里带到人间的可以和牛奶混合的酒。上帝的“黄牛”同样也成了神们享受美味烤肉的“牺牲品”。但是这些必需品越来越稀少的时代到来了。《百道梵书》描述了这件事情：

作为最高神和人类统治者的后代，神灵们和阿苏茹阿因为最高统治权而斗争。神战胜了阿苏茹阿。在那以后，争夺统治权的战争一次又一次地发生……

神和阿苏茹阿为争夺统治权而战。这一次神被征服了。而且阿苏茹阿认为：“我们都是属于这个世界的。”

于是他们说道：“那么，既然这样，让我们把世界从人和神之间分开；让我们继续在我们各自的土地上生活。”因此，他们将世界分成了东方和西方。

听到这些，被打败的阿底提亚请求得到地球的一部分土地：

当他们听到这些话时，神说："阿苏茹阿瓜分了地球！让我们到阿苏茹阿划分给我们的领地中去；如果我们没有得到地球的任何资源，我们又能拥有什么？"

由毗湿奴领头，神去会见阿苏茹阿。

傲慢的阿苏茹阿只给了阿底提亚与毗湿奴的领地相同的地球领地……但是众神使用了计谋，而且将毗湿奴的领地"圈住"，这样便可以"朝着三个方向行走"。因此众神获得了地球 3/4 的土地。

聪明的阿苏茹阿随后从南面攻击。众神问火神阿格尼，"我们怎样才能永远征服阿苏茹阿？"阿格尼建议他们使用人造的钳子：当神攻击阿苏茹阿的地区时，"我会去北边，而你们则从那里把他关进去；在将他关进去的时候，我会把他放倒。"就这样，阿苏茹阿被征服了。《百道梵书》记载道，"神急于知道他们如何能够弥补这场牺牲。"因此，古印度著作写道，"因为这场战争，黄牛和索玛饮料都恢复了供应。"

这场战争同时在陆地、海洋、天空展开。根据《摩诃婆罗多》记载，阿苏茹阿在空中建造了 3 座城堡，并从城堡里攻下了地球的 3 个区域。在这场战争中，阿苏茹阿的同盟神隐身作战，并且他们使用的武器也看不见；其他那些在海上之城作战的将士们，都被天神俘获了。

在这些战争中，打得最漂亮的是因陀罗。在陆地上，他重击了阿苏茹阿的 99 个要害，并且给予全副武装的进攻者沉重的打击；在天空中，他从他的空中战车里进攻躲在"云中堡垒"中的阿苏茹阿。

他们与清白者的军队狭路相逢，
接着里维戈瓦斯展现出了所有的力量；
他们像是与男人战斗的被阉割者一样逃跑，
他们被因陀罗生发出的束带分散了。
因陀罗击毁并穿过埃利毕沙的强大城堡，
他把沙西拉切割成了碎片。

你用你的闪电击倒你的敌人，
因陀罗的武器凶狠地降落在敌人头上，
他的尖锐的冲击霹雳，
将敌人的城镇变为碎片。

你勇敢地向一次又一次的战斗前进，
用你的力量摧毁一个又一个的城堡。
你，因陀罗，和你的击败敌人的朋友，
从远方慢慢赶来的狡猾的拉马奇。
你击倒了克兰亚、佩南亚……
你摧毁了上百个凡格瑞达的城镇。

你让高耸天国的脊脉震撼，
当你勇敢地亲自重击沙巴拉的时候。

众神打败了敌军，并且使他们“逃向毁灭”，因陀罗随后努力使黄牛恢复自由。黄牛被恶魔藏在一座山里，在能够释放火焰的神安格瑞瑟司的帮助下，因陀罗在击碎坚固的隐蔽所后，解救了黄牛。一些学者，如 J. 赫伯特，在《印度神话》一书中，认为因陀罗释放了威力无穷的射线。

※

当神之间的战争开始的时候，阿底提亚给阿格尼命名为“赞颂祭司”，他们的“军队首领”。在战争进行中——早在 1000 多年前一些文献便这样认为——毗湿奴成了首领。战争结束后，由于因陀罗为战争的胜利做出了杰出的贡献，所以他被封为最高统治者。在希腊神谱中，他建立统治权的第一次行动是杀死自己的亲生父亲。《吠陀经典》婉转地向因陀罗发问：“因陀罗，是谁使你的母亲成为寡妇？”因陀罗以提问的方式回答：“当你杀死你的父亲，抓住他的脚的时候，是什么造成了神的冲突？”

因为杀害父亲的罪行，因陀罗没有了喝神的饮用水索玛的权利，他的不朽之躯遇到了危险。他们“登上天堂”，让因陀罗和被释放的黄牛在一起。但是“他通过释放雷武器，在神走后逃走”，并从神的北方领地上升。因为恐惧因陀罗的武器，神喊道：“不要掷武器！”并同意让因陀罗再次享用神圣的食物。

因陀罗拥有了神的统治权，但是，他并不是没有对手。挑战来自技术之神瑟奇，赞美诗含蓄地称他为“长子”——这也许可以解释他认为自己将要继位的说法。因陀罗迅速用雷武器重击他，这个武器对瑟奇来说已经过时。但是随后战争被恶神弗栗多（“阻碍者”）接管。一些文本认为，他是瑟奇的第一个孩子；但一些学者认为，他是一个人造的怪兽，因为他的生长极其迅速，并大到令人吃惊的程度。最开始因陀罗被击败，他逃到了地球遥远的角落。当所有的神都抛弃了他的时候，只有 21 个魔录多和他站在同一战线。这一组神拥有最快的空中战车，他们“大声的咆哮就像风吹得岩石摇晃”

并使自己“升到了高处”：

这确实令人惊奇，他们咆哮着，
沿着空中山脊前行。
他们传播自己明亮的、天上的光束……
与闪电一起握在手中。
金色的头盔戴在他们头上。

有了魔录多的帮助，因陀罗重新回到了和恶神弗栗多斗争的战场。用生动的词语描写这场战争的梵文文本，已被 J. 缪尔翻译成成韵的诗歌版本：

勇敢的神驾着战车前行，
炽热的速度横扫天际，
英雄加速划过天际，
东道主马鲁特护送他，
受到风暴的影响而产生浮躁情绪。
在闪电般的车上，闪烁着
如战争一样浮华和骄傲的闪光……
他们对厄运的咆哮就像狮子的怒吼。
铁力使牙齿消耗，
山和地球都在摇晃，
所有的生物都处在即将到来的震动中。

虽然地球摇晃而且所有生命都在想法逃脱，但敌人恶神弗栗多，仍在冷静地想着对策：

> 栖息在陡峭的空中，
> 恶神弗栗多的堡垒明亮无比。
> 因为战争，他们翻越墙壁，
> 这只勇敢而又巨大无比的恶魔站立着，
> 对他的魔术表演非常自信。

“没有警报，不畏因陀罗手臂的强大力量”，不怕那些“致命飞行的恐惧”，恶神弗栗多站立着等待：

> 然后他看到了可怕的场景。
> 当上帝与魔鬼在斗争中相会。
> 他削弱了弗栗多发射的导弹的威力，
> 他使雷电交加，大雨倾盆。
> 神激烈的愤怒受到了蔑视，
> 因陀罗没有效果的迟钝武器被丢到了一边。

当弗栗多用光了所有强烈的导弹，因陀罗占据了战争的主导权：

> 因陀罗自豪地投掷武器
> 使雷电交加，风驰电掣。
> 受到惊吓和恐惧的神仍然站立着：
> 恐惧填满了这个广阔的世界……

因陀罗投掷的雷电，“是经技术之神瑟奇的手用神铁制造的”，这是一种复杂的、光芒四射的物体：

在如矢般迅疾的阵雨中谁可以稳定地站立？
通过因陀罗的红色右手，
成百道雷电和上千磅铁轴，
在火焰的嗞嗞声中划过了天空，
使骄傲的敌人处于劣势。
突发和无休止的打击，
能够可靠地击溃对手。
谁去抗击雷电的力量谁就是傻瓜。

导弹准确地击中了他们的目标：

弗栗多的末日被敲响了，
因陀罗的铁弹犹如阵雨
发出了飞行的叮当声。
穿透的、分裂的、压碎的与可怕的吼叫，
让濒临死亡的恶魔
从他的云中堡垒跌下了天际。

如同“砍伐树木的斧头落在树干上”一样，弗栗多平卧着跌倒在地面。尽管“没有根基和赤手空拳，他仍然挑战因陀罗”，“因陀罗给了他致命一击，并用螺栓刺透了他的双肩”。

因陀罗胜利了，但是，命中注定胜利并不仅仅属于他。他宣布获得了迦叶的王位，而他的父亲，却怀疑他们父子身份的真实性。他出生时由于卡西雅伯的愤怒，他的母亲藏起了他。为什么？关于他的亲生父亲是他的哥哥瑟奇的传言是真实的吗？

《吠陀经》只叙述了这个故事的一部分。他们认为，因陀罗是伟大的神，但是他不能独掌政权：他要与他的兄弟阿格尼和苏利耶分享权力，就像宙斯不得不与他的兄弟哈迪斯和波塞冬分享领地。

第四章

地球编年史

希腊神和印度教神之间的族谱和战争的相似性似乎是不充分的，在赫梯皇家档案馆——在一个今天被称为波格斯凯的网站——发现的便笺里，记录了更多具有类似故事情节的传说：一代人怎样攻击另一代人，一个神怎么对抗其他神以夺取统治权。

如同我们可以想象到的那样，我们所发现的最长的文本，记录了赫梯的最高神特舒卜：他的家谱；他统治地球上层区域的合理设想；以及神库玛而比发动的对抗特舒卜以及他的后代的战役。

在希腊和埃及传说中，库玛而比的复仇者在神族的帮助下被隐藏了起来，他们一直在地球的“黑暗”部分成长。最后的战斗在天空和海洋上打响。在一次战斗中，特舒卜得到了70个驾驶战车的神的支持。一开始特舒卜被打败了，并且过着隐藏流亡的生活，最后，特舒卜在神和神的战役中面对他的挑战者。

特舒卜全副武装，依靠“能够将岩石放射到90英里远的雷风暴武器”，以及“发出可怕的光芒闪电”的战车登上了天空，“在天空中他将脸”面向敌人。虽然支离破碎的便笺就此结束了故事，但毋庸置疑的是，特舒卜最终取得了战争的胜利。

这些古老的神是谁，谁为了争夺领导权互相攻击，并且通过国家间的战争争夺地球霸权？也许条约恰当地结束了这些人类发起的非常战争，而神是这些战争的引导者。

在两个多世纪的战争后，埃及人和赫梯人迎来了和平，赫梯国王哈塔斯利西三世的女儿和埃及法老拉美西斯二世的婚姻维系着这种和平。

法老在纪念石柱上记录了这件事情，这些石柱分别位于卡马克，阿斯旺附近的埃利潘蒂尼，以及阿布辛波神庙。

描述赫梯公主去埃及的旅程的著作认为，当“埃及的陛下看见她拥有如女神一样美丽的脸庞时”，他立刻爱上了她，并且认为她是“神卜塔赐给他的天使”，而且也是赫梯承认他“胜利”的标志。文献的另一部分说明了这一外交事件的目的：13 年前，哈塔斯利西向法老发出了和平条约；但拉美西斯二世仍然盘算着他险些丧命的加低斯之战而忽视了和平条约；“赫梯的伟大首领以后每年都向埃及陛下书写和平条约，但是拉美西斯没有重视”。最后，便笺上记录，赫梯不是派使者而是在国王的亲自陪伴下“送来了他的大女儿，在这之前送来的是珍贵的贡品”。为了弄清楚这些礼物的含义，拉美西斯派出了埃及护卫队接见和护送这些赫梯人。而且，如上所述，他被赫梯公主的美丽折服，使她成为皇后，并给她起名玛阿特－勒胡鲁－拉（“太阳神能看见的美女”）。

我们的历史也从这段一见钟情的爱情中受益，因为埃及法老随后接受了迟来的和平条约。在距加低斯战役和美丽的赫梯公主的传说发生地不远的卡马克，故事继续被记录下来。人们发现了这个故事的两个版本，一份几乎是完整的，另一份却支离破碎，它们已经被埃及的历史学家翻译出来。因此我们不仅有完整的条约文字，并且知道，赫梯国王用阿卡德人的语言写下了条约，这是当时处理国际事务使用的共同语言（如同法语在一两个世纪以前那样）。

他把写在银便笺上的阿卡德语原稿的副本给了法老，卡马克的埃及语的描述是这样的：

在银便笺的前段是：

一些人物，其中包含一张赛特的画像，还有伟大的哈提大王子，被印了字的边缘包围："天空之神赛特；哈塔斯利西指定的统治规则"……

在另一边的赛特像的包围物中包含了：

在哈提女神形象构成的人物图中，包括哈提公主的形象，也被印了字的边缘包围："阿丽娜城的神拉，土地之神"……

在内部围绕这些人物的是：阿丽娜城的神拉，土地之神。

在赫梯皇家档案馆，考古学家们发现了描绘赫梯神的印章，包括赫梯国王在内（见图 17）。这枚印章描绘得和埃及文献里一样详细，甚至把印章边界

图17

的包围物也描绘得清清楚楚。克服种种困难，最初用阿卡德语记录在两片便笺上的条约，也在档案馆里被发现了，但是，所谓赫梯文本中的首席神是特舒卜，而不是“赫梯的赛特”。因为特舒卜意味着“风暴”，而且赛特（他的希腊名字是龙卷风）意思是“狂风”，看起来似乎是埃及人和赫梯人根据神的姓名的修饰语，使之同众神与信仰相匹配。按照这个观点，特舒卜的配偶赫巴特被称为“天空的夫人”，以和埃及版本条约中的女神的名字相匹配；太阳神拉就是赫梯人所谓的“天空之神”，在阿卡德语版本中他们被称为沙马氏（“光明一号”），等等。

很明显，埃及人和赫梯人对众神的信仰是对立的但也是平行的；而且学者开始怀疑，接下来还将揭示出的一些古代条约是什么样。

一个签定于公元 1350 年左右的条约有许多让人惊奇的信息。条约是由赫梯国王夏皮努尼马和米坦尼王国国王黑太子制定的，当时米坦尼王国位于幼发拉底河中部，夹在赫梯国、苏美尔古国以及阿卡德古国中间。

按照惯例，这个原始条约一式两份，条约的原版放置在卡哈特城的特舒卜神殿里，这座古城以及记载条约的石碑在岁月的风沙中消失了，但是另外一份放置在赫梯阿丽娜（“在飞盘女神前面”）圣城中的石碑，在大约 3300 年以后被考古学家发现了。

和当时的所有其他条约一样，赫梯和米坦尼国王的条约末尾有一个祷告：“缔约双方的神在场，听到了双方的缔约并且担当证人。”因此，遵守条约将得到神的护佑，而违背契约者将会把神激怒。这些契约双方的神，当时从作为两个王国的至尊统治的神（担当国王和王后）特舒卜和他的配偶赫巴特开始列起，所有条约就放置在哈提和米坦尼王国的神的神龛中。当时，很多幼神（这两个统治神的后代），不论男女，被列在各省会城市，代表他们的父母充当统治神。

在那个时候，有一长串相同的神处在同一个等级；这和埃及不同，在埃及，当时不同的神殿必须相配。根据其他已经发现的版本可知，赫梯神殿实际上是照搬或者模仿人类的神殿。但这个特殊的条约有些奇怪，在石碑尾端的见证神中间，同时列有 Mitra-ash、Uruwana、Indar 以及 Nashatiyanu 神，就是米特拉、伐楼拿、因陀罗和印度教万神殿的拉瑟提亚神！

赫梯人，印度人，人类，谁是起源呢？在赫梯人和米坦尼人的条约中可以找到答案：三者都不是。这些所谓的“雅利安”神和他们的父母、祖父母一起被列在条约上，这些“古老的神”包括：阿努、安图夫妇、恩利尔和他妻子宁利尔、艾和他妻子唐克娜；以及“邪恶之神，誓言之神……库德城的奈格尔……战神尼努尔塔……好斗神伊师塔。

这些都是家喻户晓的名字，早期他们经常被阿卡德的萨尔贡提到。萨尔贡自称是“伊师塔的监护者，为阿努施涂油礼的牧师，恩利尔的伟大而正直的牧羊人”。

他的孙子那拉姆 - 辛抵达雪松山，当时有奈格尔神帮他“开路”。巴比伦的汉谟拉比授命于阿努，让恩利尔走在军队的前面，进军其他地方。亚述的国王提革拉昆列色因听从了阿努、阿达德和尼努尔塔的命令而大胜；撒缦以色用奈格尔提供的兵器作战；伊撒哈顿在伊师塔的配合下进军尼尼微。

不难看出，在赫梯人和胡利安人的语言里，众神名字的发音不同，但他们写众神名字都用的是苏美尔字体；甚至连决定神都通常被看成是苏美尔的 DIN.GIR，字面意思为“正义者”。因此特舒卜的名字被写成 DIN.GIRIM（“风暴神”），也就是苏美尔人伊希库尔神的名字，也被称作阿达德；或者也可以写成 DIN.GIRU，意思是“神 10”，这也是伊希库尔 / 阿达德的数字等级——其中阿努等级最高（60），然后是恩利尔（50）、艾（40）……这样依次排下去。同样，像苏美尔人的伊希库尔 / 阿达德一样，特舒卜被赫梯人描绘成“挥舞他发光的武器”（见图 18）。

当赫梯人以及他们的著作重新面世时，学者们就确信：在赫梯和埃及文明之前，在亚述和巴比伦之前，甚至在阿卡德之前，在美索不达米亚南部就已

图18

经出现了一个高度发达的苏美尔文明。其他所有文明只是这个现知最早的文明的分支。

无可争议，苏美尔最早记录了神和人类的传说。那里有很多内容被首次铭刻——比我们想象的多得多、详细得多。在那里，所有那些文字记录的历史以及有关地球起源的史前史，被我们称之为“地球编年史”。

※

发现和理解古代文明是一个让人惊讶不断、难以置信的认知过程。如果不是这些书写下来的文字，古代的石碑——金字塔、金字型神塔、巨台、柱状废墟、雕石，依然只是过去历史神秘而无言的证据。如果没有这些文字，古老的石碑只能是个谜：年代不明，建造者无法考证，建造的目的也无从得知。

谢天谢地，我们能认识古代的文字记载——丰富而且详细，用石碑、手工物、基石、瓦片、餐具、任何能够想象的物体制成的武器，像诱人的石板一样，在上面刻着名字和历史事件。此外还有泥版：平整的湿黏土，有些小的可以放在手掌上，在其上，抄写员用一根铁笔灵巧地用浮雕的符号凑成音节、字和句子。然后让这些泥版变干（或者烤干），这样，永久的记录就制成了，它们在经历了自然侵蚀和人为破坏后依然保存了数千年。

在不同的地方——经济和政治中心、庙宇和皇宫，在古老的近东各地——无论是国家还是私人建筑，到处都有这样的泥版；而且有正式的图书馆，里面有成千上万的泥版，按主题清清楚楚地分类，内容都写有标题，作者写上了名字，各续集都用数字标明。可以肯定，无论是他们何时记录的历史、科学和神，都被认为是以前石板的复制品（用古代文字书写）。亚述和巴比伦王国这种辉煌的展现着实让考古学家惊讶，但读了它们的"古城"铭文后，考古学家变得更加困惑。苏美尔和阿卡德，国王的称谓到底有什么含义，以至于让这些帝国的国王都这么钟爱？

在发现了关于阿卡德城的萨尔贡记录后，现代的学者才开始确信：一个伟大的王朝，萨尔贡王朝，确实在亚述和巴比伦繁荣前 500 年就崛起于美索不达米亚了。学者们在这些记载中兴致勃勃地读到：萨尔贡打败乌鲁克，并摧毁了他的城池……萨尔贡，阿卡德城的国王，打败了乌尔的土著人……他打败 E- 尼玛尔，毁了他的城池并占领了从拉格什直到海边的领地，在海里清洗他的武器。萨尔贡在与乌玛土著人的战斗中大胜……

学者们质疑：在阿卡德城的萨尔贡王朝前，甚至在公元前 2500 年前，世界上存在城市中心和城墙吗？

现在，大家都知道，这些确实存在。这些就是苏美尔的城市和苏美尔的城市中心。这些地方被确认为考古发现和学术研究中心。这里的土地早在 6000 年前就被开垦了。和别的地方不同，这里比较突然和难以理解地出现了文字和文化、国王和牧师、学校和庙宇、医生和航天员、高耸的房子、运河、码头和船；发达的农业、先进的冶金术、纺织工业、商贸、法律、政治和道德的观念；宇宙理论，以及历史和史前史的记载。

所有这些作品，长篇叙事传说、两行谚语，记录着世界和神，同样的事实——作为苏美尔人及其以后的民族不变的宗旨：在过去，DIN.GIR，“正义的人”，从希腊人开始的所谓“神”从自己的星球来到地球。他们选择美索不达米亚南部作为自己的新家。他们把这片土地称为 KI.EN.GIR ——“火箭主人的领地”（阿卡德语名，而苏美尔语中意为“土地的守护者”。）他们把这里当成在地球的第一个栖息地。来自外星、首次定居地球的宇航员在苏美尔人的版本中没有被重点记载，其他不同的版本则多次提到他们，往往是这样陈述的：在大洪水前的 432000 年前，DIN.GIR（“火箭光明使者”）从自己的星球登临地球。苏美尔人认为，他们来自太阳系的第十个组成成员——一个由处于中心的太阳、月亮、现在已知的九大行星，以及一个更大的行星组成的系统，它的轨道很大，3600 年才绕太阳一圈。他们写道：这个轨道把这个星球带往遥远宇宙的一个“站”，然后越过火星和木星来到地球附近。在这一情况下——正如古人在 4500 年前的画中所描绘的那样（见图 19），它的名字叫作尼比鲁（“交叉”），它的符号就是一个“十字叉”。

大量的古代记载写着：从尼比鲁星球来到地球的宇航员头领叫 E.A（艾，意为“他的房子是水”）；在他着陆定居埃利都后，他给地球的这第一个站点

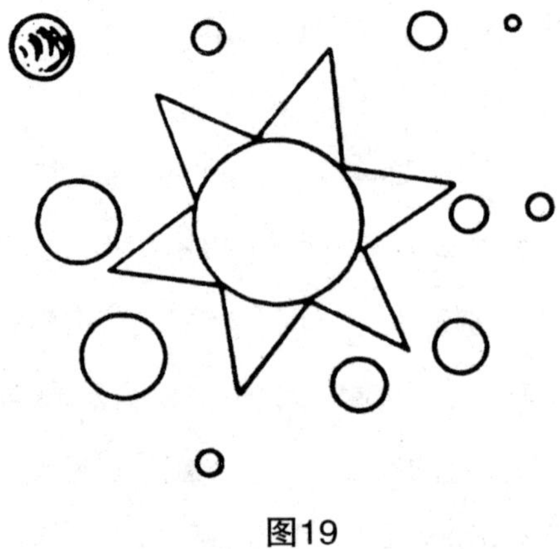

图19

取名为 EN.KI（“地球之主”）。在废墟中，我们找到了这样的文字记载，上面有艾着陆时的报道：

当我来到地球，
到处是洪水。
当我来到它的绿色草地，
在我的命令下，堆起了土堆。
在一个干净的地方建起了我的房子……
房子的影子落在蛇沼泽上。

文章继续描述了艾在波斯湾的沼泽地上努力建造非凡的供水系统的情景：他调查了这片沼泽地，挖沟掘渠以控制水和排水，用本地黏土制造砖，修建建筑物。他用沟渠连接了底格里斯河和幼发拉底河；而在沼泽地的边缘，他建造了房屋、码头和其他的设备。

这一切都有一个原因：他的星球需要黄金，不是用来制造珠宝和其他琐碎的用品，因为在以后的几千年中，这些到达地球的游客从来没有佩戴过黄金首饰。毫无疑问，尼比鲁人的太空计划需要黄金，很明显的是，印度参考文献中的天空战车覆盖着金子。事实上，在许多方面，黄金对太空设备和我们当今的交通工具都是非常重要的。但是，仅仅这一点，可能不是尼比鲁人在地球上密切地寻找黄金，并将它们大量运回他们星球的全部原因。金属有着独特的性质，它在返回家园的途中可以发挥重要作用，因此金属影响着这个星球上人们的生存；据我们所知，将黄金颗粒悬挂在尼比鲁逐渐消失的大气中，便可以减少大气的损耗。

尼比鲁统治者的儿子艾被选中来承担一个重要的使命。他是一个杰出的科学家和工程师，绰号是 NU.DIM.MUD（“他很会制造东西”）。这项计划，就如他的名字“艾”所表示的那样，是要从平静的波斯湾和从波斯湾延伸到美索不达米亚的浅滩沼泽连接处抽取黄金。苏美尔人描述艾就像水流的主人，他坐在被相互连接的小瓶包围的实验室中（见图 20）。

已经公开的传说表明，这个计划进行得并不顺利。黄金产量远远低于预期，为了加快抽取黄金的速度，更多的宇航员——一些文献把他们称作阿努纳奇（“那些从天空来到地下的人”）在地球上着陆。他们一行有 50 人，这些宇航员中的一个队伍是由恩基的大儿子马杜克带领的。文字记录了马杜克给他的父亲传递的紧急消息，它描述了一场临近地球时发生的灾难，即当宇宙飞船经过太阳系的一颗行星（可能是木星）时，差点和这颗行星的一个卫星相撞。当描述到宇宙飞船的遭遇时，马杜克兴奋地告诉他的父亲：

图20

它像一种武器；

它像死亡般冲向前。

阿努纳奇遭到了重击……

像小鸟一样飞行得最好的飞船胸部遭到了重击。

圆柱体印章上的苏美尔雕刻（见图 21）形象地描述了在宇宙飞船离开火星（第六大星球）到达地球时（从内计数的第七大行星，象征着 7 点，总是和月亮在一起被描写），地球之主（左边）急切地会见他打扮得如同宇航员一般的儿子（右边）的场景。

恩基的父亲安奴（在阿卡德语中是阿努）从其统治的行星回到家里，对着陆一方的进程显得焦虑而又满怀期望。但缓慢的进程最终使其失去了耐心，从海水中抽取黄金的实验计划进展也不尽如人意。

但是对黄金的需求仍然存在；而且阿努纳奇面临着一个艰难的决定：放弃这个计划——不可能实现的计划，或者是用新方法来获得黄金：采矿。因为阿努纳奇那时明白，黄金在非洲大陆（在从苏美尔进化而来的闪族语言中，za-ab——Abzu 的反面——直到今天还作为黄金的单词保留着）的 AB.ZU（“原始的来源”）很丰富，并且自然可用。

但是，存在一个主要的问题，非洲黄金的开采必须要从地球的深处抽取。要从经过深思熟虑的从海水中抽取的计划转变到从地下艰辛地开采，这是个长远的决定，且并不容易实施。很明显，这个新计划需要更多的阿努纳奇。他们在“出色的矿脉开采地”建立了殖民地，在美索不达米亚建立了一些开采设施。

图21

这一切都是由恩基本人处理的吗？

阿努认为，他无法独自做到这些；在恩基着陆后的尼比鲁 8 年——地球上是 28800 年，他来到地球独自观察一切。他在继承人恩利尔（“上帝的命令”）的陪同下来到这里——阿努认为，他的这个儿子可以承担起在地球上的使命，而且可以将黄金运送到尼比鲁星球上去。

选择恩利尔来完成使命可能是必要的，但这个选择也是痛苦的：因为它会激化两名同父异母兄弟间的竞争和妒忌。因为恩基是阿努的大儿子，他是阿努 6 名小妾中的一名所生，有望继承阿努在尼比鲁的王位。

但是后来，就如《圣经》中亚伯拉罕的故事那样，他的妾夏甲和他同父异母的妹妹（也是他的妻子）萨拉——阿努同父异母的妹妹妻子安图姆生下了儿子恩利尔。按照尼比鲁星球上的继承规则，恩利尔取代恩基成了法定继承人。现在，恩基与生俱来的争强好胜，使得这个竞争对手来到地球上夺取王位。

人们不应强调血统和家谱在神的战争中的重要性；在血统和家谱战争中的诸神，和在尼比鲁上及其后在地球上争夺继承权和统治权的战争中的其他人没什么两样。

事实上，当我们揭开神的战争的持久性和残酷性的神秘面纱，并且试图把它们放入历史和史前历史的框架中时——以前从来没有进行过这样的工作，我们很清晰地发现，这种持久性和残酷性来自性行为的砝码，这种行为不是基于道德，而是基于遗传纯度的考虑。这些战争的核心基于一个由等级制度和继承权决定的复杂度，性行为不是由温柔和强暴所决定，而是由他们的目的和结果所决定。

有一个苏美尔传说讲述了阿努纳奇的总司令恩利尔的故事，他爱上了一个在河里裸浴的护士，说服她和他去航行，并不顾她的抗议（“我的阴道小，不能性交”）和她做爱。尽管他的等级很高，但还是被“50 高级神”逮捕。当他回到他的城市尼普尔时，被“7 个阿努纳奇法官”发现，并且判处了他强奸罪。他们判处他流亡冥界之屋（当他和跟随他一起流放的女神结婚时，他被赦免）。

许多歌曲纪念了伊南娜和一个名叫杜姆兹的年轻的神之间的爱情，其中的“催眠调”用感人肺腑的语言描述了这段爱情：

噢，把他的手放在我的手里。
噢，把他的心放在我的心的旁边。
与他携手不仅仅是甜蜜，
最令人甜蜜的是与他心连心的爱情。

我们可以理解这些纪念诗中的支持口吻，因为杜姆兹是伊南娜的准新郎，她的选择赢得了她的哥哥乌图／沙马氏的支持。但是，如何解释描写伊南娜与她自己的兄弟激情做爱的文字呢？

我心爱的人遇见了我，
他和我在一起很开心。
我的兄弟把我带回了他的家，
让我躺在他甜蜜的床上……
我们的口舌紧紧相连，
面相俊朗的哥哥和我一起激情了 50 次。

如果我们了解兄妹之间不结婚但是可以做爱，这就能够被理解。另一方面，与自己同父异母的妹妹结婚是被允许的；同父异母的姐妹所生的儿子在等级制度中是最高贵的。尽管强暴遭到谴责，但如果是为了获得王位，性，甚至是无规则或者是暴力的，也是被纵容的。一个很长的传说讲述了恩基为了获得他同父异母的妹妹苏德所生的他的（以及恩利尔的）男性继承人，他强迫自己在她独自一人的时候“将精液倒在她的子宫内”。她生下了一个女儿（而不是一个儿子），当这个女孩变得“年轻而美丽”时，恩基不失时机地与她做爱，他讨她的欢心，拥抱她，坐在她的大腿上；他触摸她的大腿，他触摸……并且与这名年轻的女孩同居。这种事情继续发生在这名女孩的后代身上，直到苏德诅咒恩基使他瘫痪。直到此时，寻找男性继承人的荒唐事才停止。

当恩基从事这些性事的时候，他已经娶了宁基，这说明，谴责强奸罪的基准并不禁止婚外情本身。我们也知道，神被允许拥有任何数量的小妾（编目为 CT-24 的文献列出了阿努的 6 个小妾），但是，如果结婚，他们不得不选择一个作为其官方配偶，正如我们已经提到的，同父异母的姐妹就起到了正式配偶的作用。

如果这些神，除了他的名字和许多绰号外，也被授予了真正的名字，那么他的正式配偶要拥有这个名字的女性形式。因此，当 AN 获得了他正式的名字（“天空之神”）后，他的配偶被称为安图，在阿卡德语中是阿努和安图姆。嫁给恩利尔（“上帝的命令”）的护士获得了名字宁利尔（“夫人命令”）；恩基的配偶唐克娜很快被称为宁基。

由于阿努纳奇神之间家庭关系的重要性，这些伟大的、由众多古代的作者编写的神的名录，本质上就是一本家族族谱。在这样一个重大的清单里，被古代作者命名为“AN：ilu Anum”的系列列出了“恩利尔的 42 位祖先”，非常清楚的是，这是 21 对夫妻神。这一定是皇家血统的伟大标志，因为另外两个描写阿努的相似文件也列出了他在尼比鲁的 21 对祖先夫妇。我们知道，阿努的父母是 AN.SHAR.GAL（“伟大的天空王子”）和 KI.SHAR.GAL（“伟大的土地公主”）。正如他们的名字所示，他们并不是在尼比鲁占统治地位的夫妻，但是，父亲是伟大的王子，意味着是皇位继承人；他的配偶是一位伟大的公主，大女儿就是权力继承人（由不同的妻子所生），因此，就出现了同父异母的安沙戈。

这些家谱，让我们能更好地理解诸神在着陆地球前以及随后发生在尼比鲁的事情。

※

将艾发送到地球上寻找黄金，意味着尼比鲁人在宇宙飞船发射前，已经注意到金属在地球上的重要性。那么，他们会怎么做呢？

有很多种答案：他们可能用无人卫星探索地球，就像我们用极地系统探索其他的星球一样。他们可能会在地球上着陆来加强调查，就好像我们登陆月球一样。实际上，他们在火星上登陆时，并不能排除他们也从尼比鲁到地球进行太空航行的可能，就像我们在文献中读到的一样。

我们无从得知，无人飞船在地球上是否登陆过，如果是，又是在什么时候发生的呢？但是，的确存在关于在戏剧性环境中发生的更早期着陆的编年史：尼比鲁被废除的统治者乘坐飞船逃到了地球上。

这件事情肯定是发生在艾被他的父亲送到地球上之前，因为通过这件事，阿努成了尼比鲁的统治者。实际上确实是阿努霸占了尼比鲁的王位。

这些信息都包含在一个文献里，这个文献的赫梯版本是由古代的学者用“天空之王”命名的。它揭示法庭里的生命，而且讲述了仿佛莎士比亚笔下的故事情节中背叛和掠夺行为的传说。文献里说，当尼比鲁的继位大典到来的时候——由于自然死亡或者是其他原因，并不是准继承人阿努的父亲安沙戈登上了王位，一位名叫阿拉卢的亲戚取而代之，登上了王位。

出于有意和解或者是尊重文化传统，阿拉卢任命阿努为他的皇家司酒者，我们从许多东方文献和皇家记事（见图 22）中了解到，这是一个受人尊敬而且值得信赖的职位。但是在尼比鲁时间 9 年后，阿努“向阿拉卢发起战争”并

图22

且罢免了他：

在远古时代，阿拉卢是天空之王。

阿拉卢坐在宝座上；

强大的阿努，在神中名列第一，

站在他面前。

他向阿拉卢鞠躬，

将酒杯送到阿拉卢的手中。

阿拉卢担任了9年的天堂之王。

在第九年里，

阿努向阿拉卢发起战争。

古代文献告诉我们，随后激烈的地球战争发生了：

阿拉卢被击败，他在阿努面前逃离！

他被打下了地狱。

阿努继承了王位。

虽然在阿拉卢之前，关于地球及它起源的种种很可能已经被尼比鲁人知晓，但是事实是，在这个传说里，确实有关于承载着送艾来到地球的使命的尼比鲁人乘坐宇宙飞船登陆地球的记载。苏美尔国王列出了一个报告，上面写着，埃利都的第一个统治者被称为阿拉尼姆——这个名字也有另外一个绰号艾／恩基，或者是苏美尔人对阿拉卢名字的翻译；它使我们想到，尽管被罢免，阿拉卢还是密切地关注尼比鲁的命运，并且告诉他的罢免者，他在地球的水域里发现了黄金，罢免者和被罢免者之间的和解被证明的确发生过。阿努先迈出和解的步伐，并任命阿拉卢的孙子库玛而比为他的皇家司酒者。

但是和解的姿态仅仅造成了尼比鲁自身历史的重演。尽管拥有所有的奖项和荣誉，但年轻的库玛而比无法忘记阿努从他的祖父手里篡夺了王位；随着时间的推移，库玛而比对阿努的敌意变得越来越明显，阿努“不能面对库玛而比的目光”。

所以阿努决定带着他的继承者恩利尔一同离开尼比鲁，前往地球，阿努认为这比带着年轻的库玛而比更安全。

把恩利尔带到地球上的决定使他有责任和恩基斗争——这场斗争在目前为止发现的文献中找到了出处。愤怒的恩基威胁说要离开地球返回尼比鲁，但是人们能够相信他没有篡夺王位吗？如果这是一种妥协，阿努本人会留在地球上，任命恩利尔为尼比鲁的代理统治者，人们可以相信恩利尔在阿努回来的时候会自动放弃王位吗？他们最后决定抽签来随机决定到底应该怎么做。分配权力在苏美尔和阿卡德文献中也被反复提到。地球最长的编年史之一，被称为《阿特拉－哈希斯》的史诗记载了这次抽签和它的结果：

神紧握双手，
然后投下分散的签：
阿努上升到天堂；
对恩利尔来说地球是主体；
在地球上，海洋就像一个循环圈，
他们把这些给予了王子恩基。
恩基来到冥界之屋，
承认了他在冥界之屋的统治。

相信自己已设法分开相互竞争的兄弟后，“阿努升上了天空”。但是，在空中，一个意想不到的局面正等待着他。也许为了防范，库玛而比留在了围绕地球运动的宇宙飞船上；当阿努返回到宇宙飞船，准备开始回到尼比鲁的漫长旅行时，他遇到了愤怒的库玛而比。激烈的争论不久就变成了打斗：“阿努向库玛而比发起攻击，库玛而比也进攻阿努。”当库玛而比用摔跤击败阿努时，“阿努从库玛而比的手中挣脱”。但是库玛而比设法抓住了阿努的脚，而且“有点偏向膝盖中间”，伤害了阿努的“男子汉气概”。古代文献这样描写（见图23a）道：就像阿努纳奇（见图 23b）间伤害彼此生殖器的摔跤习惯。

带着羞耻和疼痛，阿努起飞前往尼比鲁，将库玛而比和宇航员操作的空间平台留在了后面。在他离开后，他诅咒库玛而比“肚子上有 3 个怪物”。

赫梯传说和希腊传说中天王星乌拉诺斯被克罗诺斯阉割和乌拉诺斯被克罗诺斯的儿子吞咽的故事具有相似之处，其相似之处无须赘言。而且，正如在希腊传说中那样，这个小小的插曲为神和泰坦之间的战争奠定了基础。

※

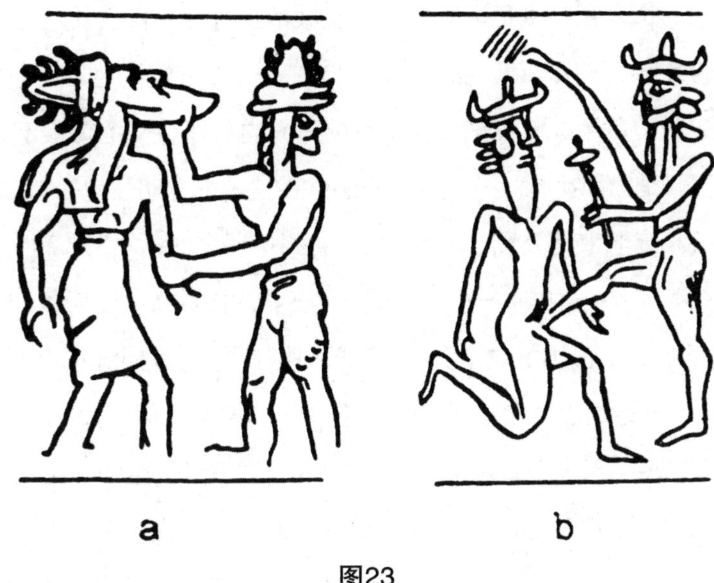

图23

在阿努离开后，关于地球的使命被认真执行。

随着越来越多的阿努纳奇人登陆地球——那时，人数已经上升到600。一些人被分配到下游，以帮助恩基开采黄金；另一些人控制矿石船舶；其余的和恩基一起留在美索不达米亚。在那里，按照恩利尔制定的总体计划建立了更多的定居点，它是一个拥有清楚步骤的组织计划的一部分：

他完善了程序，颁布了神圣的条例；

在最佳的地点建立了五个城市，

并给它们命名，

而且把它们作为中心。

它们中的第一个城市是埃利都，

恩利尔将它给予了先驱努迪穆得。

在美索不达米亚的洪积区，所有这些城市都有一个自己的功能，这些功能从它们的名字中可以看出。首先是埃利都——“在遥远的地方建造的房屋”，它是水域边缘的黄金抽取设施，在所有的时间内仍保留艾的美索不达米亚居留权。接下来是巴地比拉——“次矿石最终被建造的光明之地”，熔炼和提炼的冶金中心。接下来是 LA.ra.AK ——“看到了明亮的火焰”，是指导宇宙飞船着陆的灯塔城市。西巴尔——“鸟城”是一个内陆城市。然后是 SHU.RUP.PAK ——“最具幸福感的城市”，被建成了医疗中心，它由苏德掌管（“她获得了重生”），苏德是恩基和恩利尔同父异母的妹妹。

此外还建造了另一个灯塔城市 LA.AR.SA（“看见红色的光芒”）。因为复杂的操作取决于在地球上着陆的阿努纳奇和 300 名宇航员之间的平衡，这些宇航员被称为 IGI.GI（“看和观察的人”），他们处在连续不断的地球轨道中。这些 IGI.GI 就像地球和尼比鲁之间的中介代理，住在地球上空的环绕空间站里。被加工过的矿石被宇宙飞船从地球上运载到空间站，随后被转移到合适的飞船里，这些飞船将黄金运送到接近地球并在其巨大的椭圆形轨道中运转的星球上。宇航员和设备被用同样的步骤送到地球的同一位置，但是顺序是相反的。

总之这需要一个命令控制中心，并且恩利尔已经在着手建造和装备。它被命名为 NIBRU.KI（“尼比鲁在地球上的殖民地”）——阿卡德的尼普尔人。它装备了天线，并且在上升的空间站上方——美索不达米亚“巴别塔”（见图 24）的原型——有一个秘密的房间，DIR.GA（“黑暗、炙热的房间”）是显示空间图（“以星星作为标志”）和杜兰基（“天堂和地球的连接”）被保持的地方。

编年史认为，阿努纳奇在地球上的第一住宅区是“建造的中心城市”。这加深了洪积区国王对重建被洪水冲走的苏美尔城市的声明中的疑惑：

永恒的实地计划。

这些建筑已经永远决定了

这是一个拥有古代绘画和天空著作的城市。

图24

只要我们在地图上标出恩基与恩利尔建立的第一批城市并且将他们用同心圆连接起来，难题就会得到解决。他们的确是“要被建为中心”：所有的这些城市到尼普尔飞行控制中心的距离都是相等的。这确实是“来自高空”的计划，因为这个计划只对那些可以从高空中瞭望整个近东地区的人有意义：选择双高峰亚山拉腊山——该地区最显著的标志——作为其里程碑，他们把太空站建在以亚拉腊山穿过幼发拉底河为基础的北线上。在这个“永恒的实地计划”中，所有的城市被排列成一个箭头，标记出到达西巴尔太空站的路径（见图 25），因此减少了对被定期运送到尼比鲁的黄金的关注，甚至是城市间的对抗，因为阿努在那以后一直都是这个星球的统治者。但是在地球上，所有生活在黑色时期的人们都有难以想象的情绪和不可思议的冲突。

1 埃利都
2 拉尔萨
3 尼普尔
4 提比拉
（金属工作的基础）
5 拉勒克
6 西巴尔
7 舒鲁帕克
8 拉格什
飞行轨迹
沼泽
波斯湾
城市根据功能来定位
空间站
命令控制中心
飞行走廊的轮廓

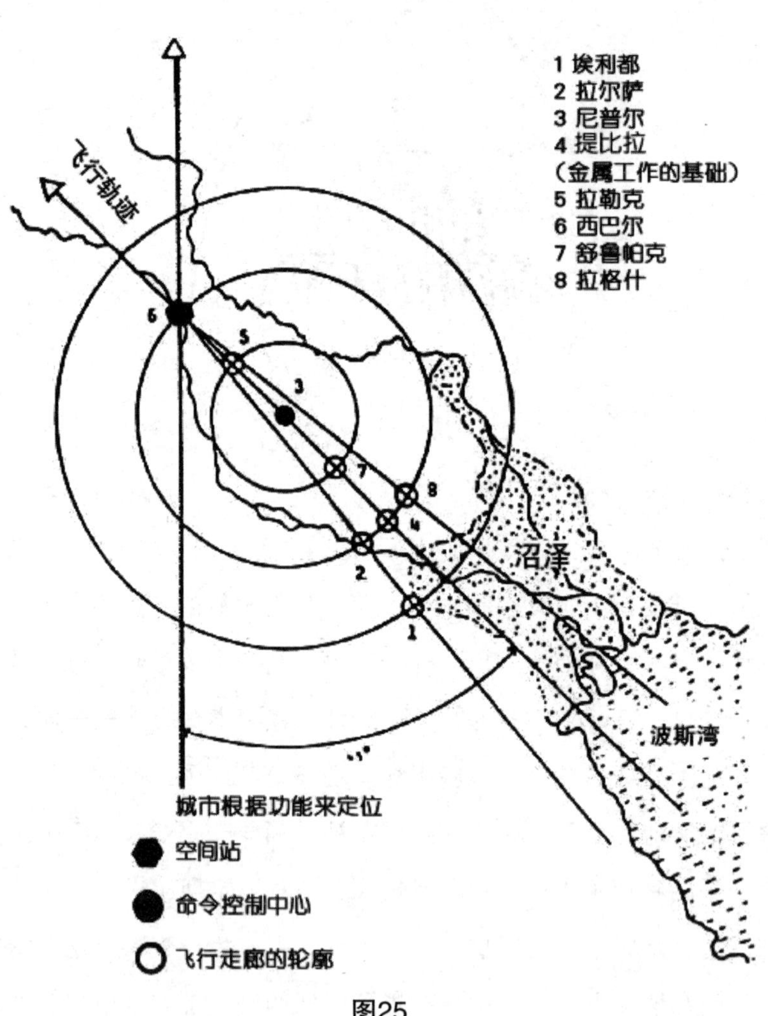

图25

第五章
旧神之间的战争

阿努首次访问地球，决定了之后的整个千年里地球上所有事情的发生。众所周知，他们创造了亚当代表的人类，我们称之为智人；他们还为日后恩利尔和恩基以及他们后代之间在地球上的战争埋下了种子。

但是，首先在阿努的地盘和阿拉卢的地盘上有持久的冲突，地球上的仇恨爆发在对泰坦的战争中。这是一场“天空之神”对抗“在地球黑暗时期的神”的战争；在其最后的高潮阶段，这是一场众神的起义！

它发生于尼比鲁人在地球上定居的早期以及阿努首次访问地球后的一个月，从《天空之神》的文献中我们了解到了这些。这部文献在回顾对手的时候，指认他们为“强大的旧神，生活在古老时代中的神”。在将阿努和阿拉卢之前的5个神命名为“父母神”之后，它开始讲述关于在尼比鲁篡夺王位，阿拉卢的飞行，阿努对地球的访问以及和库玛而比之间冲突的传说。

《天空之神》中的故事还增加了一些有关赫梯／胡利安人的文献，学者们将这些文献统称为《库玛而比周期》。这些费力拼凑（仍然严重分散）在一起的文献近来变得更加通俗易懂了，因为又发现了这些文献的其他碎片和另外的版本。

库玛而比是在与阿努斗争多久后登上王位的，文献里没有给出明确的答案。我们是在这件事情过后一段时间才知道了答案。在设法吐出生长在肚子里的“石头”后，库玛而比来到了地球上。为了寻找对丢失的部分文献的解释说明，他来到了艾的冥界之屋。

支离破碎的文本随后讲述了风暴神特舒卜出现的场景。根据苏美尔人的语言，特舒卜是恩利尔最小的儿子伊希库尔／阿达德。风暴神告诉库玛而比，每个神将要授予特舒卜美好的特性和物品，这惹怒了库玛而比；这些属性应该有智慧，而智慧是从库玛而比身上转移过来的。“库玛而比带着愤怒前往尼普尔”。破碎的文本使我们无法知晓接下来发生在恩利尔司令部的事情，但是在尼普尔待了 7 个星期之后，库玛而比便前去与艾商议。

艾建议库玛而比“升上天空”并且寻求拉马的帮助，拉马是“两个神的母亲”，因此，很显然，她是两个争议朝代的女家长。出于一些自身利益的考虑，艾用 MAR.GID.DA（天体战车）将库玛而比运送到了天空，这个天空战车被阿卡德人称为 ti-ia-ri-ta（“飞行工具”）。但是这个女神发现，艾没有得到众神的允许便来到了这里，因此她发出“闪电风”袭击艾的空间站，迫使他和库玛而比返回地球。

但是，库玛而比并没有返回地球，他选择和被赫梯人／胡利安人称为依沙瑞拉（观察和环游的人）的轨道神待在一起，依沙瑞拉在苏美尔语中被称为 IGI.GI。手中握着充足的时间，“库玛而比充分思考……在他的记忆里思考他们……他反复的思考创造出不幸的计划……他酝酿邪恶的阴谋”。他思考的精髓是他必须被尊称为“众神的父亲”，最高的神！

获得了轨道神依沙瑞拉的支持，库玛而比“穿上神速鞋”飞向了地球。在那里，他向具有领导地位的神派出了使者，让他们承认他的最高统治地位。

这个时候，阿努决定先战胜阿拉卢的孙子，再命令自己的孙子风暴神特舒卜找到并杀死库玛而比。激烈的战斗随后在由特舒卜率领的地面神和由库玛而比率领的天空神之间展开；在一场战斗中，至少有70个神参加，他们都驾驶着天体战车。尽管大多数战斗场面消失在破损的文献中，但我们知道的是，最后特舒卜取得了胜利。

库玛而比的战败并没有结束这场争斗。我们从其他的赫梯史诗中了解到，在库玛而比死之前，他设法使山区女神怀上了他的孩子，从而诞生了他的复仇者“石神”乌利库梅。当他在轨道神中间隐藏他神奇儿子的时候，他指导他成长，并攻击了特舒卜的“美丽城市库米亚……攻击风暴神并将他撕裂成碎片……像射鸟一样从天空中击落所有的神！”一旦在地球上取得了胜利，乌利库梅便“登上天空夺取王位”，并且通过暴力获得了尼普尔的王位。在发出这些指示后，库玛而比就逝世了。

很长一段时间内，孩子被隐藏着。但随着他长大——在他漫游天空的时候，他被乌图／沙马氏发现。乌图冲进了特舒卜的住所，通知他复仇者出现了。在用食品和饮料安慰他以后，特舒卜命令他“乘坐战车升上天空”，并且密切关注乌利库梅的成长。随后他来到了山上亲自监视石神。“他看到了令人畏惧的石神，愤怒地挥了挥拳头。”

意识到除了战争别无选择后，特舒卜立刻准备战车作战；赫梯人在文献中用苏美尔名字ID.DUG.GA“流动的骑士”称呼特舒卜，而赫梯文字运用了原苏美尔术语，所以装备战车的指示很值得引用。因为高转速的要求而使用“大爆竹”为车辆加速；连接“点亮”在前面的“公牛（能量设备）”和放置在后面的“高导弹公牛”；在前方安装了可以指明方向的雷达和导航设备；用强大的能量石激活了设备；然后给这个工具装备了“暴风雷电”，并且装入了至少800块“火石”：

光亮骑士的“大爆竹”

给战车润滑并且发动它。
“点亮的公牛”将它们放在犄角中间。
尾部的“高导弹公牛”
镀上了黄金。
前端的“指路者”
让它们放置并旋转，
为它里面提供高能的“石头”，
使它们制造出“风暴闪电”。
它将岩石掀出 90 费隆（1 费隆＝1 / 8 英里）
确定火石有 800 块……覆盖着
“恐怖闪耀着的光芒”。
让它们从它的贮藏室中出来，
让它们带来天体战车并将之准备好！

“在天空浩瀚的云层中，风暴神和石神面对面。”在最初的攻击失败后，特舒卜/阿达德的兄弟尼努尔塔加入了战争。但是赤手空拳的石神将战争带进了库米亚的城门，它是风暴神的城市。

在库米亚，特舒卜的配偶赫巴特在神住宅的里屋里密切关注着战况。但是乌利库梅的导弹“迫使赫巴特离开了房子，她可能再也听不到神灵的消息……不管是特舒卜的消息还是其他神灵的消息，她都不可能知道”。她命令她的信使“穿上飞鞋”去往神的聚集地，带回有关战争的最新消息；她这样做是由于害怕“石神杀害我的丈夫，高贵的王子”。

但是特舒卜没有被杀害，他拒绝了随从躲在山区里的建议。“如果我们这样做，”他说，“天空将没有国王！”所以两人随后决定前往寻找冥界之屋的艾，并且根据“记载了命运的旧牌匾去寻找那里的圣人”。

意识到库玛而比有一个失去了控制的怪物儿子后，艾前去告诉恩利尔他们面临的危险："乌利库梅将封锁天空和神殿！"阿努纳奇人把天空和神殿称为神的聚集地。当所有人都在不知所措地寻找解决的方法时，艾想出了一个方法：让他们从装"石头刀具"的密封仓库里带出一把专用的旧金属刀，并且砍下石神乌利库梅的脚。

在这个计划成功后，石神残疾了。当众神听到这个消息，"他们来到了神的聚集地，所有的神开始怒吼并攻击乌利库梅"。特舒卜备受鼓舞地跳上了战车，"他在海洋里追上了石神乌利库梅，并且要和他作战"。但是乌利库梅仍然狂妄地宣称："我将摧毁库米亚，接手神殿，赶走众神……我还将成为天空之王！"

赫梯史诗的最后几行完全被损坏了，但是我们怀疑，它是否给我们讲述了一个梵语传说，即发生在因陀罗和恶神弗栗多之间的最后的战役？

接着出现了一个可怕的场面，
当神和恶神在战场上碰面，
弗栗多发射了锋利的导弹，
还有雷和电的热量……
因陀罗掷出的雷电开始闪光，
雷声轰轰，
因陀罗的铁弹如阵雨般的叮当声和隆隆声敲响了弗栗多的丧钟；
穿透声、碎裂声、压碎声与可怕的吼叫
使濒临死亡的恶魔头向前下跌……
因陀罗用螺栓重击了他的两肩之间。

我们认为，这是"神"和希腊传说中的巨神之间的战争。到目前为止，没有人发现“巨神”的含义。但是，如果故事和神的名字都具有苏美尔起源的话，“TI.TA.AN”在苏美尔语中的字面意思就是“居住在天空中的神”，准确地说，这些神是由库玛而比领导的，他们的对手是生活在地球上的阿努纳奇人。

※

事实上，苏美尔文献还记录了阿努的孙子和恶神不同部族之间一场古老的生死之战，这个故事被称为《祖的神话》。传说中的英雄是尼努尔塔，他是恩利尔和他同父异母的妹妹苏德的儿子；它很可能是印度教和赫梯故事借鉴的原始传说。

苏美尔文献中的故事发生在阿努访问地球之后。根据恩利尔的全局指挥，阿努纳奇人完成了他们在冥界之屋和在美索不达米亚的任务：矿石开采和运输，冶炼和提纯。通过繁忙的西巴尔空间站，宇宙飞船将珍贵的金属带到了由伊吉吉控制的轨道站中，然后通过定期访问，飞船到达了目的地星球。

这个复杂的空间操作系统——通过空间运输工具来去，以及地球和尼比鲁之间的交流，每个星球都到达了它们自己的目的地——由恩利尔在尼鲁普的使命控制中心进行协调。在上升的空间站的上方，有一个房间，它是最精准的控制室，在那里安装有重要的宇宙战车和轨道数据板——“命运的牌匾”。

一个名叫祖的神获准进入了这个神圣的房间并抓住了关键的牌匾，因此阿努纳奇和尼比鲁的命运掌握在他的手中。

将苏美尔文本中的古巴比伦和亚述版本中的联系在一起，一个完整的传说便重生了。但是被毁坏的部分仍然使祖的真实身份以及他是怎么获得准许进入 dirga 的成了秘密。在 1979 年，W.W. 哈罗和 W.L. 莫兰这两位学者在耶鲁大学收藏的古巴比伦牌匾里寻找到了这个秘密的答案，从而重塑了古代传说的开端。

在苏美尔语中，祖意味着“知识”，即一个具有一定知识的专家。很多版本认为，他是传说中的邪恶英雄 AN.ZU（“他懂得天空知识”），他建议，和连接地球与尼比鲁的空间工程建立联系；而且重塑的编年史开端确实讲述了孤儿祖是怎么被操纵宇宙飞船和轨道空间站的宇航员接受的，这些宇航员被称为伊吉吉，通过他们，我们了解了天空和空间旅行的秘密。

当伊吉吉决定恳求恩利尔时，行动便开始了。他们投诉说“直到那时，伊吉吉就连一块破裂的聚居地都没有”。换句话说，地球上没有为伊吉吉提供任何休息和娱乐的设施，在那里，他们可以暂时离开严格的空间和失重的状态而得到放松。为了表达他们的想法，他们选择祖作为发言人，并且将他带到恩利尔在尼普尔的中心。

恩利尔，“居住在杜尔安基的神的父亲，他看见了祖，并思考伊吉吉在说些什么”。当他在心里盘算着这个请求的时候，他仔细地研究了天空之神祖。毕竟，他是一个使者，虽然不是航天员却穿着航天员的制服。当他的怀疑加重的时候，艾意识到祖的真正祖先并且说了出来。他建议，如果祖在恩利尔的总部耽搁的话，恩利尔可以把伊吉吉请求的事情延迟。“你接待了他并且让他进入，”艾对恩利尔说，“在这个避难所里，在这个最核心的位置上，让他成为阻碍道路的那个人。”

神同意了艾对他说的话。

在这个避难所里祖占据了主导地位。

在这个会议厅的入口，

恩利尔已任命了他。

于是，有了艾的纵容，敌对一方的神——“一个隐秘的后代”阿拉努从心底的最敏感处被恩利尔接纳。在那里，祖“总是观察天空之神以及联系天地的神恩利尔……祖总是在观察他的命运之签”，并很快制定了一个计划：“在他心里酝酿很久的推翻恩利尔政权的计划”：

我将获取命运之签，
主宰神的命运；
我将建立我的政权，
在天空发号施令；
我将命令在空间站内的众神们！

“他野心勃勃，内心里装满了侵略的设想”。有一天，当恩利尔去游泳的时候，祖认为时机来临了。“他抓住了掌握在他手里的命运之签”，而且让他的鸟带着他“安全地飞到了‘高山上的天庭’”。当这些发生时，一切都静止了：

神圣的法则暂停了；
灯光逐渐消失；
沉默蔓延。
在太空，伊吉吉混乱不堪；
圣殿失去了光辉。

最初，“神之父恩利尔无话可说”。随着通信的恢复，“聚集在地球上的神一个接一个得到了消息”。在尼比鲁的阿努同样也听说了这件事。很显然，祖将被抓捕而且神的命运之签将恢复如初。但是这一切由谁来做？因为英勇而闻名的几个年轻的神到来了，但是他们都不敢到遥远的高山上去和祖作战，因为祖现在和恩利尔一样强大，并且偷用了恩利尔的“智慧”，“而且那些反对他的人会变成黏土……因为他的神勇诸神退却了”。

随后，恩利尔的法定继承人尼努尔塔走上前去承担起对抗祖的重任，因为正如他的母亲苏德指出的一样，祖要打败的不仅是恩利尔，还有“恩利尔政权”中的尼努尔塔。她建议尼努尔塔也用“智慧”这个武器，在祖隐居的山脉上向他进攻，只有在他躲在布满灰尘的屏障后，而且能够接近祖的时候才能展开行动。为了助尼努尔塔一臂之力，苏德借给他“能够卷起7次沙尘暴的宝贝”。

随着“日益坚定的战争勇气”，尼努尔塔登上了哈兹山——传说中库玛而比时期出现的一座山，在那里，他骑上了战车，拿起了武器，刮起了沙尘暴，出发对抗祖，“去发动一场恐怖而激烈的战争”：

祖和尼努尔塔在山腰上见面。
当祖觉察到尼努尔塔的到来时，祖狂怒了。
他用他的智慧使山和白天一样明亮；
因为愤怒，他释放出散乱的射线。

因为灰尘，祖无法看清他的挑战者，于是他对着尼努尔塔咆哮：“我获得了所有的权力，现在我可以直接对众神发号施令！你是谁，竟然敢来挑战我？说说你是谁！”

但是尼努尔塔继续“侵略性地向前”进攻祖，并宣布他是由阿努派来抓捕祖并且恢复命运牌匾的。听到这里，祖失去了光辉，“山的表面马上笼罩了黑色”。尼努尔塔无所畏惧，继续“朝着阴暗前进”。从他战车的“胸部”，他朝着祖释放闪电。“但是无法射击祖；闪电退了回来。”祖所拥有的能量使任何放射性的攻击都不能“伤害他的身体”。

所以“战争和攻击停止了；武器在山腰静止；它们无法征服祖”。

战争僵持着。尼努尔塔要求他的弟弟伊希库尔／阿达德去向恩利尔征求建议。“王子伊希库尔将战争的近况告诉了恩利尔”。

恩利尔吩咐伊希库尔返回告诉尼努尔塔：“不要丧失信心，显示出你的力量。”实际上，他送给了尼努尔塔一根提鲁（“怒吼”“黑夜”）——（用图形描绘出来就是）一种射击物，用来射击暴怒者祖。尼努尔塔躲在他的“旋风鸟”里，然后尽可能接近祖的鸟，直到他们“翼对翼”。然后，再将发射物对准祖的“旋风鸟”的“小齿轮”，“让发射物如光束一样飞行；当刺眼的光辉包住小齿轮的时候，旋风鸟像蝴蝶一样震动翅膀，这样祖将会被征服”。

所有牌匾上关于这场最后的战争场面的描写都丢失了，但是我们知道不止一只“旋风鸟”参与了这场战争。在现在被称为苏丹－土丘的遗址中，我们发现了被毁坏的赫梯档案，档案上有关于这个场面的支离破碎的记录，它告诉我们，在那时，尼努尔塔集合了“7只席卷尘埃的旋风鸟”，带着他的“111号风”武器登上他的战车，像他父亲建议的那样进攻祖。“地球震动了……世界一片灰暗，天空黑暗了……祖的小齿轮被战胜。”祖被抓获而且在恩利尔到达尼努普之前被带回；命运的牌匾在它本应存在的地方被重建，“王位重新回到了伊库尔，神的法则重归”。

被俘的祖在由7个伟大的阿努纳奇组成的军事法庭前接受审判：他被判有罪而且被处以死刑；他的征服者尼努尔塔“切断了他的喉咙”。有很多文献都描述了审判的场面，在这些文献里，祖根据他和宇航员之间的联系，打扮得像一只鸟一样。在美索不达米亚中心发现的一块古老浮雕上，描绘了对祖的真实处决。这块浮雕把祖——“观察的人”画成了一只在前额上长了眼睛的恶公鸡（见图26）。

图26

※

长期以来，击败祖的场面一直在阿努纳奇人的记忆里徘徊。或许因为对祖的精神的假设——代表背叛、欺骗以及所有的邪恶，造成了虐待和痛苦，审判和处决祖作为一种详细的仪式便在人类中代代相传。在每年的仪式中，用一只公牛代表祖来弥补他的罪恶行为。

在巴比伦文本和亚述文本中都发现了与这个仪式相关的长篇描述，它们都指出了各自的早期苏美尔来源。经过大规模的准备工作，在一个特定月份的第一天，一头“来自美丽草原的伟大、强壮的牛”被带到神庙并且被纯化。通过芦苇管对着牛的左耳低声说：“牛，你就是罪恶的祖。”然后对着它的右耳说：“牛，你已经被选中进入庆典和仪式。”在第十五天时，公牛被带到“7 个法官神”以及太阳系的 12 个天体象征前。

对祖的审判重演了，牛被放在“伟大的牧羊人”恩利尔的面前。问罪的神父重复朗诵带有修辞色彩的控诉问题，就好像对恩利尔致辞一样：你怎么将“存储的宝藏”交给了敌人？你是怎么让敌人来到而且让他住在“简单单纯的地方”的？他是怎么进入你的住宅的？其后的表演是艾和众神恳求恩利尔提出建议的那一段，因此尼努尔塔走上前对他的父亲说：“请给我指明正确的道路！给我下达正确的命令。”

在审判中重复提到证据之后，审判结束了。按照详细的指示，屠宰了牛以后，祭司朗读对牛的判决：它的肝脏将在热水壶里翻煮，它的皮肤和肌肉将在庙内烧毁；但它“邪恶的舌头应该留下”。

然后扮演其他神的祭司用赞美诗赞美尼努尔塔：

上帝保佑，上帝保佑，
就像恩利尔一样接受我们的膜拜吧；
所有的神都会为你欢欣鼓舞！

当众神寻找向祖挑战的志愿者时，他们对祖的征服者保证：

在所有的神灵中，
你的名字会是最伟大的，
没有神以及你的兄弟可以和你平起平坐；
你永远值得众神赞美！

在尼努尔塔胜利后，众神信守了承诺。但这也为众神之间未来的争斗埋下了种子：尼努尔塔确实是恩利尔在尼比鲁的法律继承人，但不是整个地球的继承人。现在，就像神庙里的纪念仪式所显示的一样，他“就像恩利尔一样

——成了地球之王”。我们从关于苏美尔和阿卡德地区众神的文献记载中，了解到他们的继承也是按照顺序的。阿努在神中的地位最高，评级是60。他的合法继承人恩利尔评级是50，第一个儿子（由于恩利尔死亡而成为继承人）艾的评级是40。现在，因为使其成为“像恩利尔一样”的神秘承诺，尼努尔塔的评级是50了。

记录了神庙仪式但是已经部分残缺的文献，包含着以下清晰的描述：“噢，马杜克，因为您的国王关键性的话语，‘我被释放了！’；噢，阿达德，因为您的国王关键性的话语，‘我被释放了！’”我们可以猜测，缺失的部分也包括像罪恶之神在众神之间呼喊出来的同样的释放，以及承认尼努尔塔的恩利尔政权。我们知道，在那以后，罪恶之神——恩利尔在地球上的第一个儿子得到的评级为30，他的儿子沙马氏为20，女儿伊师塔为15，伊希库尔（阿卡德语中的阿达德）的评级为10（没有记录马杜克的数值排名）。

祖的阴谋以及他的邪恶留在了人们的记忆中，包括能够造成痛苦和瘟疫（见图27）的像鸟一样的恶魔。其中的一些被我们称为力鲁，这个单词有着“怒吼”和“黑夜”的双重含义；他们的女性领导人莉莉塔被描述为一个赤裸的、长着翅膀并且拥有一双大大的、像鸟一样的脚的女神（见图28）。许多文献都有抵抗邪恶的咒语公式——巫术和巫术崇拜持续了整个千年。

※

尽管为了尊重和纪念恩利尔的最高统治权和尼努尔塔作为第二命令人的地位，严肃的诺言在打败祖以后被兑现，但这些基本因素使对立和争论一直存在，并且在随后的千年时不时地公开出现。

认识到事情的发展态势，阿努和恩利尔提供给尼努尔塔新的、非凡的武器。阿努给予他SHAR.UR（“最高级的猎人”）和SHAR.GAZ（“最高重创手”）

图27

图28

的称号；恩利尔给了他几件武器，其中有独特的 IB——拥有“50 个杀人脑袋”的武器，它是最可怕的，编年史中说尼努尔塔是“IB 的主人”。装备好武器，尼努尔塔成了“恩利尔的头号战士”，随时准备击退所有的挑战。

下一次的挑战是在阿努纳奇发动叛乱的时候，当时尼努尔塔正在冥界之屋开采黄金。这次叛乱，以及这次叛乱以后发生的事件，在被学者称为《阿特拉-哈西斯》的史诗中有完整的描述，这是一个完整的成熟的地球纪事，其中记录了导致现代智人出现的事件，也就是我们现在所知道的人类。

文献告诉我们，在阿努回到尼努尔塔以及地球被恩利尔和恩基瓜分以后，阿努纳奇在冥界之屋的金矿开采工地上辛苦地工作了将近“4 个时代”——行星围绕地球转动了 4 圈，也就是地球上的 144000 年。这项工作困难而艰辛，“在深山里，在很深的山轴里……阿努纳奇人辛勤地劳作。他们的工作量大，强度也大，这个工作一直持续了 40 个可以计算的时期”。

挖掘地球的开采工作从来没有停止过：阿努纳奇人“不分昼夜地工作”。但是当轴越来越深，而且工作越来越艰辛的时候，人们的不满增长了：“他们抱怨，窃窃私语，对开采工作愤愤不平。”

为了帮助维持纪律，恩利尔派尼努尔塔来到冥界之屋，但是他自己和恩基的关系却越来越紧张。随后恩利尔决定去冥界之屋并亲自评估局势。于是不满的阿努纳奇人抓住了兵变的时机！

《阿特拉 - 哈西斯》史诗的语言生动程度和现代文献不相上下，它用超过150行的诗句清楚地描述了接下来发生的事情：反叛的阿努纳奇人如何把他们的工具放在火上，并在半夜前往恩利尔的住宅；他们中的一些人高喊着“让我们杀了他……让我们打破枷锁！”；一名不知名的领导人提醒他们，“恩利尔是旧时代的首领”，并建议谈判；恩利尔又是如何愤怒地拿起武器，但被他的内臣提醒：“我的神，这是您的儿子……”

恩利尔就像一名囚犯一样被包围在自己的住宅里，他向阿努发出了信息并且要求他来地球。当阿努到达，伟大的阿努纳奇人召开了军事法庭会议。“冥界之屋的统治者恩基也出席了会议。”“恩利尔决定对这场兵变的煽动者处以死刑。但是由于没有得到阿努的支持，恩利尔提出辞呈，‘崇高的神，’他对阿努说，‘拿走权力，我将和你一起到天空中去。’”但是阿努表达了对开采者的艰辛的理解，以此来使恩利尔平静。

由于受到了鼓励，恩基“开口对众神表达他的想法”。他重复了阿努的概述，并且提供了一个解决方案——当时首席医官、他们的妹妹苏德和他们一起在冥界之屋：

让她创造一种原始工人，
来承担枷锁……
让这种工人承担神的艰辛，

让他承担枷锁！

在《阿特拉－哈西斯》史诗接下来的100行里，以及被发现保存有多种描述的其他几个关于“人的产生”的文本中，都用令人惊讶的细节描述了智人基因工程的传说。为了达到惊人的壮举，恩基提出，“人类已经存在”——类人猿，通过“整合”没有完全进化好的“神的模型”，创造了原始人工人。“具有约束力”的女神苏德提取了年轻男性的“本质”，将其与女类人猿的卵子混合。受精卵随后被植入一名女阿努纳奇人的子宫，这是为了怀孕的需要。当“混合的生物”出生，苏德将它举起并且大声说道：“是我创造了它！是我用双手创造了它！”

“原始人工人”——智人开始出现。它发生在大约30万年前：它是通过基因工程的壮举和胚胎移植技术产生的。毫无疑问，这要经过一个漫长的进化过程；但是随后阿努纳奇人加入这个过程中并且加速了它的演变，他们“创造”了我们，这比依靠我们自己的进化要快得多。学者们很长时间内一直在寻找人类进化过程中的“缺失环节”。苏美尔文本显示，“缺失环节”是一个在实验室里进行操控的伟大基因工程……这不是一次性的壮举，也不是在一瞬间内完成的。文本很清楚地表明，阿努纳奇人做了相当多的实验，从失败中创造了原始人工人理想的“完美模型”。实验成功后，大规模的生产过程便随之展开：14个“生育女神”在同一时间被植入女类人猿的基因，有7个生下了男孩，还有7个生下了女孩。这些工人长大后，被安排进行开采工作；而且随着人数的增长，他们承担起了在冥界之屋越来越多的体力劳动。

恩基和恩利尔之间的武装冲突很快便发生了，但同样也是基于这些奴隶劳工……

随着在冥界之屋被生产和改善的矿石越来越多，阿努纳奇人经营美索不达米亚设施的负担便越来越重。这里的气候温和，降雨较充足，而且美索不达米亚的河流总是流量过大。渐渐地，美索不达米亚的阿努纳奇人开始“挖掘河道”，筑高防堤和加深运河。很快他们也开始呵斥奴隶工人，他们是有着茂密的黑发并且“沉着冷静的创造物”：

> 阿努纳奇人紧跟恩利尔的步伐……
> 黑头人听从于他们的要求。
> 他们将锄头交给这些黑头人。

我们在由塞缪尔·N. 克雷默命名的《鹤嘴锄神话》中读到一些事件。虽然文献中有一部分已经丢失，但我们还是了解到，恩基拒绝了恩利尔将原始人工人转移到美索不达米亚的要求，并且决定由他来处理所有的事情。恩利尔采取了极端行为，切断了与地球的联系：“在‘地球和天空的联系处’，他制造了一条伤口……真正加速了天空与地球的隔离。”然后他对开采地发动了武装攻击。

在冥界之屋的阿努纳奇人将原始人工人集合到中央大院里，加紧修建城墙，抵御攻击。但是恩利尔制造了一个神奇的武器，被称为 AL.A.NI（“能生产电力的斧子”），该武器配备了“非洲之角”和“地球分路器”，可以穿越墙壁和泥土。用这些武器，恩利尔在防御城墙上钻了一个洞。这个洞不断扩大，“原始人工人向恩利尔进攻。他用魔力打击这些原始人工人”。

此后原始人工人完成了双方的分工任务：在开采地，他们“辛苦地工作”；在美索不达米亚，他们用锄头和铁锹建立起了神的宫殿，修建了运河岸堤；他们种植粮食以维持神的需求。

许多雕刻在圆柱体印章上的古老图画，描绘了这些原始人工人执行任务的画面，他们像赤身裸体的动物一样劳作（见图 29）。各种各样的苏美尔文献描述了人类发展过程中这个类似动物的阶段：

图29

图30

当人类最初诞生的时候，
他们不知道该吃面包，
不知道在更衣室穿戴服装；
他们像绵羊一样用嘴巴吃植物，
从沟里饮水解渴……

但是，在多长的时间里，年轻的阿努纳奇女性被要求（或者是强迫）扮演了“出生女神”的角色？在恩利尔毫不知情、苏德却纵容的情况下，恩基设法给这些新生的生命一个附加的基因：产生了杂种生命——一开始的原始人工人是不能生产的，没有拥有后代，也就是生育孩子的能力。这个事件与亚当和夏娃在伊甸园的传说产生了共鸣，虽然关于这个传说的原始苏美尔文献尚未找到，我们却真实地发现了苏美尔人对这个事件的描绘。他们展示了故事的不同方面：生命之树；偷食禁果；“上帝”和“毒蛇”的愤怒相遇。然而，另一个文本显示，夏娃在腰间缠有衣服，但是亚当仍然是赤裸裸的（见图30）。另一个有关的细节出现在《圣经》中。

虽然在所有的古代著作中，蛇神都有显著的特征，但该描写在这里再一次重复却具有特别重要的意义。古老的苏美尔人的神的称号/名称，就像“星星”拼写出来就是“上帝”，三角符号意味着BUR、BURU或BUZUR——所有的词语使称号/名称意味着“解决了秘密的神”“深不可测的矿山之神”，以及与之有关的意思。最初的希伯来文版本的《圣经》，把诱惑夏娃的神拿辖译作“毒蛇”，但字面意思是“他解决了机密问题”，以及“他知道金属”。这种描述和苏美尔文字中对神的描述一样。这种描述格外有趣，因为它显示蛇神的手和脚被绳系住，表明恩基在擅自行动后被抓住。

一怒之下，恩利尔下令驱逐亚当——地球智人，他从埃丁（E.DIN，“这些正直者的家”）被驱逐。不再局限于阿努纳奇的居住地，人们开始在地球上漫游。

“亚当和他妻子夏娃同房，夏娃怀孕并生下了该隐……并且她又生下了该隐的兄弟亚伯。从此地球上不仅只有神了。”

阿努纳奇人并不知道，从此以后，原始人工人在与他们的战争中将要扮演什么角色。

第六章

人类的崛起

自从乔治・史密斯发现并于 1876 年（用迦勒底语记录的起源）详细报告了关于人类起源的美索不达米亚传说，L.W. 金便紧随其后，发现了关于人类起源的 7 块牌匾。学者和神学家都已经认识到，《旧约》第一章至第三章中关于人类起源的传说是原始苏美尔文献的浓缩和编辑版本。一个世纪后，在我们研究第十二个天体的过程中，我们已表明，这些文献的原始神话虽还未能发现，但可以肯定的是，它们保存了先进的科学技术，这些技术对现代的学者而言，是他们刚刚才开始迎头赶上的。

一艘无人太空探索器对木星和土星的探索，证实了苏美尔知识中关于极地系统的许多“不可思议”的方面。例如外部星球有着无数卫星而且其中的一些卫星上有水。那些遥远的行星以及它们的一些主要卫星，被发现具有能够产生内热的活跃的内核；其中的一些产生很大的热量，这个热量比从遥远的星球太阳上得到的热量要大得多。火山活动使这些天体具有独特的环境。在那里，具有所有生命生存的基本要求，正如苏美尔人 6000 年前所说的一样。

那么，我们星系的第十二个成员的存在——冥王星之外的第十个行星，苏美尔人所说的尼比鲁（也就是巴比伦的马杜克）——这个行星的存在是《第十二个天体》一书的基础以及深刻结论吧？

1978 年，在美国华盛顿海军气象台的天文学家们确定，冥王星实际上比我们以前所认为的小。根据其本身对天王星与海王星运行轨道的干扰，他们假定，在冥王星旁存在着另一个天体。美国国家航空航天局在 1982 年宣布了他们的结论：确实存在这样一个天体。至于它是否是又一个巨大的天体，则打算通过发射两个疾驰进入土星周围的先锋太空船来确定。

1983 年末，在加利福尼亚喷气推进实验室，天文学家宣布，在美国国家航空航天局和其他一些国家的赞助下发射的、安装有红外线望远镜的卫星 IRAS 发现了在距冥王星很远处有一个体积是地球 4 倍，并且朝着地球运动的“神秘星球”。他们还没有确定它是一颗行星，但我们的地球编年史毋庸置疑地记录了这个最终的发现。

1983 年，我们在南极洲和其他地方发现了一种岩石，毫无疑问，它们是来自月球和火星的碎片。但是这一切是怎么发生的呢？这无疑又给科学家们带来了一个巨大的难题。关于太阳系产生的苏美尔传说，尼比鲁的卫星和火箭之间的碰撞，以及在人类起源史诗中的人类进化论部分，给我们提供了完整的解释。

文献讲述了阿努纳奇人怎样通过遗传操作——体外授精和复植法创造了人类。

近年来，在遗传科学和技术上的发展，一方面肯定了苏美尔人所说的逐渐进化，另一方面（否则无法解释），也肯定了阿努纳奇人通过遗传技术而使智人的面貌获得生物学上的发展。即使是最近的试管生殖测试——提取一个卵细胞，并注入男性精液，在一个女人的子宫重新植入受精卵也和几千年前在苏美尔文献中描述的步骤很相似。

如果这两个主要的事件——地球的起源和人类的起源在《圣经》中都有准确的描写，我们就不应该去接受《圣经》故事中关于人类在地球上起源的记载。

如果《圣经》故事只不过是一个更详细文献的压缩版本，那么早期的苏美尔编年史就不可能在后来加强和完善《圣经》中的早期记录。

从一个事件折射出其他，让我们举起镜子去看那束古老的记忆火焰……让我们继续来解释这些令人惊奇的传说。

在讲述了“亚当”（字面意思是“居住在地球上的人”）是如何拥有“生育能力”以后，《创世记》从叙述地球上的一般故事转而讲述人类具体分支的传说：一个名叫亚当的人和他的子孙后代。

“这是一本关于亚当后代的书”，《旧约》告诉我们。我们可以有把握地假设，这样一本书的确存在。这些证据强烈地表明《圣经》中所说的亚当，就是苏美尔人所称的亚达帕，是被恩基“完美化”了的居住在地球上的人，而且也被认为是恩基的遗传后代。“通常认为恩基为他自己完善人类，并且解释了对于地球的创造设计；他拥有了博学，但没有不朽。”

“亚达帕传说”的一部分已经被发现，这份完整的文本很可能就是《旧约》所指的“亚当世代之书”。亚述王可能被记录在内，因为许多人声称保留有不同的亚达帕美德。萨尔贡和西拿基利拥有恩基赐予亚达帕的智慧；辛沙里什库和伊撒哈顿夸口说，他们拥有“亚达帕的智慧形象”。根据对伊撒哈顿的描写，我们知道，他已经在阿舒拉神庙的浮雕上雕刻了亚达帕的形象；亚述巴尼波宣称，就像亚达帕懂得的一样，他也“从以前的文献中学到了牌匾撰写的秘密”。

苏美尔起源认为，同时存在乡村文化——耕种和放牧就像更改地球的面貌，建立城市一样。《创世记》这本书讲到，亚当和夏娃的第一个儿子该隐“是地球上的一个耕种者”，他的兄弟亚伯“是一个牧羊人”。之后，在该隐因为杀害亚伯被流放而“离开神的存在地”后，人类的城市定居地建立了。在伊甸园以东的纳得土地上，该隐有了儿子，起名为以诺。他建造了一座与以诺这个名字相仿的城市，它意味着“根基”。《旧约》没有以该隐为线索进行特别的描写，而是迅速地写到了以诺的第四代，此时拉麦出生了。

拉麦娶了两个妻子：

一个名叫艾达，

另一个名叫济拉。

艾达生下了雅八：那些住在帐篷里并且拥有牲畜的人的父亲；

雅八的兄弟名叫犹八：一边弹七弦琴一边吹笛的人的父亲。

济拉生下了土八该隐：他是制造金铜铁的工匠。

据说，在公元2世纪时，根据早期资料编写的伪经《禧年书》，在第四章的末尾增加了一个情节，即该隐和自己的妹妹阿万结为配偶，并且在第四年末生下以诺。在第五周年的第一个星期里，地球上建造了房屋，而该隐建造了一座城市，并且在为他的儿子命名后将城市起名为根基。这些额外的信息来自哪里?

长期以来人们一直认为，这部分起源传说是独立存在的，既无证据，在美索不达米亚文献中也没有相似的传说。但我们发现，事实上并不是这样的。

首先，我们在英国博物馆中（编号74329，见图31）发现了一块巴比伦牌匾，上面记载了“一些未知的神话”。然而，它实际上可能是在公元前2000年左右编写的、已经遗失的苏美尔关于该隐家族记录的巴比伦/亚述版本。

由A.R.米勒德翻译和W.G.兰伯特解说的牌匾，讲述了那些耕种者的开端，相当于《圣经》中的“土地耕种者”。他们被称为阿麦克达——“悲伤漫游着的人们”；他们等同于对该隐的谴责：“禁止你开采有你兄弟鲜血的土地……一群焦躁的流浪者漫步在地球上。”然而最引人注目的是，这些流浪者的美索不达米亚首领被称为凯恩！正如《圣经》故事一样：

他在敦奴建造了一座拥有双塔的城市。

凯恩授权自己统治这座城市。

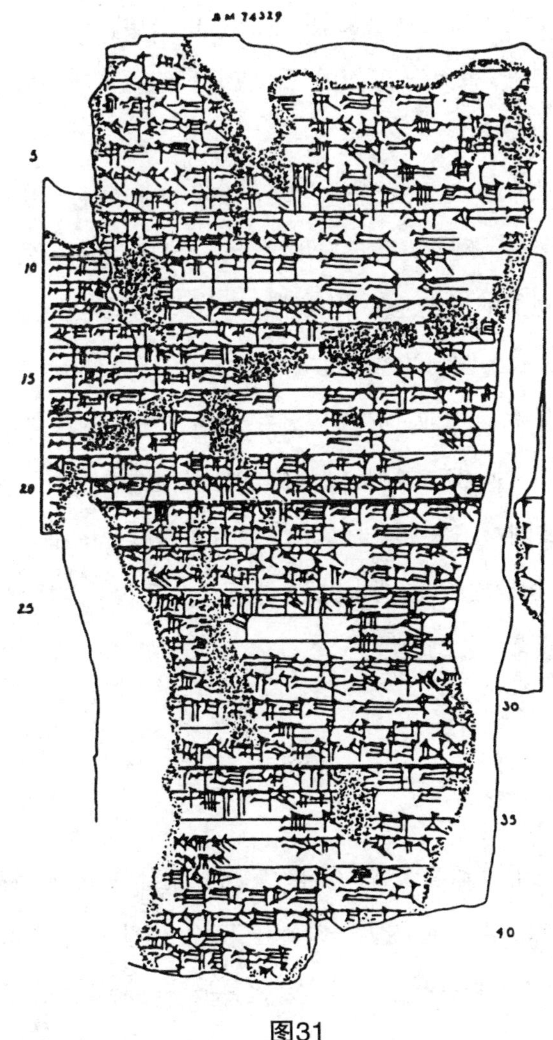

图31

这座城市的名称很吸引人，因为音节的排序正好与苏美尔文相反，但是含义并没有变。这个名字也可以拼写为 NU.DUN ，也就是《圣经》中该隐的放逐地纳得，苏美尔文的含义是“开采出的休息之地”——和《圣经》中对城市名称含义“根基”的解释非常相似。

在凯恩去世（或被谋杀）后,“他安息在他钟爱的城市敦奴”。正如《圣经》

传说那样，美索不达米亚文献记录了以下四代的历史：兄弟娶了他们的姐妹并且谋杀了他们的父母，取得了敦奴的统治权并且建立了新的城市，最后一个城市名为夏佩特（“判决”）。

第二个来源表明，关于亚当和他儿子该隐的《圣经》传说的美索不达米亚编年史是亚述文献。例如，我们发现一个古老的亚述国王列出了最早期的国家，那个时候，他们的祖先还是帐篷居民——这个词语在《圣经》中被引用，源自该隐家族，族长名叫阿达木，即《圣经》中的亚当。

在拥有皇家姓名及按亚述传统以名字为地方命名的人之中，我们还发现了名字组合阿舒尔－贝尔－凯利（“阿舒尔是凯利的主”），而这个亚述名字就等于苏美尔文中的阿舒尔－恩·杜尼（“阿舒尔是杜尼的主”），这意味着凯恩（“凯恩的人民”）和杜尼（“敦的人民”）是同一个名称，这样就重申了《圣经》中的该隐和纳得或者是敦的土地。

※

在简要地记述了该隐家族后，《旧约》将其全部注意力转移到亚当的后代上来：“亚当再一次了解了他的妻子，她生下了一个儿子，并取名为赛特，因为（她说）主哈斯赐予我另一个儿子，来代替被该隐所杀死的亚伯。”随后《创世记》补充说：“当亚当得到了一个自己很喜欢的、并且长相和他极为相似的儿子时，他已经130岁了，他给这个儿子起名为赛特。”

“在亚当有了儿子赛特后的800年里，他又有了不同的儿女。在亚当930岁的时候，他去世了。在赛特105岁的时候，他有了儿子以挪士；在有了以挪士后，赛特又活了807年，并且有了其他的儿女；赛特总共活了920年。”

赛特的儿子即未来的洪积元老名叫以挪士，在希伯来语中意为“人，凡人”。很明显，《旧约》认为他是古代编年史核心中人类血统的前辈。在记述中就表达出了对他的尊敬，即“从那以后就有了耶和华这个名字”，礼拜和祭司制度就开始了。

有一些苏美尔文献集中了更多的目光来关注最吸引人的方面。有部分亚达帕文献记述，耶和华是“完美的”，并且在恩基的城市埃利都，他被恩基当作儿子看待。就像威廉哈罗在《大洪水之前的城市》一书中描述的那样，随后，以挪士伟大的孙子被起名为雅雷德，意为“埃利都的主”。那么，答案就是：虽然《圣经》对亚当被放逐的后代没有兴趣，但是却关注了来自亚当家族并且居住在伊甸园的美索不达米亚南部的元老，他是第一个被称为神父的人。

到了第四代，在以挪士的第一个儿子被命名为以诺后，学者认为这个名字的含义源于变异的希伯来文字根，意味着“培训、教育”。关于以诺,《旧约》用简洁的语言描述他“和神走在一起”，并且没有死在地球上，“因为神带走了他”。在《创世记》中，充分扩大了以诺的故事。书中详细描述了他的首次访问，这次访问有科学和伦理学的指导，并且有神的天使的陪同。随后，在返回地球并且将所获得的知识和成为神父的条件传授给他的儿子后，他被再次带到高空，永久进入了纳菲力姆（这个《圣经》词语意为“那些从天而降的人”）的天空住宅。

苏美尔国王名录记录了先王恩麦杜兰基在西巴尔的统治，然后是在乌图／沙马氏的命令下来到太空站的位置。他的名字，“杜尔安基的祭司主”，表示他曾在尼普尔受过训练。一个鲜为人知的牌匾，由 W.G. 兰伯特报道（“恩麦杜兰基及相关的资料”），内容如下：

> 恩麦杜兰基是西巴尔的王子，
>
> 受到了阿努、恩利尔和艾的爱戴。
>
> 沙马氏在光明寺任命他。
>
> 沙马氏和阿达德带他到神的集会前……

他们告诉他如何在水里发现石油，
这对阿努、恩利尔和艾来说是一个秘密。
他们给他神的牌匾，
上面记载了天地之间的所有秘密……
他们教会他如何利用数字进行计算。

当恩麦杜兰基了解了对一些神来说是秘密的知识后，他返回了苏美尔。

这个“尼普尔的男人”，“西巴尔和巴比伦都宣称他的存在”。他通告了他所学到的知识，并且建立了祭司制度。神命令道，这一切应该遵循从父亲到儿子的世袭制。“博学的学者，守护秘密的神，将在沙马氏和阿达德面前赐予他们心爱的儿子一个誓言……并且指导他了解一些秘密。”

这个牌匾包括了一个后记：“这是由神父创造的，只为那些被允许接近沙马氏和阿达德的人。”

到了以挪士的第七代，在大洪水的前夜，地球和它的居民被带入了新冰川时代。美索不达米亚文献详细描述了人类所遭受的痛苦：食物短缺，甚至同类相食。这本起源的书仅仅暗示了诺亚出生时的形势，他的父亲给他起“诺亚”这个名字，是希望他的出生可以作为“被上帝诅咒的地球从工作和劳累中解脱出来”的喘息的信号。关于诺亚，《圣经》告诉我们很少的一点，且与诺亚的正义和纯宗谱的事实分离。美索不达米亚文献告诉我们，大洪水时的英雄住在苏德经营的医疗中心舒鲁帕克。

苏美尔人的书中提到，在人类更加艰苦时，恩基建议采取措施减轻人类的痛苦，遭到了恩利尔的激烈反对。最令恩利尔心烦的是，年轻的男性阿努纳奇（《圣经》中的纳菲力姆）与人类的女儿结合。在《创世记》中，描写了纳菲力姆开始“与人类结婚”：

居住在地球上的人增加了，
在地球表面上，
女儿们诞生了。
神的儿子们，
看到居住在地球上的人的女儿们，
他们认为是适合的，
他们选择她们做妻子。

考古学家 E. 齐拉所写的《苏美尔人宗教著作》，讲述了在过去有一位年轻的名叫玛图的神曾抱怨，他也应该被允许娶一位人类为妻的故事。在著作的开始，它这样写道：

里纳博城存在，夏得特博不存在；
神圣的三重冠存在，神圣的王冠不存在；
有同居，有孩子被生下来。

“里纳博，”这部著作继续写道，“是一个建在伟大之地上的城。”它的最高祭司是一位有成就的音乐家，有一个妻子和一个女儿。当人们聚集在一起向神献上烤肉作为祭品时，单身的玛图看上了祭司的女儿。他很仰慕她，于是去找自己的母亲并抱怨道：

在我的城里，我有朋友，他们已娶了妻子；
我有同伴，他们已娶了妻子。
在我的城里，我不像我的朋友们，我没有娶妻；
我没有妻子，没有孩子。

女神问他，他仰慕的那位少女是否也喜欢他，并同意了他的要求。其他年轻的神准备了一场宴会，这桩婚姻被公之于众，“里纳博城的人们由铜鼓的声音召集在一起；7 个小手鼓一起演奏着”。

这种年轻的神和原始人工人后代结合的例子增多并没有让恩利尔高兴。苏美尔著作告诉我们，“随着土地的扩大和人类的增多”，恩利尔开始逐渐“被人类的嘈杂、对性和贪欲的迷恋所烦恼”。阿努纳奇（《圣经》中的纳菲力姆）与人类的女儿结合的事使得他失眠。“神说：我将毁掉我在地球表面亲手创造的地球上的人。”

这本著作告诉我们，阿努纳奇决定去冥界之屋挖掘更深的矿产时，也打算在非洲的顶端建立一个科学观测站。这个观测站由恩利尔的孙女厄里斯奇格掌管。一个苏美尔史诗故事记录了恩利尔和厄里斯奇格的事：从美索不达米亚到遥远的山地中有一个危险的峡谷，厄里斯奇格被恩基从那个峡谷绑走或是强行带走了，被“作为一个战利品带到库尔”。

我们从其他史诗中得知了厄里斯奇格遭遇的这个侮辱事件的结果：后来厄里斯奇格的住所被恩基的一个儿子奈格尔袭击了，最后时刻，厄里斯奇格以嫁给奈格尔为条件救了自己的性命，并且继续掌管着她的观测站。

当在非洲顶端的科学站报告，一种危险的情况已经发生时，恩利尔看到了毁掉地球上的人的机会。南极洲的冰山开始松动，只浮在一些半融的冰上。而这种不稳定正变得严重起来，因为尼比鲁的轨道开始接近地球；尼比鲁的引力作用将破坏冰盖的平衡，最终导致松动的冰山滑落到南极的大洋中去。其造成的巨大浪潮有可能将整个地球吞没。

当伊吉吉绕地球轨道运行，肯定了这个大灾难将发生后，阿努纳奇想在西巴尔航空站聚集地球上的人类。然而恩利尔却坚持不让人类知道这场大灾难。在一场特殊的神的集会上，他让所有的神，特别是恩基，发誓保守这个秘密。

在《吉尔伽美什》的主要部分，《阿特拉－哈希斯》的最后部分以及另外的一本美索不达米亚著作中，描述了接下来的事件——大洪水这场灾难如何被恩利尔利用并达到消灭人类的目的，以及恩基如何设法解救他忠诚的吉乌苏德拉：他为吉乌苏德拉设计了一艘能够抵御洪水、可以潜水的船。

阿努纳奇“上升”到 Rukub ilani（“诸神的战车”），这个火箭船“使土地着火并闪耀”。他们在自己的航天飞船里绕着地球盘旋，惊恐地目睹洪水袭击了地球。地球上所有的一切全淹没在一片汪洋之中。A.MA.RU BA.UR RA.TA——“洪水到处肆虐”。和恩基一起创造人类的苏德“看着，哭了起来……。伊师塔哭泣得像一个分娩的妇女……众神们，阿努纳奇也随着她哭泣”。潮水翻滚着冲走了土壤，留下巨大的泥沙堆积物：“所有被创造出来的东西重新成了灰尘。”

在《第十二个天体》中，我们为大洪水的结论找到了证据，那场突然结束了最后一个冰期的大洪水，发生在大约 13000 年以前。

※

随着洪水“从陆地消退”，一切开始平息，阿努纳奇开始登上尼西尔山（“救赎之山”）——亚拉腊山。吉乌苏德拉／诺亚驾驶着恩基给他的船在引航者的引导下到达亚拉腊山。恩利尔发现“人类的种子”得救之后十分愤怒，但是恩基劝说他要宽厚：他指出，众神们，没有人类的帮助将无法再存在于地球上。“神祝福诺亚和他的儿子们，并对他们说：生养众多，遍布地面。”

《旧约》中主要将注意力集中在诺亚一个人身上。在得救之后，船上没有其他乘客。但是在苏美尔文献里，关于大洪水的部分提到了方舟的领航者，并且揭示了在最后关头吉乌苏德拉的朋友或是帮助者（以及他们的家庭）也上了船。在希腊的版本中，贝罗苏斯解释说，在洪水之后，吉乌苏德拉、他的家庭和领航者被上帝带着，他们待在一起，而其他的人被指引着，去找寻回到美索不达米亚的路。

这些被救的人直接面临的是食物问题。神对诺亚和他的儿子们说：“地球上所有的动物——天上飞的，地上爬的，海里所有的鱼，到你们手里便是给你们的；所有的都将是你们的食物。”神还加上了一个重要的补充：所有类似草的蔬菜和所有形式的谷类都是我给你们的。

这个很少被注意的章节（《创世记》9：3），讲述了农业的源头，它在苏美尔文献中被扩大了很多。学者们同意，农业在美索不达米亚的新月之地开始，但不能解释为什么它最早没有在平原上出现（因为平原上耕作更容易），而是在高地上出现。他们同意，原始祖先在 12000 年前有过大麦和小麦的大丰收，但是被这些早期谷物基因的一致性所困惑；他们在解释遗传的壮举时也存在着疑惑：在仅仅 2000 年的时间内，野生的二粒小麦是怎么样被双倍、三倍甚至四倍地培养出来，并让这种稳定的小麦基因成为可培育的、营养价值高的大麦的？更让人不可置信的是，同时还得将大麦这种一年两熟的作物遍布各地。

伴随着这些疑团的是相同的突然事件——几乎所有的水果和蔬菜同时出现在这块核心区域，与之同时发生的是动物的驯养，提供肉、奶、羊毛的绵羊和山羊被圈养起来。

这些究竟是怎样做到的呢？现代科学已经找到了答案，而苏美尔的文献，几千年之前就已做出了解释。《圣经》揭示了农业是如何在大洪水之后开始的，从“诺亚作为一个农夫开始”；但是在《圣经》中，大洪水之前就已经有土地的耕作（该隐耕作）和放牧（亚伯牧羊）。苏美尔的《历代记》告诉我们史前的庄稼种植和家畜饲养的发展状况。

被学者命名为《畜牧和谷类的神话》一书中说，当阿努纳奇到达地球时，没有任何培育的谷类和驯养的家畜存在。

从天堂到地球的高度，
阿努让阿努纳奇向前行，
谷类还没有被带来，
地面上还没有植物。
没有母羊，
小羊羔还没有降生，
没有母山羊，
母羊的孩子也没有诞生，
母羊没有生小羊，
母山羊也没有生孩子，
羊毛织物还没有出现，
这一切还不存在。

在阿努纳奇的“创造室”中，羊和谷类得到了很好的加工：

在那些日子，
在神的创造室中，
房子用小土墩做成，
羊和谷物被完美地制成，
神的房子堆满了食物，
羊和谷物在繁殖。
阿努纳奇在神圣的小山上，吃着，
但是不满足；
从羊圈拿来上好奶水，
阿努纳奇在神圣的小山上，喝着，

但是不满足。

这些原始的工人们“不知道吃面包……，用他们的嘴吃植物”的现象已经存在：

在阿努、恩利尔、恩基和苏德创造了黑头人之后，
他们尽情享受他们所增加的植物。
四条腿的动物被他们精巧地创造出来，
他们把这些放在正直者的家里。

为了增加谷物和牛羊的产量，阿努纳奇做出决定：为了神，教 NAM.LU.GAL.LU ——“文明的人类”学会耕地和养羊：

为了满足对东西的渴望，
为了纯洁的羊圈，
文明的人类被创造了。

就像早期万物被创造出来那样，这篇文章同样列举了那时没有被驯化的种类：

植物的繁殖没有被创造出来，
房屋没有建立，
30 天出产 3 倍的谷物还不存在，
40 天出产 3 倍的谷物还不存在，
小谷物，山上的谷物还不存在，

纯洁的亚当的谷物不存在，

块茎蔬菜的田地还没有出现。

这些，正如我们所看到的，是被恩利尔和尼努尔塔在洪水之后引到地球上来的。

洪水在地球上肆虐之后，对阿努纳奇来说，首先要面对的是去哪里找到用于重新耕作的作物的种子。幸运的是，已培育的谷类植物的样本已被送到尼比鲁；现在阿努将其从天上拿来给恩利尔。恩利尔找到了一个种子可以重新发芽的安全的地方。地面仍被水覆盖着，唯一合适播种的地方是“有香味的雪松山”。在 S.N. 克雷默的《苏美尔文学尼普尔文本》的部分片段中，我们读到：

恩利尔来到山顶举目四望。

他俯视脚下：到处是汪洋大海般的洪水；

他抬头仰望：是芳香的雪松山。

他将大麦种在山上，

沿斜坡将大麦种下。

恩利尔选择了雪松山，也使雪松山成为一个圣地。这不是偶然的。在整个近东地区，的确，只有雪松山有世界性的声誉：它位于黎巴嫩的巴勒贝克，一个用巨大石块铸成的平台，它是技术的奇迹（见图 32）。它就像我们在《通往天国的阶梯》中所指出的一样，是阿努纳奇的降落之地；它是在大洪水之前——甚至和亚当的时期一样早——修建的，是一个执着的传说。在大洪水之后，它可以立刻作为阿努纳奇的降落之地——在西巴尔的那个降落地被洪水埋在泥浆之中时。

有了种子之后，接下来的问题就是去哪里播种……低地仍充满洪水和泥

图32

浆，不适合定居。高地的水虽然已经消退，但是因为下雨也十分潮湿，而且开始爆发泥石流。小河还没有形成新河道，水无处可去；耕种是不可能的。我们在苏美尔文献中读到这样的描写：

饥荒严重，没有收成。

河流污浊，

泥沙堆积。

田地一片荒芜，

杂草丛生。

美索不达米亚的两条大河，幼发拉底河和底格里斯河，同样失去了它们应有的功能："幼发拉底河不再受到约束，酿成了人间悲剧；底格里斯河河水翻滚、发怒。"天神尼努尔塔挺身而出，承担起在山上建造大坝，为洪水开挖渠道，排干多余的水的任务："之后上帝传达了他的最高旨意；恩利尔的儿子尼努尔塔，给人们带来了珍贵的礼物。”

为了保护大地，他建造了一个巨大的围墙。
他用权杖猛击岩石；
英雄砸下并堆积起来的岩石，建成了人类的定居点。
四处溃散的洪水，被他聚集起来；
靠近高山的洪水被驱散，
他疏导底格里斯河，使它向下游流动，
高处的河水灌溉了下游的农田。
现在，请看——
大地上的万事万物
都对尼努尔塔——大地之王，感激涕零。

这样长长的记载，一点点地被学者搜集整理出来。尼努尔塔的丰功伟绩，使其为了给地球（他是这儿的主宰者）带来秩序而做出的努力，增添了一抹具有浓厚悲剧色彩的注解。为了马上解决所有的问题，尼努尔塔在山上坐着他的飞艇，马不停蹄地从一个地方赶往另一个地方，但是“他的长翅膀的鸟在最高点粉身碎骨了，它的翅膀撞向地球”（一首作者不详的诗歌说他被阿达德所救）。

我们从苏美尔人的记载中知道最早在山坡上种植的是果树和灌木，那极有可能是葡萄。记载中提到，阿努纳奇给了人类“最优良的白葡萄和最好的白葡萄酒，最好的红葡萄和最好的红葡萄酒”，难怪我们会在《圣经》中看到这样的描述：“诺亚成了一名农夫，他种植他的葡萄园，喝自酿的葡萄酒，并且喝醉了。”

当尼努尔塔发明的排水设施在美索不达米亚被应用时，在这块平原上，耕种成了可能。阿努纳奇“从山上打下的谷类植物”、“种满小麦和大麦的田地变得为人所熟知”。在接下来的太平盛世里，人类认为尼努尔塔是教会他们耕种的人，一本“农夫年鉴”将这归功于他，这本年鉴事实上已经被考古学家在苏美尔人的遗址上发现了。古阿卡德人将他称为 Urash——“犁田之神”；一枚苏美尔人的圆筒印章描述他（也有人认为是恩利尔）将犁赐予了人类（见图 33）。

图33

当恩利尔和尼努尔塔因赐予人类农业而被称颂时，介绍畜牧业的荣耀落到了恩基的头上。这发生在人们首次种植谷物，而不是“繁殖谷物”之后，这些谷类作物有双倍、三倍、四倍染色体，这些都是在恩基的许可之下，被他人工培育出来的。

那时恩基对恩利尔说道：

> 恩利尔父亲，羊群和谷物
> 在神圣的山丘上欢欣鼓舞，
> 在神圣的山丘上繁衍生长。
> 让我们，恩基和恩利尔，下令：
> “羊群和谷物繁衍在神圣的山丘上。”
> 恩利尔同意了，丰富的收成接踵而至，
> 他们把羊群放在羊圈里。

他们把发芽的种子洒向大地母亲。
他们确定了耕种谷物的地方，
赐予农人以犁和轭。
牧羊人使羊群满圈；
青年妇女让大量的种子发芽，
她们在田里昂起头。
丰收从天堂而来，
羊群和他们种植的谷物
伴着壮丽的光辉出现在眼前。
丰收被赐予了聚集的人们。

革命性的农业工具，一种结构简单但是设计巧妙的木制工具——犁，通过把轭套在农夫的身上首次被使用，就像上面的记载所描述的那样。但是，之后恩基“引进了大一点的牲畜——驯养过的公牛，替代人类成为拉犁的工具”（见图 34）。因此，上述记载得出结论，上帝使大地变得丰饶。

当尼努尔塔正忙于在美索不达米亚筑堤坝和排干平原的洪水时，恩基返回非洲去评估大洪水给那儿造成的损失。

事实证明，恩利尔和他的子孙后代最终控制了从东南（埃兰，隶属于伊南娜／伊师塔）到西北（托罗斯山脉和小亚细亚，被划给了伊希库尔／阿达德）

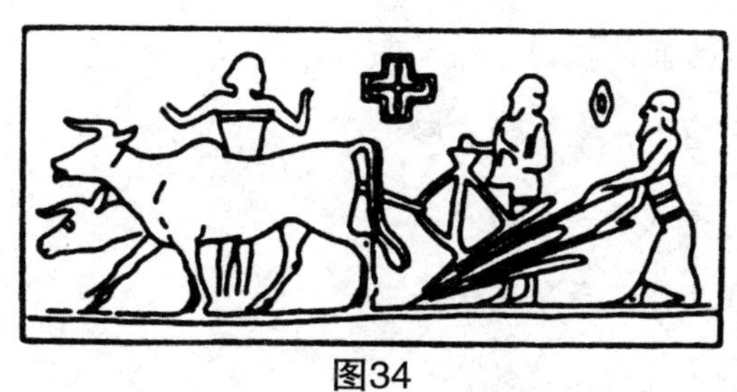

图34

的所有高地，两者之间拱起的高地被划给了南部的尼努尔塔和北部的月神兰纳／辛。恩利尔自己则保留了可以俯瞰古老的这些正直者的家的位置。在雪松山峰上的平地则由乌图／沙马氏控制。恩基和他的族人将何去何从呢？

如恩基在非洲调查时所看到的那样，只有非洲大陆南部的冥界之屋不能自给自足。正如美索不达米亚的“丰饶”是建立在沿河岸的耕作之上，这同样发生在非洲。他把他的关注、规划与知识，都贡献给了尼罗河附近峡谷使其重获新生。

我们已经知道，埃及人认为他们伟大的上帝曾经从乌尔（意指古老的地方）来过埃及。根据曼涅托的记载，卜塔统治尼罗河沿岸的土地比美尼斯早17900年，大约在公元前21000年。9000年后，卜塔将埃及的领地传给了他的儿子拉，但是后者的统治经过短短的1000年就意外地结束了，也就是在大约公元前11000年；之后，根据我们的推算，大洪水就发生了。

大洪水之后，埃及人相信，卜塔返回埃及从事开垦土地的伟大事业，并且将被水淹没的土地抬高，使之露出水面。我们在苏美尔人的记载中，同样证实了恩基去了麦努哈之地（埃塞俄比亚／努比亚）和马根（埃及），使之适于人类和野兽生存：

> 他继续前进来到麦努哈之地。
> 恩基，冥界之屋的王，颁布了他的命令：
> 黑土地，让你的树木长成参天大树，
> 让它们成为高地之树。
> 让你的宝座占据皇家的宫殿。
> 让你的芦苇成为高大的芦苇，
> 让它们成为高地芦苇……
> 让你的公牛成为高大的公牛，

让它们成为高地公牛……

让你的白银成为黄金，

让你的黄铜成为锡和青铜……

让你的子民增加，

让你的英雄如公牛般勇往直前……

这些苏美尔人的记录，将恩基与尼罗河岸的非洲大地连接起来，呈现了双重重要性：它证实了埃及人与美索不达米亚人的传说，将苏美尔人的上帝——尤其指恩基上帝与埃及人的上帝联系起来；至于卜塔，我们确信他就是恩基。

当大地变得再次适宜于人类居住时，恩基将非洲大陆分成 6 份，给他的 6 个儿子（见图 35）。最南端的领地给了 NER.GAL（“伟大的看守者”）和他的妻子厄里斯奇格；北端矿产丰富的地区，吉比尔（“火神”）被安置在那儿，被他的父亲授以金属制造的技术机密；NIN.A.GAL（“伟大的水神”），如他的名字所暗示的，被赐予了大湖和尼罗河的上游；更远的北部，位于苏丹的高原草场，最年幼的儿子达姆日（“生命之子”），他的绰号是“牧人”，统治着这儿。

另外一个儿子的身份在学者中引起了很大的争论（我们或许以后会解决这个问题）。但是毫无疑问，这第六个儿子事实上是恩基的长子和法定继承

图35

人。他就是马杜克（“纯洁的筑堤之子”）。因为他的 50 个绰号中有一个是阿萨尔，它的读音听起来很像埃及语中的亚萨（希腊神话中的“冥王”），一些学者推断，马杜克和冥王是同一个人。但是这些绰号（像“全能的”或者“可怕的”）被用到不同的神身上，阿萨尔意指“千里眼”，同样是亚述人的上帝阿舒尔的绰号。

实际上，我们发现巴比伦人的马杜克和埃及人的上帝拉有许多相似之处：前者是恩基的儿子，后者是卜塔的儿子；而恩基和卜塔，按照我们的观点是同一个人，因此冥王是拉的曾孙，是比拉或者马杜克小得多的晚辈。实际上，这些被零零星星地记载于苏美尔人的书籍中，但是有一点必须坚持，证据支持我们，按照埃及人的说法，上帝叫作拉；按照美索不达米亚人的说法，上帝叫作马杜克。这其实是同一个神的观点。因此，一首给马杜克歌功颂德的诗说他许多绰号中的一个叫作“the god IM.KUR.GAR RA”——“拉，他住在山地边上”。

而且，有文字上的证据表明，苏美尔人知道神的埃及名字，拉。苏美尔人的个人名字与圣名拉合并，在乌尔三世那个朝代发现的石碑提到了“Dingir Ra”（拉的大门），他的宫殿是 E.Dingir.Ra（神拉的大门）。这个朝代灭亡之后，马杜克在他最喜欢的城市巴比伦获得了至高无上的权力，他的苏美尔名字 KA.DINGIR（“上帝的大门”）变成了 KA.DINGIR.RA ——（“上帝拉的大门”）。

确实，就像我们即将提到的，马杜克变得突出始于埃及，他最著名的纪念碑是吉萨金字塔——在他动荡不安的统治生涯中起着举足轻重的作用。但是伟大的埃及上帝——马杜克／拉，渴望统治整个地球，并且在位于美索不达米亚的古老的“地球之脐”开始实施这个计划。正是这样的决心，使他放弃埃及的神圣王位，以此来纪念他的儿子和孙子。

他丝毫不知道这竟会导致两场金字塔之战，并且几乎使他丧命。

第七章

当地球被分割

“从方舟上走下来的诺亚的儿子是闪、哈姆和雅弗，他们是曾经遍布整个地球的诺亚的儿子中的三个。”

《圣经》故事详细地叙述了大洪水之后国家的创建史（《创世记》第十章）。这份独一无二的文献，最初被学者们质疑，因为它列出了未知的民族和国家，而且划分得十分详细，但让人惊讶的是—— 150 年后的考古学发现证实：它精确得令人吃惊。它提供了大量可靠的历史、地理和政治信息，包含了大洪水之后，人类幸存者从泥泞和荒芜中一路走来，不断繁衍壮大，直至发展出高度的文明与帝权的内容。

当闪这一支繁衍发展到最后，族谱从雅弗（“漂亮男孩”）的子孙后代开始延续：“雅弗的儿子有哥莫、马格、马代、贾万、土八、密塞和提拉；哥莫的儿子有阿什克拉兹、芮发特和托伽马；贾万的儿子有伊莉莎、塔希斯、科提姆和多达利姆。从这几支中逐步繁衍、分化形成了岛上的民族”。当较晚的一支向沿海区域和岛屿迁移时，一个并不引人注目的事实是，最初的 7 个民族 / 儿子都迁徙到了小亚细亚的高地，黑海和里海区域——高地在大洪水之后变得适宜人类居住，不像低洼的沿海区域和岛屿，必须经过更长的时间才适合人类居住。

哈姆（“热心人”和“黑仔”）的子孙后代，第一代是“库施、麦希、卜特和迦南”，之后是大量的民族和国家，与之对应的是非洲大陆的努比亚、埃塞俄比亚、埃及和利比亚，这些在非洲重新建立的国家，再一次从高地扩展到低地。

“闪，希伯子孙之父，同样也有子孙后代，他是雅弗的哥哥。”闪的第一代儿子是“埃兰、阿舒尔、阿尔帕克沙德、路德和阿拉姆”，这些民族围绕着从南部的波斯湾到西北的地中海所拱起形成的高地而居，以两片海域为边界。它也是人们称为航空中心的地方：美索不达米亚，曾经的前洪积层形成的航空中心；雪松地区，前登陆处依旧发挥着它的作用；沙拉木，后冲积层使馆控制中心即将成立；毗邻的西奈半岛，未来的航空中心的位置。所有这些民族的祖先的名字，是“闪”——意指“太空室”，因此十分恰当。

广义上人类分为三支，依据《圣经》，不仅在于人类分布的地理、地形位置，而且在于恩利尔的子孙和恩基的子孙的分布不同。闪和雅弗在《圣经》中被描述成好兄弟，然而对哈姆这一支的态度——特别是迦南，是令人心酸的回忆。《圣经》中同样有虚伪的谣言被传播——上帝与人类的故事，以及他们之间的战争……

关于我们的祖先分成三支的记载，同样与我们所熟知的文明的产生方式相一致。

学者们已经认识到，在公元前 11000 年——大洪水的时代，人类的文明发生了一个突然的转变，根据我们的发现，我们将之命名为中石器时代。大约公元前 7400 年，另一个突然的大转变得到了学界的正式承认，学者们将之命名为新石器时代。但是其概念上的特征在于，从石头向黏土的转变以及陶器的出现。之后，“突然而且令人难以理解的是”，确切地说是在 3600 年之后，在幼发拉底河与底格里斯河之间的平原上，苏美尔人的文明产生了高度繁荣的发展。接着，大约在公元前 3100 年，尼罗河沿岸的文明出现；公元前 2800 年，第三次古老的文明，即印度河流域的文明出现了。这就是人类的三大文明发祥地，由这三大文明演化出了中东、非洲、印欧民族，这些区分被忠实记录在了古老的《圣经》家谱里。

苏美尔人的编年史认为，这是阿努纳奇深思熟虑之后的决定：

> 阿努纳奇做出了这样的决定，
> 商讨他们的决定：
> 关于在地球上
> 他们将要创造的四大区域。

这些在闪族人的著作中提到的简单的词语，证实了地球后洪积世的命运和它的居民的情况。三个不同的地区与三个不同的人类文明有关；第四个文明被阿努纳奇据为己用，并将之命名为 TIL.MUN，“导弹之地”。在通往天堂的道路上，我们可以证明提尔蒙和西奈半岛有关。

尽管据闪族的居住地可知，这是闪族的后裔——埃及盛典中的“沙漠居民”，那些居住在半岛中无管制区的人，但提到阿努纳奇领地的分配，就会产生更深层次的差异。控制了后洪积世的太空发射站就相当于控制了地球与尼比鲁之间的联系，同样，库玛而比和祖的经历也清楚地表明了这一关系。恩利尔家族和恩基家族之间重新燃起的仇恨，表明在导弹地区急需一个权威的中立机构。

最后有了一个巧妙的解决方案。和他们身世相当的姐姐苏德，作为阿努的女儿，讨厌被称为“伟大的女士”。她属于阿努纳奇最早到达地球的大群体，地球的开发者，12 个神殿组织中的一个。她为恩利尔生了一个儿子，为恩基生了一个女儿，被亲切地称为“诸神之母”。在创造人类的过程中，她也起到了一定的作用。她用她的医术救活了很多人，但是她从没有自己的领地。让提尔蒙成为她的领地是任何人都不会反对的。

西奈半岛是一块贫瘠的土地：南部有大量的花岗岩；中部为山地高原；北部为硬地，被连绵的山地所包围。很多地中海海岸的沙丘都有沙土流失现象。但是那些可以保留水的地方，比如一些绿洲，或者冬天雨季时会被填满的河床和能够在地下留住水分的地方，会生长一些茂盛的棕榈树、水果和蔬菜，绵羊和山羊也可以在这里觅食。

种族之间的情况在几千年之前就像现在这样了。尽管为苏德准备的住所是美索不达米亚一个重建的建筑，她仍然决定前往那里，去掌管这个多山民族，作为自己的私人财产。由于身份和知识所限，她总是处于第二领导的位置，当她刚到地球时，她年轻美丽（见图 36a），而现在她已经老了。人们戏称她为“奶牛”（见图 36b），现在她有了自己的领地。她自豪地宣称：“我是这里的女主人！我将永远独自统治这里！”

她的儿子尼努尔塔劝阻她，但没有用，便决定利用他自己在处理水坝和疏通水道方面的经验，帮助他的母亲，把她的领地变得生机勃勃。我们在 IX

a

b

图36

石碑上阅读到了这些记载，即“尼努尔塔的丰功伟绩”，他对母亲说：

因为你，高尚的女士，
独自统治的领地中的土地正在消失，
朝着那已经沦陷的土地，
你无所畏惧地进发。
我要为你筑一座水坝，
让这些土地拥有自己的女主人。

他的灌溉工程完工之后，又说服人们去做该做的事情。尼努尔塔告诉母亲，在她的大片山地领地内有大量的植物、木材和矿产：

山谷里长满了植物；
山地的斜坡能够为你提供蜂蜜和酒，
还能够生产更多的树木；
梯田应该被水果花园所装饰；
圣凯瑟琳应该为你提供上帝的香味，
为你提供闪亮的矿藏；
矿产将为你提供铜和锡；
山上应该繁殖大大小小的牛群；
圣凯瑟琳应该带来许多四足动物。

这是对西奈半岛的恰当描述：一个矿产丰富的地区，一个古老的重要的铜矿区，出产绿松石以及其他矿物；盛产阿拉伯树胶植物，可用于庙宇的装饰；绿意盎然且水资源丰富；畜牧业发达。人们还把半岛的冬季河流称为“农夫”——也许是尼努尔塔的戏称?

在西奈半岛南部地区的花岗岩高地，尼努尔塔为他的母亲建造了一个家，并且赠予了她一个新的名字：NIN.HAR.SAG（“山峰首领之母”）。从此之后，苏德就被如此称呼。

“山峰首领”显示了它是这里的最高峰，也就是现在的凯瑟琳山。旁边是稍微低一点的摩西山，表明这是西奈半岛居民撤离的西奈之山。虽然这点尚值得怀疑，但无疑这是历史上两座神圣不可冒犯的山峰。我们认为，它们之所以这么重要，是因为这里是后洪积世发射场和着陆通道。

新的计划适应了旧的原则，要理解伟大的后洪积世的计划，我们必须首先回顾大洪水之前的发射场和着陆通道的发展史。那时候，阿努纳奇第一次选择了亚拉腊山两个主峰之一，它是西亚的最高峰，是从天空中能够看到明显的标志。另一个明显的自然标志，是幼发拉底河和波斯湾。想象从亚拉腊山画一条线，阿努纳奇决定了太空发射站需要在这条线的横切处相交，然后，再从这里到波斯湾对角线的方向——准确地说是 45 度角，他们决定了着陆通道的位置，也就决定了两旁的着陆走廊的位置。然后，他们选择了自己的第一个定居点。而在中心点，尼普尔设立了一个飞行控制中心，其他所有的建筑都和这个中心保持相等的距离（见图 25）。

后洪积世发射中心的设施是按相同的原则建成的，亚拉腊山的双峰之一被作为重要的焦点。在着陆通道 45 度角处，自然和人工结合，勾画出类似箭形的着陆走廊。不同的是，这次阿努纳奇任意使用他们在雪松山（巴勒贝克）已经建好的平台，并且将它建成新的着陆坐标。

大洪水之前，亚拉腊山又一次被作为北部的着陆点，将着陆通道与走廊固定在飞行控制中心（见图 37）。

着陆走廊的南线连接了亚拉腊山和西奈半岛的最高点，凯瑟琳山和它的孪生的、稍微低一点的摩西山；着陆走廊的北线从亚拉腊延长到巴勒贝克，直

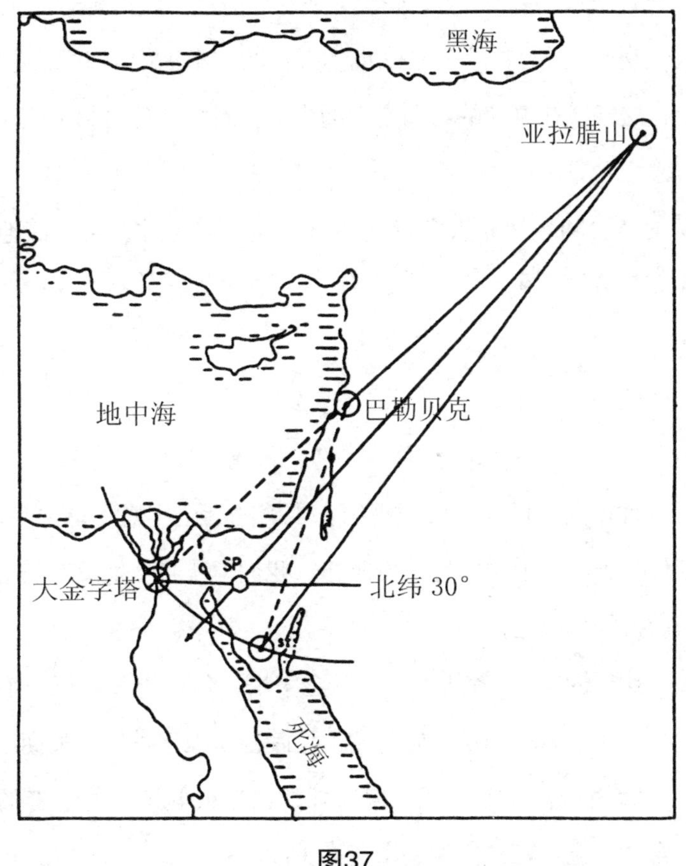

图37

到埃及。由于这里的地势太过平坦，无法提供天然的标志性建筑，因此，我们可以确定，阿努纳奇便在吉萨高地修建了最高的两座金字塔。

那么，这个锚是什么时候建立的呢？

在这里，两条横贯东西的假想线，在阿努纳奇的宇宙学中被大胆地想象出来。它们将天空笼罩着的地球任意地划分为三个分支或“路”。北边的是“恩利尔之路”，南边的是“恩基之路”，中间的是“阿努之路”。划分它们的是我们所熟知的北纬 30 度线和南纬 30 度线。

北纬 30 度线似乎有着特别“神圣”的意义。从古时的圣城开始，从埃及到西藏，都在这条纬线上。它被选择作为大金字塔修建的地址（亚拉腊－巴勒贝克航线的交叉点上）；这一条线也体现在西奈半岛中部平原地区，太空发射站地址上；这条线在之前的着陆走廊的中间，着陆通道也将太空发射站引向了北纬 30 度。

我们认为，着陆坐标和太空发射站就是这样确定的，吉萨高地的大金字塔也是因此而建造的。

※

根据各种证据，我们在前文中提出，吉萨的大金字塔不是法老们修建的，而是在法老们几千年之前由阿努纳奇所建，我们理所当然地反对长期以来有关这些金字塔所持的传统理论。

19 世纪的埃及考古学者认为：埃及金字塔，包括吉萨的三座很独特的金字塔，是由几代法老为他们自己修建的巨型陵墓。但这种理论长期以来没有得到证实：在金字塔中，没有发现任何已知的法老或假定为建造者的法老的尸体。于是，吉萨大金字塔被推测是由胡夫（即吉奥普斯）修建的，后来的那座是一位名叫切夫伦的继任者修建的，而第三座小的是第三位继任者，米塞利诺斯所建——包括了第六王朝的所有国王。狮身人面像被那些埃及学家们推断是切夫伦修建的，因为它紧靠着一条通往第二座金字塔的砌道。

有那么一段时间，人们相信，证据在吉萨的这三座金字塔最小的一座中被发现了，并鉴定出了修建这座金字塔的法老。这是由一名叫作霍华德·维瑟的上校和他的两名助手提出的，他们宣称，在金字塔内发现了棺材和门卡拉法老的木乃伊。然而，事实上学者们已知道了一段时间，但出于某些原因，至今要公开这个消息仍然很困难——无论是这个木棺还是这具遗骸，都不具可信度。有人——无疑是维瑟上校和他的朋友推定，金字塔里的棺木是 2000 年前的，也就是在门卡拉生活的年代之后，金字塔里的尸骨甚至被推定在基督教徒时代之后。这显然是一场考古欺诈。

按现在的理论来看，金字塔的建造者很可能是用象形文字刻下自己名字的胡夫，这些文字在大金字塔中长期密封着，很显然，这正是建造者身份的证明。但有一个事实一直被大家忽视了，在1837年，维瑟上校和他的助手发现了这些碑文。在《通往天国的阶梯》一书中，大量证据显示碑文是伪造的，是它的发现者的罪证。1983年末，《通往天国的阶梯》一书的一个读者找到我们，向我们提供了他们家的一些记录。记录显示，他的曾祖父，一个叫哈姆弗莱斯·布莱维的石匠，曾经帮维瑟上校用火药炸开了通往金字塔的通道，他是这份伪证的见证人，他反对过这样的行为，所以他被驱逐出金字塔，并且被强制驱逐出了埃及。

在《通往天国的阶梯》中，我们可以看出，胡夫不可能是大金字塔的建造者，因为在他生活的时代，他已在附近一座金字塔（这才是由他建造的）的石碑上提及了它。甚至是狮身人面像，也被推测是胡夫的下一代继承人建立的，这也在碑文里提到了。

现在，我们从第一王朝的法老那里找到了有图画的证据——这比胡夫和他的继承人早很多，确切证实了这些早期的国王见证了吉萨奇迹。我们可以清楚地看到，狮身人面像在描绘国王的来世旅程（见图38a）以及他被冠以“古人”之名，乘船抵达埃及（见图38b）的景象。

我们得到了一个证据：最早的法老美尼斯著名的胜利之碑，在这块碑上记载了他对整个埃及帝国强有力的统一。在碑的一边，是他的画像，戴着白色的上埃及的王冠，击败了上埃及的首领，并占领了他们的城市。在碑的另外一边，是他戴着红色的下埃及的王冠（见图39a），在下埃及的领地上游行，并斩杀了他们的首领。在美尼斯头部的右边，刻画石碑的艺术家清楚地注明了他的称号“那尔迈”，这一称呼是美尼斯授予自己的；在碑的左边，是新帝国最重要的建筑结构——金字塔（见图39b）。

a b

图38

a b

图39

所有的学者都同意这一点：这个胜利之碑很真实地描述了当时的情形、筑城术以及美尼斯在统一上埃及和下埃及的战役中所遇到的敌人。而金字塔符号则成了能够打败其他所有猜测的唯一解释。我们坚信，这个金字塔符号，以及碑上所有其他图画，之所以被如此清晰地刻画在下埃及的这一边，是因为这种建筑结构的的确确曾经在那里存在过。

整个吉萨复杂的建筑群——包括金字塔和狮身人面像在埃及统一之前就已经存在了，它们的建造者不是也不可能是第六王朝的法老。

埃及还有其他一些金字塔，它们相比起来要小些，更粗糙一些，而且年代久远，甚至有些在未建成之前就倒塌了。事实上，这些金字塔是由多个法老建立的，不是作为坟墓，也不是作为纪念碑（纪念碑象征坟墓），而是用来效仿神。因为在古代，法老们坚信，他们的吉萨金字塔和狮身人面像，给他们指示了一个通往天国的平台，即在西奈半岛的太空船发射降落场。他们建造金字塔是为了死后能踏上前往天国的旅途，他们在金字塔上画上合适的符号、死后去往天国旅途的图示，还有个别金字塔的墙壁上有引自《死亡之书》的文字。吉萨有三个特殊的金字塔，它们无论是外部结构、内部结构、尺寸大小还是惊人的经久耐用程度都是独一无二的。另外它们还有个很显著的特点，就是内部都没有任何题字碑铭或者装饰。它们仅仅是荒凉裸露的、功能性良好的建筑，像双胞胎灯塔一样拔地而起，并不是为人类服务，而是服务于那些“从天空来到地球的人”。

我们在上文所提到的吉萨的三座金字塔中，最先建立起来的是其中小一点的第三金字塔，它被用来作为几何模型。出于对双尖结构的偏爱，人们又建造了另外两座大一点的金字塔。虽然第二大的金字塔较最大的金字塔要小一些，但是它们看上去高度几乎是一样的，这是因为第二大金字塔所在地的地势要高一些，所以两座看起来一样高。事实上，它并不需要和第一高的金字塔具有相同的高度。

除了不可比拟的尺寸大小以外，最大的金字塔还有其他独特的地方。除了和其他金字塔一样拥有下降通道，它还具有独一无二的上升通道、一个水平的走廊、两个上部房间，以及一系列狭窄的间隔间（见图 40）。通过一条精心制作的豪华走廊，和一个仅靠拉动绳索就可以被密封的接待室，就可以通往最上面的房间。最上面的房间包含了一个非同寻常的被挖空的石块，这个石块的精加工需要令人称奇的技术才能完成，它的形状看起来像一个铃。在这个房间的上面，是一系列会产生回声的、狭窄粗糙且高低不平的空间。

这样做的目的是什么？

我们发现，通过对比大金字塔所表现出来的这些独一无二的特征，以及恩利尔在洪水暴发之前的伊库尔（“像山一样的房子”）、他在尼普尔的金字形神塔，可以发现它们之间存在许多相似之处。和金字塔一样，它拔地而起，以统治周围的平原。在大洪水以前的时代，尼普尔的恩基建造了杜兰基（“天堂和地球的连接”），并且作为一个使命管制中心，配备有命运之碑，写有轨道数据的面板。其中还包含有 DIR.GA，一个神秘的黑房间，它的光辉将会引导宇

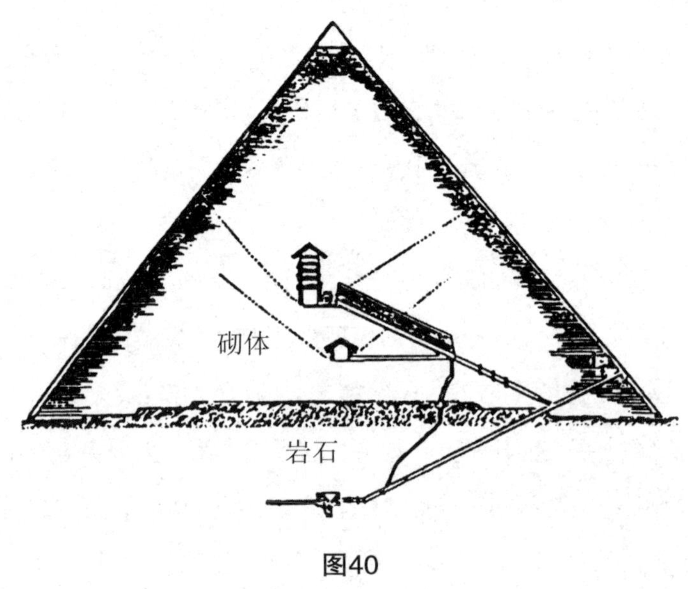

图40

宙飞船降落在西巴尔。

所有这一切在祖（巴比伦神话中的风雨神）的神话传说中有所描述，但其神秘的事件以及恩基的功能，都出现在大洪水之前。当美索不达米亚再次安定下来，以及尼普尔被重建的时候，恩利尔和宁利尔的住所已经变成巨大的被庭院所包围的宫殿，参加礼拜的人们可以通过大门进入宫殿。住所已经不再是封闭的地域，与空间有关的功能，正如太空船发射降落场一样，已经转移到其他地方了。

作为一个新兴的、神秘的、令人敬畏的伊库尔，苏美尔人在史册中将“像山一样的房子”描述成一个遥远的地方，这个地方不是在恩利尔，而是在宁呼尔萨格的庇护下。有一个英雄神话这样写道，在较早的洪水时期，有一个名叫伊塔那的苏美尔人首领，朝着阿努纳奇的天空住宅上升，其地位的上升，始于新伊库尔的不远处——相对于太空船发射降落场，在“雄鹰的居住地”。阿卡德人有一本名叫《约伯记》的书，以《赞美深渊之神》作为标题，指的是“来自伊库尔的不可抵抗的魔鬼”在“地平线以下的地域中”。

因为没有意识到吉萨金字塔中存在大量的古代遗物，也不知道它们真实的建造者，学者们便对这种明显指的是遥远苏美尔地区的伊库尔的事实感到疑惑。事实上，如果有人追溯一下已经被认可的关于美索不达米亚的史册的解释，就可以发现，没有任何一个美索不达米亚人曾经知道埃及金字塔的存在。美索不达米亚历史上没有任何一位君王曾经侵略过埃及，也没有任何一位商人曾经与埃及有过接触，没有任何一位使者曾经访问过埃及，也就没有任何一个美索不达米亚人有可能发现过这些庞大的纪念碑。

那怎么可能呢？

我们认为，吉萨金字塔群是为苏美尔人和阿卡德人所知的。我们认为，金字塔建造在伊库尔的洪水时期，这在美索不达米亚的史册中的确被提及过（我们下文将讲到这一点）。并且，我们认为，古美索不达米亚的图画，在金字塔建造的过程中以及建造完成之后，都对金字塔进行了描述。

现在，我们展示了美索不达米亚的“金字塔”——金字形神塔或者是阶梯塔，到底是什么模样（见图 24）。我们还在某些最古老的苏美尔人的图画中，发现了绝对不同的建筑结构。某些建筑（见图 41）具有方形的底部以及三角形的侧面——一个表面光滑的金字塔。

图41

有些建筑就完全是一个金字塔形状（见图 42a、b），拥有一个毒蛇象征符号，清晰地摆放在恩基的版图上。还有一个图像上（见图 43）的金字塔被赋予了翅膀，用来显示它与空间有关的功能。这幅图画显示了金字塔还拥有其他令人惊奇的精致的特征：一个蹲伏的狮身人面像面朝着芦苇湖的居住地，另一个狮身人面像则在芦苇湖的另外一边，这支持了埃及史册的说法：在西奈半岛上，还存在着另一个狮身人面像。金字塔和狮身人面像都被放置在河流边，因为吉萨的复杂建筑群就是处于尼罗河边的。除了那些图像之外就是河流了，在河流之上有角的神正在航行，正如埃及人所说，他们的神来自南方，从红海上来。

在这幅古老的苏美尔人图画与古老的埃及图画（见图 38a）之间，有着惊人的相似之处。这种相似提供了不容忽视的证据，证明了一个常识：埃及的金字塔和狮身人面像与苏美尔的一样。事实上，甚至在一些微小的地方都能看出这种惊人的相似，例如，大金字塔的倾斜度是52度——在苏美尔人的图画中，“金字塔”的角度与之十分精确地吻合。

a

b

图42

图43

于是我们得到一个确切的结论：美索不达米亚人是知道大金字塔的，如果找不出其他原因，那就是因为金字塔和尼普尔最初的伊库尔是由同一个阿努纳奇人建造的。同样，十分符合逻辑地，金字塔也被人们称作伊库尔——“像山一样的房子”。吉萨的金字塔与它的前辈一样，有神秘的黑房间，并且装备有器具，以引导宇宙飞船降落到西奈山的太空飞船洪积地。

我们认为下面这首高深莫测的史诗的含义，是将宁呼尔萨格晋升为“拥有尖峰的房子”——金字塔的女主人。

房子的光明和天地的黑暗，
将火箭与飞船联系在了一起。
伊库尔，神的有尖尖的高峰的住宅。
为了天地之间的连接，这个住宅装备精良，
并且闪动着一条又远又宽阔的光波。
这道可怕的光波触碰到了人体。
可怕的金字形神塔，高耸的山脉，
这些创造伟大而势不可挡，
但是人不能理解它。

下面这首名为《拥有尖峰的神的房屋》的诗含义就变得十分明显了：这是一个“具有装备的房子”，它能够提供给“未卜先知”的飞行者一个用来“降落休息”的“巨大的陆地平台”（即“空中楼阁”）。

房子的设备，永恒的高耸房屋。
它的根基是已经触碰到水的石头。
它的四周都设置在黏土上。

房子的各个部分被巧妙地连接在一起。

房子，发出密集的咆哮。

这个伟大的建筑物似乎在观察和周转，之后也会休息。

房子提升的山脉因为它高耸的外观而成为划时代的里程碑，

乌图提升的山脉。

这个房子深得使人无法穿透。

并且阿努又放大了它。

诗文紧接着描述了这个建筑的内部结构：它的地基是“令人敬畏的金属”，它的入口像人的嘴巴一样张开闭合，“发出微弱的绿光”，入口之初“像一条巨龙张开的等待食物的巨口”（见图 44a），门框两侧的直木“像两个用来威吓敌人的刀刃”，在入口正中间展示着一个神秘的带有雕刻的石切（见图 44b）。建筑内部的房间“就像这条整天到处冲撞的巨龙所要守护的巢穴”，它所吐露的金光“就像一只没人敢靠近的狮子”。

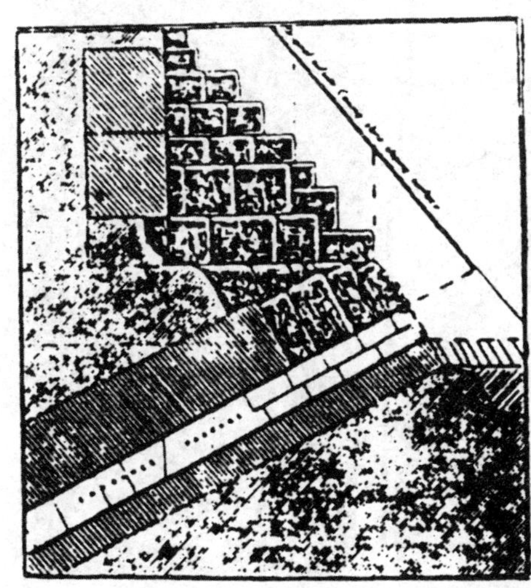

a

b

图44

其中的上升通道被这样描述："它的拱顶就像一道彩虹，黑暗在此处消失；它被令人敬畏地遮住了，它的连接处就像一只做好抓捕猎物准备的秃鹰。"（见图 45）在通道的顶端，是"通往山顶的入口"，"对敌人来说，它是封闭的，它仅对活着的人开放"。三个联动装置"门闩，木条和锁在令人敬畏的地方滑

图45

动”，保护着通往最顶端房间的通道。在最顶端的房间，伊库尔视察天堂和地球，“就像张开了一张网”。

在通往最顶部的房间时，还必须经过一个结构十分复杂的接待室（见图 46），在这个接待室里面有三种上锁装置，随时准备滑动，把敌人关在外面。

在如此详细地描述了伊库尔内部及外部的结构之后，诗篇接下来介绍了这种建筑物的功能以及地理位置：

> 在这一天，女主人自己说，
> 她是火箭飞船的女神，纯净的伟大的女士。
> “我是阿努的女儿。
> 恩利尔又赐给了我伟大的命运。
> 我是他的王妹。
> 神将这个天空地球驾驶导航器赐到我的手中。
> 我是天空之母。
> 厄里斯奇格将天空导航器的开始部分分配给我。
> 我已经在乌图建造的山脉上建立了我的讲台。”

如果像我们先前推断出的一样，宁呼尔萨格是吉萨金字塔的女主人，那么她应该被埃及人所熟知，并且被当作女神一样尊敬。事实上，这应该就是当时的情形，除非对埃及人来说，她就是哈索尔（埃及神话中的爱神）。课本会告诉我们，这个名字的含义是“何璐斯的住宅”（何璐斯是古代埃及的太阳神）。但那只是一种肤浅的解释。在象形文字中，这个名字的含义是房子和猎鹰，而猎鹰曾经是何璐斯的象征，因为他可以像猎鹰一样飞翔。宁呼尔萨格这个名字按字面意思理解应该是“将住宅建在猎鹰之地的女神”，即飞行者休息

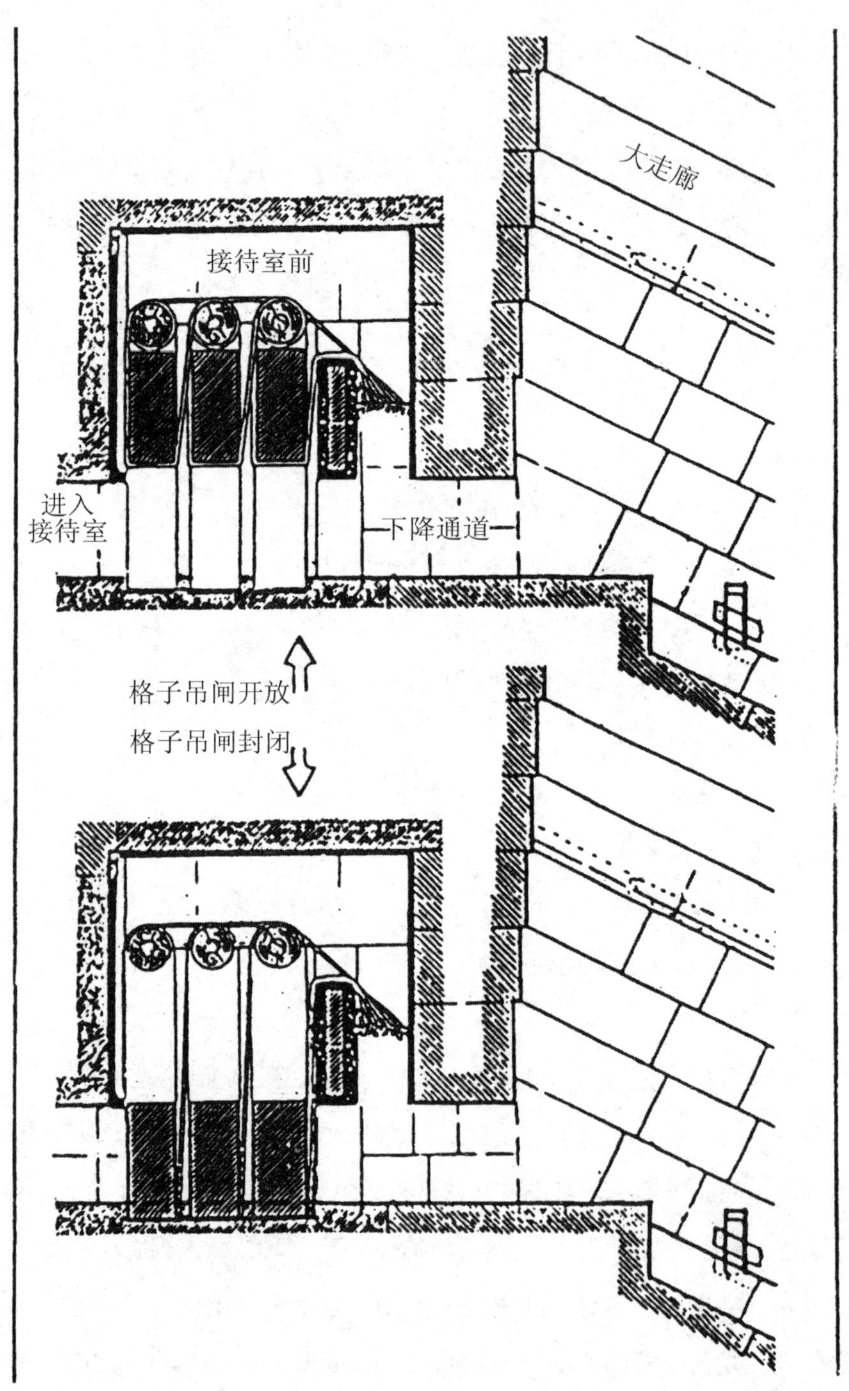

图46

之处——太空飞船发射场。

我们已经确定，这个航天发射场就位于后洪积时代的西奈半岛。因此，哈索尔的头衔“房子和猎鹰”，将要求女神在西奈半岛的举止像它的女主人。确实，埃及人认为，西奈半岛一直是哈索尔的领地。半岛上埃及法老修建的所有神庙和石柱是专为这位女神而建的。像晚年的宁呼尔萨格一样，哈索尔也被称为“奶牛”，并被描述为有角的母牛。

但哈索尔也是大金字塔的女主人（我们一直这样称呼宁呼尔萨格）吗？令人惊讶但并不意外的是，哈索尔也是大金字塔的女主人。

证据是法老胡夫（大约公元前 2600 年）在吉萨的一座献给伊西斯的神庙中竖立的纪念石碑上的碑文。库存石碑、纪念碑及其碑文明确证实，大金字塔（和狮身人面像）在胡夫开始统治时已经存在。他声称是在现有的金字塔和狮身人面像旁边建立了献给伊西斯的神庙：

> 何璐斯永生。
> 致埃及天上和人间的国王——胡夫。
> 生命永存！
> 他创建了伊西斯之屋。
> 金字塔的女主人，
> 在狮身人面像旁边。

在那时，伊西斯（奥西里斯的妻子和何璐斯的母亲）一直被认为是“金字塔的女主人”，其象形文字是 。但随后的碑文证实，她不是金字塔的第一个女主人：

> 何璐斯永生。

致埃及天上和人间的国王——胡夫。

生命永存！

致他神圣的母亲伊西斯。

“哈索尔西部山区”的女主人。

他将这个碑文写在石碑上。

因此，金字塔不仅是“哈索尔山”（与苏美尔正好平行的“像山一样的房子”），而且还是她西部的山峰，这意味着她还有一座东部的山峰。我们从苏美尔的来源知道它是哈尔萨格，是西奈半岛的最高峰。

※

尽管两个神圣王朝之间有对抗和猜疑，但毫无疑问的是，实际建设太空站和控制指导设施的工作，落入了恩基及其后代手中。尼努尔塔证明了自己能够胜任筑坝和灌溉的工作；乌图／沙马氏知道如何指挥和运作着陆和起飞设施；但只有工程师和科学家恩基，在之前经历了所有这一切，拥有规划大规模的建设工程和监督其执行的必要的知识和经验。

在苏美尔文献中，甚至没有一丁点关于尼努尔塔和乌图成就的描述，他们都没有计划或从事与太空有关的建造工程。后来尼努尔塔让一个苏美尔国王为他建造金字形神塔，其中有给他的神鸟的特别领地。神鸟是另一个神，一直陪伴着尼努尔塔。尼努尔塔给了国王建筑计划和建设指示。另一方面，一些文本说恩基已把他曾拥有的科学知识传递给儿子马杜克。文本中提到了父子之间的一次对话。马杜克向父亲请教一个难题后，恩基回答儿子马杜克：

我的儿子，你不知道什么呢？

我可以给你什么呢？

马杜克，你不知道什么呢？

我还可以给你什么呢？

我知道的，你全知道！

就像父辈卜塔和恩基一样，子辈的马杜克和拉，是如此相似，我们毫不惊讶地发现，埃及的文本把拉与空间设施及其相关建设工程联系在一起。同时，他是在苏和泰芙努特，盖布和纳特，以及古埃及神话的智慧之神托特的协助下进行这项工作。“神圣的导游”——狮身人面像，准确显示向东水平30度，拥有 Hor-Akhti（“猎鹰的地平线”）——这是对太阳神拉的尊称——的特征。

法老时代，狮身人面像附近竖立的石碑上的题词，直呼拉为工程师（“扩展的绳”），是他建造了在“神圣的沙漠”中“受保护的地方”。从那儿，他可以“美丽地升天”和“穿越天空”：

你为这个计划扩展绳索，

你给土地以形式……

你使人间世界神秘不已……

你为自己建立了受保护的地方。

在神圣的沙漠，隐藏了名字。

白天你背对他们上升……

你美丽地上升……

你伴着和风划过天空……

你乘着天国的三桅船穿越天空……

天空欢呼着，
地球喜悦地叫喊。
拉的船员每天都在歌颂；
他凯旋了。

埃及文本断言，苏和泰芙努特通过“坚持天空在地球之上”，参与了拉广泛意义上的与空间有关的工程。他们的儿子盖布的名字源于词根 gbb（“积累，堆积”），学者认为，这证明他参与了涉及堆积的工程，明显暗示他参与了金字塔的实际建造。

一个关于胡夫法老及其 3 个儿子的埃及故事显示，在那些日子里，大金字塔的秘密计划处在埃及人称为托特（天文学、数学、几何及土地测量之神）的神的监管之下。大金字塔的一个独特的特点是其上厅和通道。但是，由于这些通道被封锁（我们将在下文展示如何、何时和怎样），它们从下降通道的什么地方分出来，致使所有试图效仿吉萨金字塔建造的法老，仅能仿效有下厅的金字塔，无法仿效上厅，因为他们要么缺乏精确的建筑知识，要么甚至不知道它们的存在。但是胡夫似乎知道大金字塔内这两个秘密厅房的存在，并在这点上差点得知了他们的建筑计划，因为他被告知神托特隐藏它们的地方。

写在所谓的威斯卡莎草纸上，题为“魔术师的故事”的文献中说：“有一天，当国王胡夫统治了所有的土地”，他找来他的 3 个儿子并让他们复述故事——古代的“魔术师的事迹”。首先说的是“皇子哈夫拉”，他讲述了“你（胡夫）的祖先尼布卡一世时代的故事……当他走进卜塔的寺院时所发生的事情”，这是一个魔术师如何使鳄鱼起死回生的故事。然后皇子杜英法罗说了胡夫祖先时代的一个奇迹，当一个魔术师分开湖中的水以便取其底部的宝石，“然后魔术师说着他的魔语，使所有的湖水再次回到各自的位置”。

有点玩世不恭的第三个儿子哈德德夫站起来说道：“我们已经听说过以前的魔术师和他们的事迹，我们无法验证其真实性。现在我知道我们这个时代的事情。”法老胡夫问他们是谁，哈德德夫回答说，他知道一个名叫戴迪的人，此人知道如何驯服狮子，给它替换一个被砍的头，也知道“托特之厅的 Pdut 号码”。

听到这话，胡夫极为好奇，因为他一直在设法找到大金字塔（在胡夫时代已被封锁和隐藏）里“托特之厅的秘密”。因此他下令寻找智者戴迪，并从其住所——西奈半岛一角的一座岛屿把他接来。

当戴迪被带到法老面前，胡夫首先测验了他的魔力，如让被切了头的鹅、鸟和牛起死回生。然后胡夫问道：“听说你知道托特的Iput的Pdut号码，这是真的吗？”而戴迪回答说：“号码我不知道，国王，但我知道 Pdut 所处的地方。”

埃及古物学家基本上一致认为，Iput 的意思是“原始避难所的秘密厅”，而 Pdut 的意思是“有号码的设计、计划”。

魔术师（他的年龄是 110 岁）回答胡夫：“我不知道设计中的信息，国王，但我知道被托特隐藏的带号码的计划在哪里。”在回答进一步的询问时，他说：“在神厅里有一箱磨刀石，它们就在那个箱子中。”

胡夫兴奋地下令要戴迪去为他寻找那个箱子。但戴迪回答说，他和胡夫都不能得到这个箱子，它注定要被胡夫的后裔找到。他说，这个人就是拉。我们已经看到，屈服于神的意愿，胡夫最终只有在狮身人面像附近建造了一座献给金字塔女主人的神庙。

※

证明过程就此循环完成。苏美尔和埃及文本互相证实，我们的结论是：

中立女神是西奈最高峰和建于埃及的人工山的女主人，她们都担任了登陆走廊的锚的角色。

但阿努纳奇保持西奈半岛及其设施中立的愿望未能维持很久。竞争和爱情悲剧性地交织，并打破现状，分裂的地球很快被卷入了金字塔大战。

第八章

金字塔战争

“尊敬的陛下、圣主、地平线上的猎鹰、永存不朽的生灵——拉，在肯努的土地上。他由他的勇士们陪伴着，因为有敌人阴谋陷害他们的国王……长翅膀的测量者何璐斯来到拉的船上。他对他的祖先说：‘哦，地平线上的猎鹰，我看到了敌人阴谋反对您的统治，给他们自己戴上耀眼的皇冠。’……圣主、地平线上的猎鹰拉，对长翅膀的测量者何璐斯说：‘我的孩子：迅速地击倒你所看到的敌人。’”

刻在古埃及艾得夫市神庙城墙上的故事就此开始了。我们认为，这只能被称为第一次金字塔战争的故事。这场战争有其根源：永无休止的控制地球及其空间设施的斗争，以及大阿努纳奇——特别是恩基／卜塔和他的儿子拉／马杜克的鬼把戏。

据曼涅托所载，卜塔统治了埃及 9000 年后交出统治权；但其后，拉的在位时间缩短到了 1000 年——我们总结这是大洪水的缘故。接着苏统治了 700 年，他帮助拉“控制地球上空”；盖布统治了 500 年（“就是他堆积了地球”）。大约是在公元前 10000 年的时候，空间设施——在西奈半岛和吉萨金字塔的太空站被建造起来。

虽然太空站所在地西奈半岛和吉萨金字塔在宁呼尔萨格的保护下，被认为是保持中立的，但值得怀疑的是，这些设施的建设者——恩基及其后代，是否确实打算放弃控制这些设施。一个以田园诗般的描述开头的苏美尔文本，已被学者们命名为《天堂的神话》。其古老的名称是《恩基和宁呼尔萨格》，它记录了他俩出于政治动机的结合，是恩基和他的同父异母的妹妹宁呼尔萨格之间有关控制埃及和西奈半岛——金字塔和太空站的交易故事。

故事发生在阿努纳奇对地球的分配时：提尔蒙（西奈半岛）被给予宁呼尔萨格，埃及被给予恩基的部族。苏美尔人的故事提到，那时恩基越过分离埃及和西奈半岛的沼泽湖泊，来到孤独的宁呼尔萨格处大肆求爱：

致一个单独的人儿，
致生命的夫人，土地的女主人：
恩基来到你们英明的生命夫人处。
他用他的阴茎浇灌堤坝；
他用他的阴茎淹没芦苇……
他用他的精液浇灌阿努纳奇的贵妇，
将精液浇在宁呼尔萨格的子宫内；
她将精液放入子宫，恩基的精液。

恩基的真实意图是获得一个他同父异母妹妹所生的儿子，但他们的后代是一个女儿。当她出落得“年轻漂亮”后，恩基与这个女儿结合了，之后又和他的孙女结合。由于这些性活动，共诞生了 8 个神——6 女 2 男。被乱伦所激怒，宁呼尔萨格用她的医疗技能让恩基病倒。支持恩基的阿努纳奇恳求挽救他的生命，但宁呼尔萨格决定：“直到他死了，我才会用‘生命之眼’看他的！”

令人满意的是，恩基确实停止了这些行为。去提尔蒙视察的尼努尔塔返回到美索不达米亚，在有恩利尔、兰纳／辛、乌图／沙玛什、伊南娜／伊师塔参加的会议上，他报告了这些发展。让人不满意的是，恩利尔命令尼努尔塔返回提尔蒙并带回宁呼尔萨格。但在中途，宁呼尔萨格同情她哥哥并改变了主意。“宁呼尔萨格让恩基坐在她的外阴处并询问道：‘我的哥哥，你的什么地方不适？’”当她一点一点地治好他的病之后，恩基提议，作为埃及和西奈半岛的主人，他们应把工作、配偶和领地分派给 8 个年轻的神：

让阿布成为植物的主人；

让宁图纳成为麻甘的主人；

让宁树图娶尼纳苏；

让纳日成为满足渴望的女神；

让纳结娶宁达拉；

让阿日木阿娶宁吉什西达；

让宁图成为月份女王；

让英西格成为提尔蒙的主人！

来自孟菲斯的埃及神学文本同样认为，从卜塔的心、舌、牙齿、嘴唇和身体的其他部位“应运而生”了 8 个神。这个文本也和美索不达米亚文本一样。卜塔创造了这些神之后分派住所和领地给他们：“在他创造了这些神之后，他建造城市，创建城区，把这些神放在各自神圣的住所里；他创造了他们的神龛和后代。”他所做的一切是为了“使生命的女主人感到高兴”。

如果这些故事如表面看来的那样有事实根据的话，那么如此混乱的出身所导致的争斗，由于拉的性恶作剧就只会愈演愈烈。其中最重要的是关于奥西里斯是拉而不是盖布的儿子的断言，奥西里斯是拉秘密地侵犯他自己的孙女后使其怀上的。这就是我们之前所提到的奥西里斯－赛特冲突的核心。

当时上埃及已被分配给了盖布，赛特为什么还会觊觎给予奥西里斯的下埃及？埃及古物学者们已从地理、土地的肥沃程度等方面提供解释。但正如我们所揭示的那样，有另外一个因素——从神的角度来看，更重要的不是一个地区能生长多少作物，而是在吉萨，谁控制了大金字塔建筑群，谁就控制了空间活动：来来往往的神以及来往于第十二个天体的重要供应环节。

赛特的野心暂时成功了，他用智谋战胜了奥西里斯。但是，“在363年”，奥西里斯消失后，年轻的何璐斯成为其父的复仇者，发动了反对赛特的战争——第一次金字塔大战。如我们所了解的，这也是第一次有人参与的神之间的斗争。

受统治非洲的恩基神的支持，复仇者何璐斯开始了进攻上埃及的行动。在托特为他制作的有翼的圆盘的帮助下，何璐斯坚持向北直指金字塔。一场重要战斗发生在“水区”——把埃及从西奈半岛分开的湖泊链，有许多赛特的追随者被杀害。战斗过程中，赛特藏在半岛某处的“秘密隧道”；在另一场战役中，他失去了他的睾丸。因此，众神的会议决定将整个埃及“作为遗产……给何璐斯”。

而身为卜塔后裔八神之一的赛特怎样了？

他被从埃及放逐并移居亚洲，这里的东边有一个可以使他“从天空说话”的地方。他不就是苏美尔人关于恩基和宁呼尔萨格的故事中被称为英西格的神，被这两个恋人分配给予了提尔蒙（西奈半岛）的人吗？如果是这样的话，那么他是埃及神，那个将领地扩展到闪的神，后来被称为迦南。

正是由于第一次金字塔之战的成果，人们才有了对《圣经》故事的了解。这次战争还导致了第二次金字塔之战。

除了太空站和指导设施之外，在大洪水之后，还需要一个新的飞行控制中心，以取代之前在尼普尔就已存在的那个。在《通往天国的阶梯》一书中，我们已揭示，为满足这个中心和其他与空间有关的设施等距离的需要，它被确定建在摩利亚山，即未来的耶路撒冷城。

依据美索不达米亚文本和《圣经》的记载，这个地方位于闪，恩利利特的一个自治区。然而，它最终被恩基——哈姆族神以及哈姆族迦南的子孙非法占领。

《旧约》中说，迦南成为耶路撒冷这块土地的首都，是在诺亚第四个也是最小的儿子哈姆时期。他挑出迦南来作为特别的托付，并使他的后代服从于闪的后裔。导致这种待遇的令人难以置信的原因，是哈姆而不是他的儿子迦南无意中看到了他父亲诺亚赤裸裸的生殖器；因此，上帝已经诅咒了迦南："诅咒迦南，一个仆人的仆人欺凌他的兄弟……赐福耶和华，闪的上帝，愿迦南成为他们的一个仆人。"

《创世记》中的故事遗留了许多未解释的地方。是他的父亲意外犯罪，为什么迦南却要被诅咒？为什么对他的惩罚是变成闪和闪神的奴隶？以及众神如何参与这一罪行，受到了什么处罚？当读到伪经《禧年书》上的补充信息时，人们就会清楚地发现，哈姆真正的罪行是非法占领闪的领地。

在人类被分散，各部族被分配土地后，《禧年书》提到，"哈姆和他的儿子去了他要占领的土地，迦南获取的是该国南部地区的一部分"。但那时，从诺亚被救的地方到他的非洲分配地的旅途中，"迦南看到，从黎巴嫩这个地方一直到埃及河边，是非常好的"。于是他改变了主意："他不到他要继承的海域以西的土地（红海西部）去，转而落脚在黎巴嫩，约旦以东和以西的地方。"

他的父亲和兄弟试图劝阻迦南的这种非法行为。"他的父亲哈姆，兄弟库施和麦西对他说：'你在不属于你的土地上定居了，按规定这不属于我们。不要这样做，因为如果你真这样做，你和你的儿子将在这块土地上堕落，并因为煽动叛乱被诅咒，你们将被永远铲除。不要在闪的住处居住，因为这个地方注定属于闪和他的儿子。'"

由于迦南非法占领了分配给闪的领地，他们因此说："诅咒你，诅咒你不再是诺亚的儿子，在神圣的法官和我们的父亲诺亚面前宣誓，以应验我们的诅咒……"

"但迦南没有听他们的话，他和他的儿子一直住在黎巴嫩从哈马到埃及的入口处。出于这个原因，这片土地被命名为迦南"。

《圣经》中除记载有关哈姆的一个后裔抢夺领地的故事外，还有着类似埃及之神的一个后裔的抢夺故事。我们必须记住，在当时，土地和领地的分配不是在各国人民之间，而是在神之间进行，土地的主人是神，而不是人。一个民族居住在分配给他们的神的领地上，只有他们的神通过协议，或者其已经发展到有能力治理该领地，他们才可以占领别人的领地。

※

赛特入侵迦南，意味着所有与太空站有关的地区——吉萨、西奈半岛、耶路撒冷都归于恩基神的控制之下。恩利利特显然不愿看到这样的结果。此后不久——300多年后，我们相信，他蓄意发动了驱逐非法占领重要空间设施者的战争。一些文本描述了第二次金字塔大战，其中一些在古苏美尔文献中，其他的在阿卡德和亚述译文中。学者们称这些文本为"库尔神话"——"山地的神话"。事实上，他们在编年史中诗意地渲染了与空间站有关的战争：莫里亚山之战；西奈半岛的凯瑟琳山之战；埃及的人工山——伊库尔（大金字塔）之战。

从文本中可以清晰地看出，受尼努尔塔领导和指挥的恩利利特的军队，"恩利尔最重要的战士"，第一次与对方在西奈半岛相遇。哈姆族神在那里被攻击，但他们撤退到非洲山地继续作战。尼努尔塔接受挑战，在战争的第二阶段中，他在敌人的据点作战。这一阶段发生了激烈的战斗。在最后阶段，战争发生在大金字塔，这是尼努尔塔的对手坚不可摧的最后堡垒。在那里，哈姆族神被围困，直至他们耗尽干粮和水。

我们称之为第二次金字塔大战的这场战争，在苏美尔人的记录中被广泛纪念——在书面编年史及图案描绘中。

致尼努尔塔的赞美诗中，包含了许多他在这场战争中的功勋和英雄事迹。“你就像阿努”，诗篇的很大一部分专门被用来记录这场最终取得了胜利的战争。但其主要和最直接的战争编年史，见于史诗文本《卢伽尔 -e 》，刊载在《古代东方研究》的文章《调查》中，塞缪尔·盖勒对它的整理编辑极为出色。像所有美索不达米亚的文本一样，紧接着开场白的是：

> 国王，你荣耀的一天是如此气派。
> 尼努尔塔，最重要的、神圣力量的拥有者，
> 是他向痛苦的山区进发。
> 像洪水，不能停下来，
> 他进入了战争激烈的战场。
> 神圣辉煌的武器在他手中；
> 主说：你制服的山区将作为你的创造物。
> 哦，强大的、英勇的神，
> 你撕裂了大毒蛇，
> 你撕裂了所有的山。

诗篇歌颂了尼努尔塔的功勋和光辉武器。这首诗还介绍了冲突的位置（“山区”）和他的主要敌人：“大毒蛇”——埃及神的领导者。在苏美尔史诗中，有几次描述这个对手是阿扎格，有一次描述他是阿舒尔，它们都是马杜克著名的绰号，从而使阿努两个重要的儿子恩利尔和恩基——尼努尔塔和马杜克，成

为第二次金字塔大战中敌对阵营的领导人。

在第二个牌匾（13 篇长诗之一）中，记录者介绍了第一次战役。尼努尔塔能够在战争中占有优势，归功于他的神圣武器和新飞艇——原来的那个在一次事故中被摧毁，它被称为 IM.DU.GUD，通常译为“神圣风暴鸟”，但字面上的意思是“像英雄的风暴一样运行”。我们从各种文本中得知，其翼展约为 75 米。

古代绘画把它描绘为机械构造的“鸟”，有两个跨梁的机翼（见图 47a）；起落架上面有一排圆圈，也许是喷流状发动机的进气口。这架几千年前的飞机，不仅与早期的双翼航空器酷似，也与 1497 年达·芬奇的草图——他所描绘的动力飞行机的概念，令人难以置信地相似（见图 47b）。

伊姆杜吉德是来自尼努尔塔的象征的灵感——一只有雄伟的狮子头的鸟

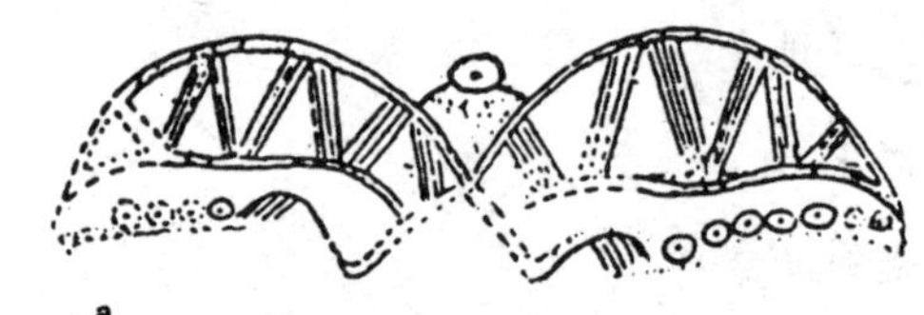

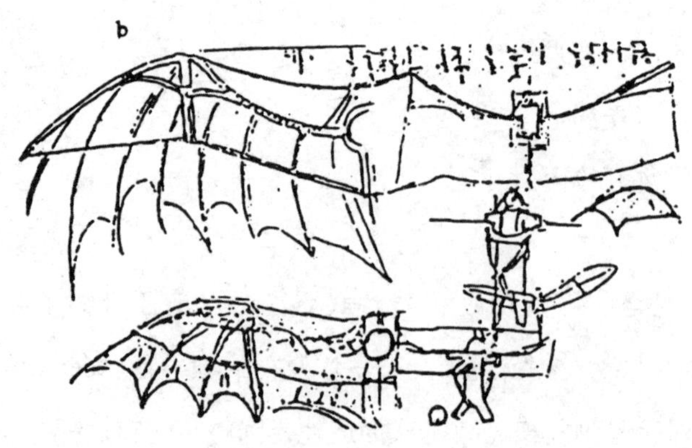

图47

停在两个狮子（见图 48）抑或是两头公牛上。正是用这种“制作的船”——一个制造的飞行器“在战争中摧毁了王侯的住所”，尼努尔塔在第二次金字塔大战的战斗中上升到天空中。他上升得如此之高，以至于他的同伴看不见他了。之后，文本中提到，“用他的翼鸟，对抗有墙的住所”，他俯冲下来。“当他的鸟接近地面后，峰顶（敌人的据点）被他打碎。”

被赶出据点后，敌人开始撤退。当尼努尔塔保持正面攻击时，阿达德漫步敌后的乡间，破坏敌人的粮食供应：“在冥界之屋，阿达德将鱼冲走并把牛四处分散。当敌人撤退到山区时，这两个神‘像山区汹涌的洪水一样蹂躏他们’。”

随着战斗在时间和范围上的延伸，交战双方起领导作用的神呼吁其他神加入他们的行列。“我的神，战斗范围越来越广，你为什么不参加？”他们向一个神问道，这个神的名字由于诗句的损坏而缺失了。显然，这个问题也抛给了伊师塔，因为她的名字被提到了：“在武器的冲突中，在英雄的壮举中，伊

图48

师塔的武力并没有踌躇。”当两个神看见她，他们用鼓励的语气向她喊道：“来这儿，不要犹豫！把你的脚坚决地放在这儿！在山区，我们等待着你！”

“女神带来的这种武器气派辉煌…… 她为这个武器制造了一个角。”她在对抗敌人的壮举中使用了它，在“遥远的时代”，“天空像红色羊毛的颜色”。武器发射出的爆炸束“拆散了敌人，使他们用手揪住自己的心”。

接下来的故事，在第五至第八块牌匾中，被破坏得无法阅读。部分诗句表明，在伊师塔的帮助下，猛烈的攻击在敌军土地上产生了浩大的哭泣和哀悼。“对尼努尔塔的恐惧围绕着这块土地”，居民不得不使用替代品，而不是小麦和大麦“去碾磨面粉”。

这次攻击使敌军部队继续向南撤退。这时战争显露出其凶猛残忍的特征，当尼努尔塔领导恩利利特的队伍攻击奈格尔非洲领地的中心地带和它的神庙城市麦什拉姆之时，他们烧焦土地并血染了河流，血来自无辜的旁观者——冥界之屋的男子、妇女和儿童。

虽然主要牌匾中描写战争场面的许多诗句已无法看到，但是，其细节可以从其他各种零碎的牌匾中看出。牌匾中写到尼努尔塔“摧毁土地”，这一壮举使他赢得了“麦什拉姆的胜利者”称号。在这些战斗中，攻击者发动了化学战。我们可以读到尼努尔塔向城市撒下有毒导弹，“他用弹射器发射毒药，摧毁了城市”。

攻击中，这个城市的幸存者逃到周边山区。但是尼努尔塔“用毁灭性武器向山上开火；神的神圣武器，破坏性如此厉害，摧毁了人类”。下面的诗句也暗示了一些化学战：

这种武器，撕裂
并让感官失去了作用：
巨大的威力剥夺了他们的生命。

它撕裂了土地，
用血充满运河，
在敌军土地上，人们像狗一样舔牛奶。

被无情的袭击所威慑，阿扎格要求他的追随者不要抵抗："他没让他的军队起来反抗向他的妻子和孩子袭来的敌人，库尔的武器与土壤一起被覆盖"；"阿扎格没有反抗"。

尼努尔塔认为，对方不抵抗是他取得胜利的标志。据 F. 赫罗兹尼描述，尼努尔塔杀害对手后占领了哈尔萨格的土地，接着他"像鸟"一样攻击库尔"撤退到墙背后"的神，他在山区击败了他们。然后，他突然唱了一首胜利之歌：

我的令人敬畏的才华像阿努一样强大。
谁敢反抗它？
我是高山的神。
从地平线上拔起山的高峰。
在山上，我是主人。

但宣告胜利还为时过早。通过不抵抗战术，阿扎格避免了被击败。首都确实被毁掉了，但领导人却得以幸存。从《卢伽尔 –e》文本中可以清晰地看到："尼努尔塔没能消灭库尔的敌人。"相反，敌人的神退入了大金字塔，"智慧技工"——恩基还是托特？——造出了一个保护墙，"其威力无可匹敌"，死亡射线无法穿透这个防护物。

一些文本中从"另一方面"论证了这场最后和最引人注目的第二次金字塔大战。正如尼努尔塔的追随者为他唱赞美诗一样，奈格尔的追随者也是这样做的。后者也被考古学家发现，收集在 J. 博伦鲁切所著的《给奈格尔的祈祷和赞美诗》一书中。

回顾奈格尔在这场战争中的英雄壮举，文本中提到，奈格尔——“伊库尔的宠儿，高尚的龙”“趁着夜色冲了进来”。携带着可怕的武器，在他的副手的伴随下，奈格尔冲破了尼努尔塔对大金字塔（伊库尔）形成的包围圈。他在夜间抵达，进入“可自动打开的锁着的门”。他一进来就受到热烈欢迎：

神奈格尔，
趁着暗夜冲进来的神，
已经到了战场！
他扬起他的鞭子，他的武器铮铮作响……
他是值得欢迎的，他的力量是巨大的：
就像一场梦，他在门口出现。
神奈格尔，是值得欢迎的。

但被围困的神的希望很快就破灭了。从另一文本中，我们得知了这次金字塔大战最后阶段的更多情况。这个文本是由乔治·巴顿从尼普尔的恩利尔庙宇遗址中，那些刻着文字的黏土缸碎片拼凑出来的，它因此被命名为《混杂的巴比伦文本》。

当奈格尔加入捍卫大金字塔（“可怕的房子像山堆一样拔起”）的行列时，他通过位于金字塔内的各种射线发光晶体（矿物“石头”）来加强其防御能力：

水石，尖石，
这个……石头，这个……

……神奈格尔
增加其能量。
保护他的门……
向天堂，他抬起眼睛，
深深地挖掘，为生命付出……
……在房间里，
他给他们喂食。

随着金字塔的防御性能增强，尼努尔塔采取了另一种策略。他呼吁乌图／沙马氏通过改变基础设施附近的“水流”方向来切断金字塔的供水。在这里，文本过于残缺不全，导致不能阅读有关的详情，但这个战术显然达到了它的目的。

被切断了食物和水的供给后，被围困的神挤在最后的据点里，竭力避开尼努尔塔的攻击。直到那时，尽管战斗很残酷，但没有任何一个主要的神伤亡。但是，现在，一个年轻的神何璐斯，伪装成公羊，试图偷偷逃出大金字塔。他被尼努尔塔的光辉武器袭击而失去了视力。然后一个古老的神哀求宁呼尔萨格——她因医疗奇迹而著名——来拯救年轻的神的生命：

当时，致命的光亮到来，
房子的平台接住了这个神。
他对宁呼尔萨格强烈地呼喊：
“……这武器……我的后代
受死亡的诅咒……”

其他苏美尔文本称这个年轻的神是“不知道自己父亲的后代”，这是一个适用于何璐斯的词，他出生于父亲去世之后。在埃及传说《拉姆传奇》中，当一个神向他“点火”后，何璐斯的眼睛受伤了。

当时，为了回应“强烈的抗议”，宁呼尔萨格决定进行干预，以停止这场战争。

《卢伽尔 -e》文本的第九块牌匾以宁呼尔萨格的声明开头，她对恩利利特指挥官说，她的儿子尼努尔塔，是“恩利尔的儿子……是他妹妹兼老婆所生的合法继承人”。在暴露内情的诗句中，她宣布了她将越过战线，停止双方敌对行动的决定：

致绳子测量开始的地方：
在那儿，阿萨尔用眼睛向阿努示意。
我将前往。
我将切断绳子，
为了交战的众神们。

她的目的地“绳子测量开始的地方”就是大金字塔！

起初，尼努尔塔震惊于她要“单独进入敌军阵地”的决定。但她主意已定，于是他向她提供“让她不会害怕的衣服”（光束所留下的辐射？）。当她接近金字塔时，“她对恩基喊叫……她恳求他”。碑的破碎导致交流信息丢失了，但恩基同意将金字塔交给她：

房子像个土堆，
我曾经向上将它堆砌——
它的女主人可能是您。

然而，有一个条件：投降需要最终解决冲突，直到“决定命运的时刻”到来。宁呼尔萨格承诺向恩利尔转达恩基开出的条件。

随后的事件都记录在《卢伽尔 -e》史诗和其他零散的文本中。但最惊人的描述，出现在名为《我歌唱众神的母亲之歌》的文本中。这个文本保存了很多信息，因为它在整个古代近东被反复复制。文本首次见于 P. 德哈米的《神的主权》的研究报告中。这是一个富有诗意的赞扬宁玛赫（“伟大女人”）的文本，在双方的对抗中，她的角色是玛米（“众神之母”）。

以呼吁“武装的同志和战斗人员”倾听为开头，这首诗简要介绍了战争及其参与者：范围几乎覆盖全球。一方是“宁玛赫的初生儿”（尼努尔塔）和阿达德，后来辛加入了，再后来加入的是伊南娜／伊师塔；另一方是奈格尔，被称为“强大、崇高的神”——拉／马杜克，以及“两个伟大之家的神”（吉萨的两个大金字塔）、那位曾试图用山羊皮伪装逃跑的神何璐斯。

宁呼尔萨格声称她得到阿努的批准，接受了恩基向恩利尔的投降。当阿达德在场时，她会见了他（那时尼努尔塔留在战场上）。“啊，听我的祈祷！”她解释她的想法时恳求这两个神。阿达德最初坚持：

> 站在那里，对这个母亲，
> 阿达德说：
> “我们期待着胜利。
> 敌军遭到打击。
> 颤抖的土地，令他无法承受。”

阿达德说，如果她想停止敌对行动，就把讨论建立在恩利利特即将胜利的基础上：

起来，去告诉敌人，
让他参加讨论。
这样，这次袭击就停止。

恩利尔用更加有力的语言，支持这样的建议：

在众神的大会上，
恩利尔开了口，他说：
“阿努在山区聚集了众神，
阻止战争，带来和平，
派出众神的母亲
并恳求我，
让众神的母亲成为使者。”

在谈到他的妹妹时，他用和解的口气说：

去吧，安抚我的兄弟！
帮助他去生活。
从封锁他的门口，放他出来！

按照建议，宁呼尔萨格告诉恩基，他和他儿子的安全是有保障的：“她通过星星给出信息。”

正当恩基犹豫时，她温柔地对他说：“来吧，让我带你出去。”他照做了，把手伸过去给了她……

她引导他和其他大金字塔的守护者去她的住所哈尔萨格。尼努尔塔及其战士们看着英克特斯离去。

而庞大的坚不可摧的建筑孤独地耸立着，沉默不语。

※

如今，大金字塔的访客发现，其通道和厅房裸露空荡，看上去，复杂的内部结构显得毫无目的，其壁龛和岬角也看不出有什么意义。

从人们首次进入金字塔起，它就一直如此。但可以肯定的是，在尼努尔塔进入时它并不是这样的——根据我们的计算，这大约是在公元前 8670 年。苏美尔文本中提到，尼努尔塔进入后，其维护者放弃了这个“辐射的地方”。他进入后的所作所为，不仅从内到外改变了大金字塔，而且还影响了人类历史的进程。

尼努尔塔第一次进入“像山一样的家”时，一定想知道他会在里面发现什么。恩基／卜塔构思的、拉／马杜克计划的、盖布建造的、托特配置的、奈格尔捍卫的这个航天站有什么样的神奇之处，其坚不可摧的防御有什么秘密？

正如称赞宁呼尔萨格的文本描述的那样，在光滑和看似坚固的金字塔北面，受众多对角线石块的保护，一个旋转石头扭开并暴露了入口。一个直降通道通向较低的服务厅，在那儿，尼努尔塔可以看到维护者在寻找地下水时挖的井。但他关注的焦点在上层通道和厅房：在那里，神奇的“石头”——矿物和晶体被陈列，一些世俗的，一些天上的，一些他从来没有看到过的样式。发光发热的震动从那里传送出来，用以指导宇航员和用辐射保护这个结构。

在首席矿物大师的陪同下，尼努尔塔检验了一系列的“石头”和文书。他停在它们每一个面前并决定它们的命运——捣毁破坏，被带走用作展览，或作为其他用途安装。我们知道这些“命运”，尼努尔塔所驻足的石头的顺序，从史诗《卢伽尔 -e》的第十到十三块牌匾中可以见到，从中我们了解了其神秘目的以及金字塔内部结构的许多特征和功能。

通过上升通道，尼努尔塔到达了庄严的大画廊和横向通道的交界处。他首先通过横向通道，到达了一个挑头式屋顶的大厅。在关于宁呼尔萨格的诗中，它被称为“阴”，这个厅的轴线正处于金字塔东西方的中心线上。它的排放物（“迸发的像无人敢攻击的狮子”）来自嵌于东部墙的壁龛中的石头（见图49）。这是伪装的（“命运”）石头。尼努尔塔“在黑暗中看见”发出的红色光芒，是金字塔的心脏搏动。但是，尼努尔塔极其讨厌它，因为在战斗中，当他在空中时，此石的“强大能量”被用于抓住并要杀死他，它跟踪并差点抓住他。他下令“退出……分开……并消灭摧毁”。

回到通道的交叉口后，尼努尔塔在大画廊里四处张望（见图45）。和整个精妙复杂的金字塔一样，这个画廊看上去美极了，而且带有一种最独特的景

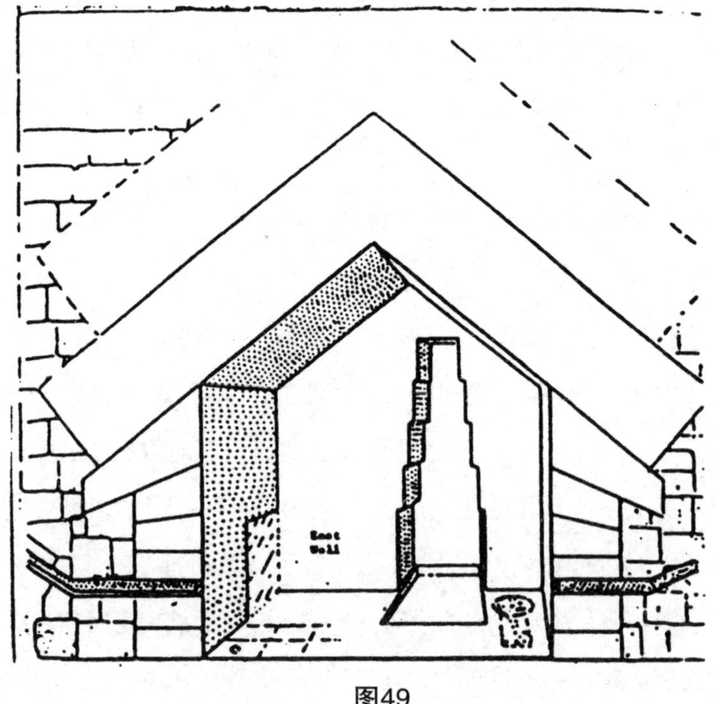

图49

象。与那些又低又窄的通道比起来，它高高地处在 7 个相互重叠的舞台中间，大约有 8.5344 米高。它的墙壁更加接近每个舞台。天花板也做成了倾斜的剖面，每个剖面都倾向那些厚重的墙壁，这样就不会给下面的部分造成很大的压力。那些狭窄的通道里只有“一盏昏暗的绿灯发出光芒”，但在大画廊里却闪耀着各种各样的彩灯——“它的拱顶像一道彩虹，黑暗在那里失去了踪迹”。27 对不同形状的水晶石折射出各种颜色的光。这些水晶石沿着画廊的两边均匀地分隔开来（见图 50a）。这些闪闪发光的石头，被放置在精确地凿进坡道斜面里的洞里面。坡道和画廊每边的地板一样长。每个水晶石都被牢固地安放在墙壁中精巧的壁龛里（见图 50b），折射出不同的光辉，使整个画廊有了彩虹的效果。尼努尔塔一路上来，经过它们的时候，他最关注的就是最上面的大厅和它发光的石头。

在大画廊的上面，尼努尔塔到达了一个大的台阶，它由一条低低的通道一直引向设计独特的前厅（见图 46）。那里有三座吊门，苏美尔人诗中的“门闩、门插和锁”被精巧地安装在墙和地板的接缝处，又被最上面的大厅紧紧地封堵起来：“对敌人，它们永远不会打开；只有对那些活着的人，它们才会开启。”但是现在，只要拉拉某些绳索，吊门就升起来了。尼努尔塔穿了过去。

他现在到了金字塔里最受限制的（最神圣的）大厅。从这个大厅开始，像向导一样的“网”（雷达）“四处延伸”以“全面审视天和地”。这一灵巧的机关被放在一个中空的石头里面。这个石头被准确无误地置于金字塔的南北轴线上，并用钟一样洪亮的回音应和着各种振动。整个向导部分的核心是下坡道石（GUG，决定方向的）。下坡道石所发出的光，被大厅上面 5 个凹陷的隔间放大增强后，通过两条倾斜的通道向外面和上面发射出来，一直通向金字塔的北面和南面。尼努尔塔命令毁掉这个石头：“于是，由于决定命运的尼努尔塔，就在那天，下坡道石从其洞穴中被挖出并被打碎了。”

a
大画廊
b
画廊地板
嵌入面
画廊地板
画廊的西墙
嵌入面
东坡道顶面
西坡道顶面
西坡道的垂直面
入口门石
东坡道的东墙部分
通往墓室的通道的水平地面

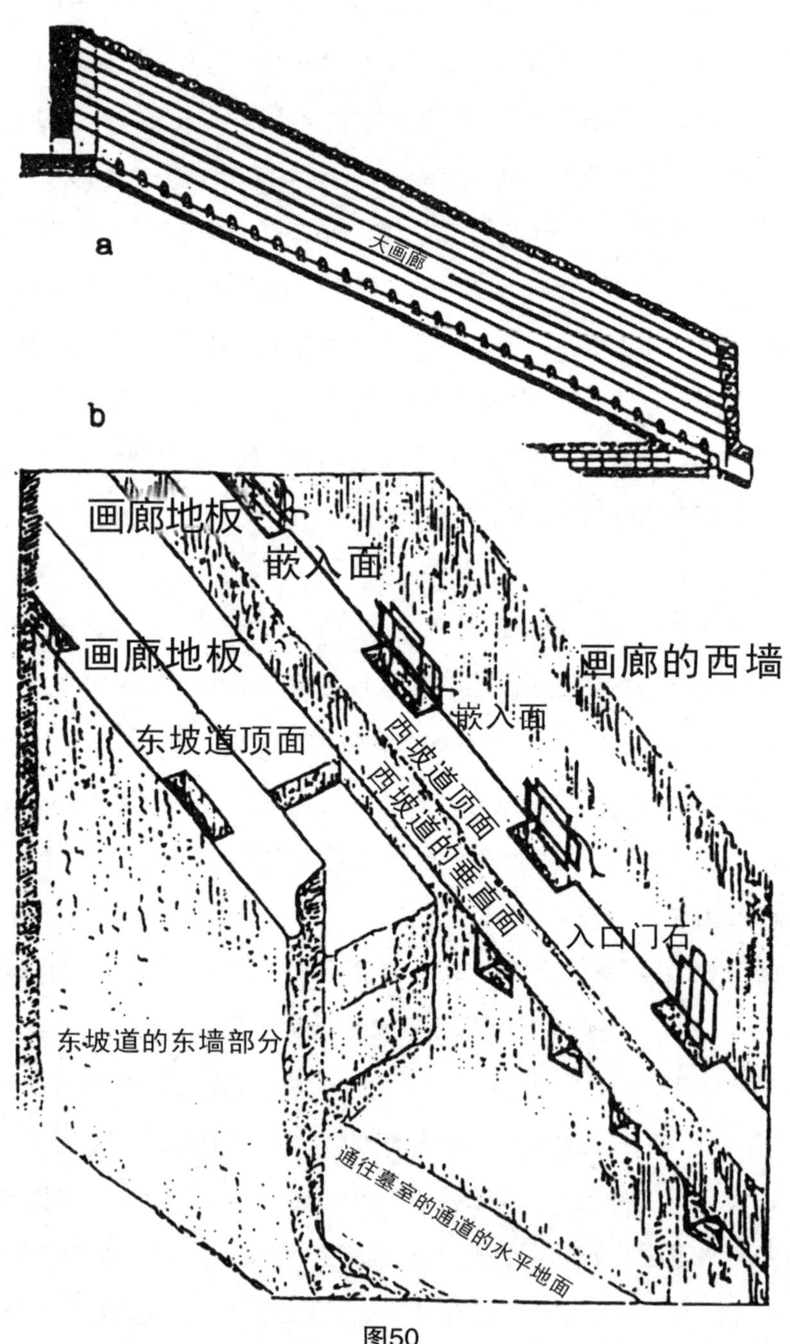

图50

为了确保没人能够再用石头恢复金字塔“决定方向”的功能，尼努尔塔移动了那三道吊门。

他首先处理的是混合石（SU，纵向的）和 KA.SHUR.RA 石（没有障碍物的威严和纯洁之石），然后是这个为英雄走向凹陷的粗铁石（位于前方的坚固的石头）。他使出吃奶的力气，“把它从洞穴中摇晃出来，砍断了拉着它的绳索，然后把它放到了地上”。

然后轮到了大画廊里的矿石和安放在斜面上的水晶石。尼努尔塔一边往下走，一边停在每一块石头面前宣读它们的命运。如果不是记载着文字的土碑上面的裂痕，我们就会知道全部 27 对水晶石的名字，因为只有 22 对名字是可以辨认的。

它们其中有些被尼努尔塔打碎了或者压成了细粉；其他能够用在新使命控制中心的石头则给了沙玛什；剩下的被美索不达米亚人抢去放在尼普尔城的尼努尔塔神庙里，以及其他能够明显证明恩利利特大胜恩基神的地方。

尼努尔塔宣布，他正在做的这一切，不仅是为了他自己，也是为子孙后代：“让我们对你——大金字塔的担心在我的子孙中去除，让他们永享和平。”

最后是金字塔的尖石，上下石（UL，“高如天空”）。“让母亲的后代不再看到它。”他命令道。而且，随着石头被摔下，他喊道：“让每个石头都放逐它自己。”被尼努尔塔“诅咒”的“石头”，从此不再存在。

在所有事情都已经完成后，尼努尔塔的同伴劝他离开战场，返回家园。现在，回到你家，在那里，你的妻子和儿子等待着你：“在你最爱的城市，在尼普尔的住所，愿你的心得到休息……愿你的心得到满足。”

第二次金字塔大战已经结束，但其激烈程度和胜利者的功勋，以及尼努尔塔在吉萨金字塔的最后胜利，在此后的史诗和歌曲中被长期铭记，也被很好地画在了圆筒印章上，显示为戴有胜利花环的尼努尔塔的神鸟，在两座伟大的金字塔上凯旋上升（见图 51）。

而大金字塔本身，光秃裸露而且没有尖石，已被作为它的维护者失败的一个沉默见证。

图51

第九章

地球上的和平

金字塔战争是如何结束的呢?

它们如同历史上的其他大战那样结束：一份议和协议；参战方的集会。如同维也纳会议（1814—1815年），在拿破仑战争之后重新画出欧洲地图；或《巴黎协定》，用《凡尔赛和约》结束了第一次世界大战（1914—1918年）。

第一个迹象是，交战中的阿努纳奇在10000年前按惯例召开了会议，这件事记录在被乔治・A.巴顿发现的一块破泥碑上。这份文献是阿卡德语版本的，是对时间要早得多的苏美尔版本的诠释。巴顿指出，这块泥碑是被统治者那拉姆-辛于公元前2300年左右放置的，当时亚甲国王正忙于重修位于尼普尔的恩利尔神庙的平台。对比美索不达米亚的文献和差不多同一时期的埃及法老们记录下来的文献，巴顿指出：埃及文献“围绕着国王，并执着于当他进入众神队伍后的命运”；而美索不达米亚的文献，从另一方面，“关心着它（文明）自身与诸神的交流”，它的主题并非是国王自己的强烈诉求，而是诸神自己的各种事务。

虽然这部文献已有损毁，特别是开头部分，但很清楚的是，神的领导人陷入了一个更为痛苦的战争泥潭。我们发现，他们在西奈哈尔萨格的宁呼尔萨格的住所举行了会议，而宁呼尔萨格在会议里充当了和平缔造者的角色。然而，文献作者却并没有给她一个真正重要的中立人的身份：他不断地给她冠以TSIR这个称号，TSIR的意思是蛇，暗指她是埃及的和恩基集团的女神，并表现出了一种较为明显的不敬。

这段文字开头的内容，正如我们所说的那样，简短地描述了战争的最后一个阶段，以及导致防御者们“高声尖叫”的、被包围的金字塔的内部情况，是这些激发了宁呼尔萨格进行干涉的决心。

我们从接下来的古代编年史中得知，宁呼尔萨格首先带着她希望停战、召开和平会议的想法来到了恩利尔的营地。

恩利利特对宁呼尔萨格的大胆倡议的第一个反应，是指责她给予“恶魔”援助和安慰。宁呼尔萨格否认这项指控：“我的家是纯洁的。”不过，到目前为止，我们还不清楚其身份的一个神对她讽刺质疑道：“难道崇高的和最明亮的房子大金字塔，也是‘纯洁’的？”

“这我不能讲，”宁呼尔萨格回答，“吉比尔是因军事而辉煌。”

经过第一次指责和对一些已消失的痛苦做解释后，双方举行了一个象征宽恕的仪式。它是在底格里斯河和幼发拉底河这两个水域内举行的洗礼仪式，洗礼仪式象征宁呼尔萨格在美索不达米亚再次受欢迎。恩利尔用他“发亮的权杖”和“她没有被推翻的权力”来触及她。

阿达德的反对针对的是和平会议而不是无条件投降，这正如我们在前一章所说的那样。但是后来恩利尔同意了，并对她说：“去吧，安抚我的兄弟。”我们已经在另一文章里读到宁呼尔萨格是如何越过战线去安排停火的。宁呼尔萨格带着恩基和他的儿子到她在哈尔萨格的居住处。神恩利利特已经在那儿等待着。

一宣布完她是代表“伟大的主阿努……阿努的仲裁者”，宁呼尔萨格就举行了她自己的象征仪式。她点燃了7堆火，分别聚集以下几位神：恩基和他的2个儿子；恩利尔和他的3个儿子尼努尔塔、阿达德和辛。每点燃一堆火，她都说出一个咒语：“将热烈的礼仪给尼普尔的恩利尔……给尼努尔塔……给阿达德……给来自冥界之屋的恩基……给来自麦什拉姆的奈格尔。”被夕阳照射的地方是闪亮的，“因为阳光是最光亮的女神”。

然后宁呼尔萨格呼吁智慧的众神赞美和平：“伟大是智慧神的成果，伟大的神圣的河流将会到来……它将使它所流过的地方像上帝的花园。”那儿有丰富的植物和动物，小麦和其他谷物，葡萄和其他水果，对“三倍萌芽的人类”为神种植、建设、服务带来好处，一切将遵循和平，然后由她概述。

在宁呼尔萨格完成了她的和平神谕后，恩利尔第一个发言。“从地球表面解除的是痛苦，”恩利尔对恩基宣布，“伟大的武器已被高举。”他同意让恩基收回他在苏美尔的居住处：“E.DIN应为你的神圣之家。”周围有足够的土地和种子的领域为神殿结出硕果。

听到尼努尔塔反对，“恩利尔王子”喊道：“让他不要来！”

宁呼尔萨格再次发言。她提醒尼努尔塔，他是如何辛苦——“不分白天和黑夜地努力”才使土地上的耕种和牲畜放牧成为可能，他如何“建立基础、填补地球、筑建堤坝”；后来痛苦的战争摧毁了“这一切”。“主的生命，上帝的成果，”她呼吁说，“让我们采取双重措施，重新制造大量的啤酒和丰富的羊毛！”

由于被她的请求征服，尼努尔塔作出了让步：“噢，我的母亲，让我们开始曾经的辉煌。我不会停止生产面粉……王国的花园将得到恢复……为了结束痛苦，我真诚地祈祷。”现在，和平谈判终于可以着手进行了。在《我歌唱众神之母》文本里，叙述了一个前所未有的两国之间的神交战的故事。首先给聚集的阿努纳奇人演说的是恩基：

恩基对恩利尔表示赞美：
“啊，谁是最重要的兄弟。
公牛的天堂，谁掌握着人类的命运？
我的土地，广阔而荒凉，
由于你的攻击，
所有的住房都装满了悲伤。”

第一个议题是关于停止地球上反和平的活动，恩利尔欣然答应，但条件是必须解决领地争端，土地理所当然属于恩利利特和人民。恩基同意永远放弃这些领地：

我愿意承认你统治者的地位，
并待在众神划定的限制区。
在辐射之地，我愿意信任你。

在这些被遗弃的禁区（西奈半岛的太空）和辐射场地（使命控制中心的地点，未来的耶路撒冷），恩基有坚实的基础。作为回报，他同意给予恩利尔和他的后代永恒的权利，但恩利尔必须承认恩基和他的后代在吉萨的主权。

恩利尔同意了恩基的提议，但条件是，如果今后恩基和他的后代将大金字塔用于战争，他的儿子们应被禁止统治吉萨，乃至整个埃及。

考虑过后，恩基同意了。然后，他在那里宣布他的决定。他说，吉萨和埃及的主，将是他的一个年幼的儿子。“他任命的王子已被带到。他命令他所任命的一个强壮王子去守卫生命之地，这个王子像一头完全成年的野生山羊。”然后，他赋予这个年轻的神以崇高的称号NIN.GISH.ZI.DA（宁吉什西达，意为“假象生活的主人”）。

谁是宁吉什西达？学者只找到有关他的少量并且令人困惑的信息。在美索不达米亚文本中，他与恩基、杜姆兹和宁呼尔萨格有关系；在伟大的众神名单里，他是被包括在非洲众神里的，他的下面是奈格尔和厄里斯奇格；苏美尔人描绘的徽章上他与恩基的缠绕蛇和埃及的十字标志在一起（见图52a、b）。然而，他们看好宁吉什西达。尼努尔塔友好地邀请他去苏美尔。一些文本显示，他的母亲是厄里斯奇格，恩利尔的孙女。我们的结论就是，他确实是恩基的一个儿子，在恩基和厄里斯奇格的风雨交欢中来到了世界。

因此，双方都承认他是金字塔的秘密守护人。阿克・W.萧柏格和E.贝格曼认为，一部名为《苏美尔神庙赞美诗汇编》的赞美诗，其编者是公元前3000年阿卡德王国萨尔贡的女儿，这些诗高度赞扬了宁吉什西达的金字塔并且确认了他在埃及的地位：

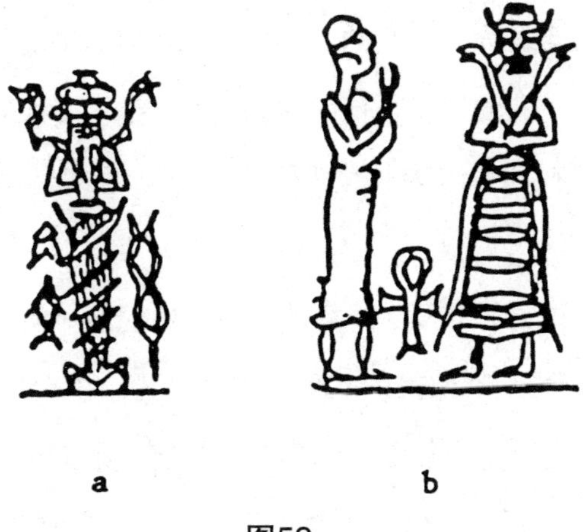

图52

长久的地方，光亮能涉及的山脉
以一种巧妙的方式建立。
黑暗隐藏的房间令人敬畏，
它位于监督区域。
它的方式没有人可以彻底了解。
在盾的土地上，
你的根系像细网那样密集……
到了晚上，你面对天空，
你的古老的测量是卓越的。
你的内心知道，正义之神乌图会在什么地方升起，
衡量其宽度是很难的。
你的王子是一个伸出纯洁之手的王子，
主宁吉什西达——
他美丽、密集的头发垂到了他的背部。

赞美诗的结论诗句中两次重述了此结构独特的地位：“盾的土地”。这与美索不达米亚的阿卡德人为埃及的命名相当：在另一个由萧柏格复制和翻译的赞美诗中，“众神的猎鹰”宁吉什西达，作为一个埃及神的象征，被普遍应用在埃及文本里，但在苏美尔文本里只发现过一次，被金字塔征服者——尼努尔塔所应用。

埃及人将什么人称为恩基/卜塔的儿子？他们的“测量地球的绳索之神”是透特。他是（与魔术师相关的故事）被任命为吉萨金字塔的秘密守护者之一。根据曼涅托的记载，他是取代何璐斯登上埃及宝座的透特。这大约发生在公元前8670年——正好是第二次金字塔战争已经结束的时候。

既然解决了他们之间的争端，伟大的阿努纳奇就转向处理人类的事务。

从古老的文字记录中可以清楚地了解到，这一和平会议不仅处理了停止敌对活动和制定具有约束力的领域界限的事宜，它也为人类解决土地问题创立了方法！我们阅读到，恩基“在对手恩利尔立足于城市前，这些城市就被分配给他了”；反过来，恩利尔“在他的对手恩基立足之前，他遗弃了苏美尔这片土地”。

我们可以设想这两个兄弟面对彼此时，恩基一如既往地更加关注人类和他的命运这两方面。处理了阿努纳奇自己人之间的纠纷后，他现在转向关注人类的未来。由于洪水给农业和畜牧业带来了严重后果，现在是寻找并提前做出计划的机会，他把握住了机会。在古老的文字记载里很好地描述了这种自主行为。恩基在地面上绘图规划，“在恩利尔的脚前”，这个计划是为了恢复大洪水前的南部城市美索不达米亚。

如果洪水前的古老城市美索不达米亚被恢复，恩基有一个条件：他和他的儿子将被获准能够自由出入美索不达米亚。并且，埃利都这个地方将被归还给他，这是他建立的第一个地球站的神圣地。恩利尔接受了条件，说：“在我的土地上，允许你拥有永久的居留权。从即日起，我会意识到你的存在，餐桌上会为你摆满美味。”恩利尔希望这份热情的款待会得到回报，因为恩基将有助于为美索不达米亚带来繁荣：“向土地倾入丰富的资源，每年增加它的财富。”

既然所有这些问题已经解决，恩基和他的儿子便离开了他们的非洲领地。

※

恩基和他的儿子离开后，恩利尔和他的儿子设想了他们新、旧领地的未来。巴顿报道的第一个纪事，涉及重申尼努尔塔位于恩利尔之后，自己的地位优于他兄弟的地位，恩利尔让他掌管以前的土地的事。在西北，阿达德的领地被延伸到了包括在巴尔贝克的登陆点。关于领地的争论点，是从南部埃及的边界到北部阿达德的边境的领域作为更大的迦南地，包括现代的叙利亚，被归在月神兰纳和他的后代的保护之下。为此，“一项法令成立了”，并提供食物与所有恩利利特神庆祝。

在《我歌唱众神之母》的文本里，关于最后的行动有个更戏剧性的版本。我们了解到，在关键时刻，尼努尔塔（法定继承人，是恩利尔同父异母姐妹的儿子）和伊南娜（恩利尔与他正式配偶宁利尔的第一个孩子）的对抗以武力形式全面爆发。我们被告知，恩利尔很喜欢伊南娜的品质：“第一个孩子……有着美丽的面容、完美的肢体、无与伦比的智慧。”他叫伊南娜SU.EN（“繁殖的主”），这个很受喜爱的称号，是阿卡德人/闪米特人为伊南娜所取的名字；辛，和伊南娜一样受恩利尔喜爱，但事实是，尼努尔塔是合法的继承人，他是“恩利尔最重要的勇士”，他带领恩利利特取得胜利。

正当恩利尔在辛和尼努尔塔之间举棋不定时，辛得到了他妻子宁迦尔的帮助，她向恩利尔以及其妻子、辛的母亲宁利尔求情：

为了得到任命，他让宁迦尔
邀请宁利尔来帮忙处理。
她也请求父亲做出有利决定……
恩利尔权衡她的话，
在她的母亲恳求之前。
她说：（对宁利尔）“还记得小时候……”
这位母亲迅速拥抱她……
她对恩利尔说：“按照你的心愿……”

在这些会影响众神和人类几千年命运的深远决定中，妻子们发挥了决定性的作用吗？这显然是可以想象的，我们读到宁迦尔帮助她的丈夫，我们看到宁利尔努力说服举棋不定的恩利尔。但随后进入的另一个伟大的女神，她和她的话促成了意想不到的决定……

正在宁利尔努力劝说恩利尔“随你的心”，而不是他的想法——喜欢第一个孩子的程度超过法定的继承人时，“尼努尔塔张开他的嘴说……”，他后面反对的话因文献受损连不成诗句，但是，随着故事的继续，我们了解到，宁呼尔萨格的天平偏向了尼努尔塔：

她哭了并感叹自己的兄弟，
她激动得像一个孕妇一样，说：
“在伊库尔我召唤我的兄弟，
我召唤那个使我怀孕的兄弟！”

但是宁呼尔萨格恳求的措辞并不妥当，她的要求听起来像求助于恩基。恩利尔愤怒地对她大喊：“这个兄弟，谁是使你怀孕的那个？这个兄弟，谁使你的婴儿出生？”他做出了偏袒辛的决定。从那时起，一直到今天，航天站的土地——西奈半岛一直被称为辛的土地。

恩利尔在他的最后行动中任命辛的儿子为任务控制中心的指挥官：

他召来沙马氏，
宁利尔的孙子。
他亲自带着他，
在苏尼姆，他为他任命。

耶路撒冷（乌尔-苏尼姆）被交给沙马氏去指挥。它的名称，SHU.LIM，意思是“四个区域的最高地方”。“四个区域”的苏美尔徽章（见图53a）使用了它，它可能是被称为“大卫之星”的犹太教徽章的前身（见图53b）。

大洪水后的任务控制中心取代了大洪水前的尼普尔，耶路撒冷还获得了尼普尔以前的称号：地球中央——神圣网的中心点，这使得往来于地球和尼比鲁成为可能。

仿效尼普尔的洪水前的方案，该地点被选定为“地球的中央”，摩利亚山位于中间路线，到达路径在着陆走廊上（见图54）。这与巴尔贝克（BK）的着陆平台和航天站（SP）是等距离的 。

登陆走廊的两个锚与任务控制中心（JM）必须是等距离的，但在这里，有必要在原来的计划上做出改变，因为以往人造的“像是山的房子”——大金字塔被尼努尔塔剥夺了其晶体和设备后已变得毫无用处。解决的办法是重新建造。在西北走廊线，但不是吉萨北部，一个新的灯塔市将会建立。埃及人称之为安努城市，其象形符号描述了它作为一个高坡塔（见图55）像一个箭头似的指着天空。几千年后，希腊人称这个地方为赫利奥波利斯（太阳城），这个相同的名称被应用于巴尔贝克。这是有关沙马氏的两个地方早期名字的复合体“谁像太阳一样光明”。事实上，在《圣经》中的伯示麦，沙马氏的众议院，或在希腊的赫利奥波利斯里，才叫巴尔贝克。

位于吉萨的登陆走廊西北部的锚的灯塔，需要转移至赫利奥波利斯，位于东南部的锚也需要转移。为了保持从摩利亚山到两个锚点的等距离，一座山峰要略低于凯瑟琳山，但仍可以在精确的走廊线上，以便于根据任务而建立和调整。这就是所谓的乌姆-舒马尔山（在我们的地图上是苏美尔的母亲山峰）。在苏美尔人的地理列表中，称这两个位于提尔蒙的毗邻山峰为KA HARSAG（“通向顶点”）和HARSAG ZALA.ZALAG（“释放辉煌的山顶”）。

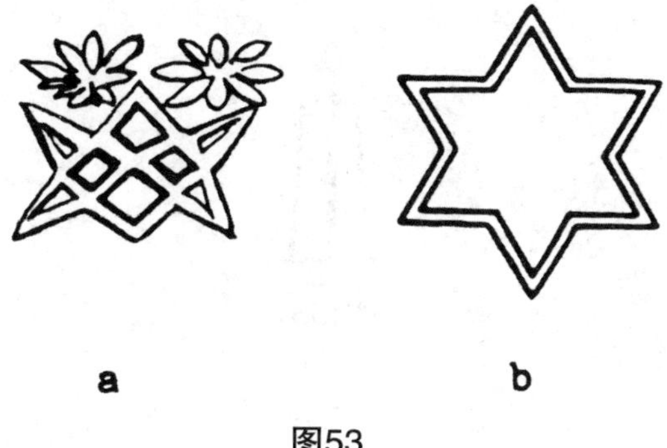

图53

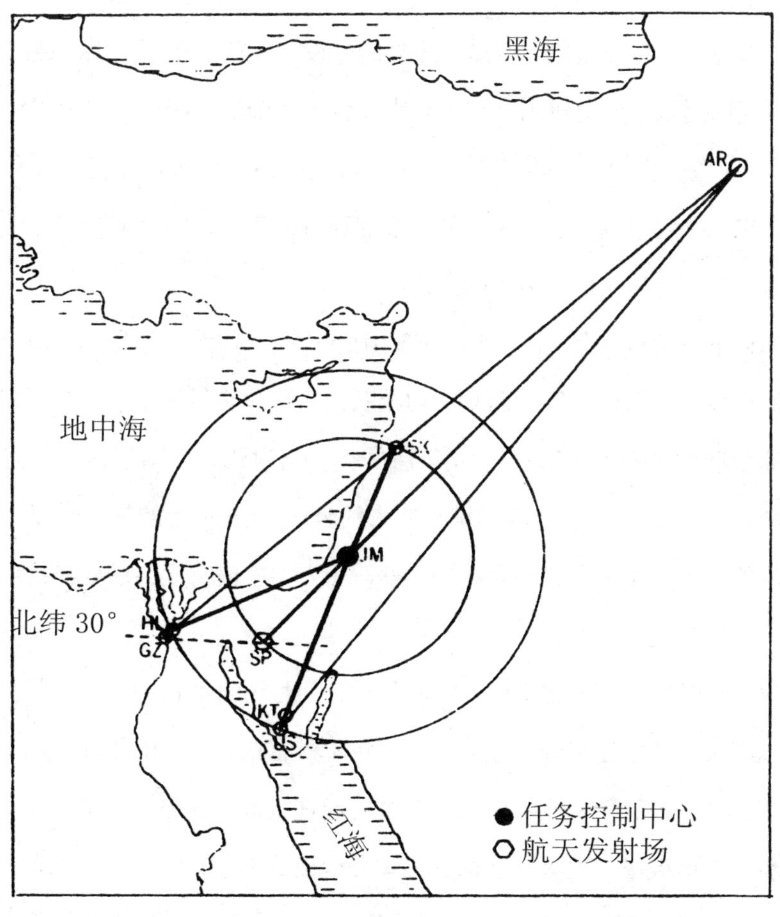

图54

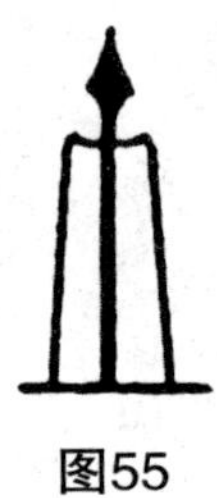

图55

※

位于提尔蒙和迦南的航空航天设施的建设、运作需要新的供应路线和保护前哨。通向提尔蒙的海线因在红海东岸建立了一个港口城市（“提尔蒙城”不同于“提尔蒙地”）而得到改善。el- Tor这个港口城市可能仍然存在。我们认为，它也导致了世界上最古老的城市耶利哥的建立，以之献给辛（希伯来语的Yeriho）和月球：他在天上的象征。

耶利哥时代是一个不断使学者感到困惑的谜。它大致分为以下几个时期：从人类进步（其由近东传播而来）到中石器时代，它见证了大约公元前11000年农业和动物驯养的引进；3600年后的新石器时代，带来了村庄和陶器；从公元前11000年起，过了3600年，在大约公元前8500年的某个时候，出现了苏美尔的城市文明（也就是耶利哥）——当人类还没有学会进入乡村生活的时候，一个城市便突然建立了……

对耶利哥的困惑内容不仅是它的年代，而且还有考古学家在那儿发现的东西：以石头为基础建造的房屋，门上配备了带有木制门窗的侧柱，墙上仔细地涂满了红色、粉红色和其他颜色，有时甚至贴有壁画。整洁的壁炉和面盆沉嵌在白色石膏地板里，地板有装饰图案。在地板的下面有时会埋葬死者：至少发现了10个头骨，其中充满了石膏以重现死者的特点（见图56）。所有的观点都认为，他们呈现出来的特点，比同一时期的普通地中海居民更先进和优越。所有这一切，都受围绕城镇的大量围墙保护（在约书亚前几千年）。詹姆斯梅拉尔特在《近东的早期文明》中指出，在中东的一条近30米宽和7米深的沟里，不用借助镐和锄头就可以挖出石头。这是一个"爆发式发展……壮观的发展，其根源，我们仍不知道"。

圆形粮仓证据的发现，使得史前的耶利哥之谜变得更为复杂：其中一些粮仓仍有部分是立着的。在极其炎热的死海附近，在海平面以下825米处，在一个荒凉的不适合耕种的地方，有证据显示，这里持续供应着充足的小麦和大麦。是谁在如此早的时期建立了这种先进的城市，谁会到这样一个地方生活，又是谁把它作为一个坚固的仓库城市?

在我们看来，揭开这个谜的要点在于年表中的"神"，而不是人类。事实是，第一个令人难以置信的城市的建立，是在与耶利哥（约公元前8500年—公元前7000年）完全相同的时期。根据曼涅托的记载，包括了统治埃及的透

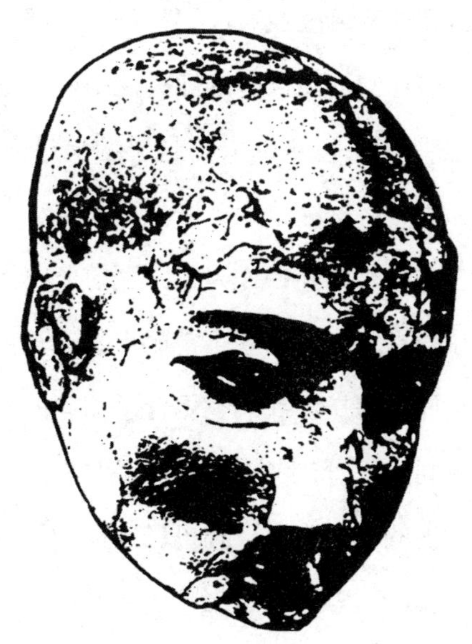

图56

特（公元前8670年—公元前7100年）。正如我们在美索不达米亚文本中所看到的，他的即位是在和平会议之后。埃及文说，他的即位被断言为“代表阿努的决定因素，尾随战争之夜”。是在他帮助“打败暴风”（阿达德）和“旋风”（尼努尔塔），然后“协调两个争斗者和睦相处之后”。

在众神之间，在埃及人与在位的透特之间，这一时期是和平时期。这是阿努纳奇首先确定与建立新的空间设施，以及保护有关的定居点时期。

通向埃及和提尔蒙的海线经由红海，并且不得不被延长，这是由于陆路通道可以连接美索不达米亚与任务控制中心以及太空港。从远古时期以来，这条陆路通道就是由幼发拉底河到位于巴利克河地区的哈兰的主要中转站。在那里的游客，可以选择随着地中海沿岸继续南下——这条道路后来被罗马人称为亚玛丽斯（“海之路”），或沿同样著名的国王公路，进入东面的约旦。

前者是去埃及的最短路线，后者可能经过埃拉特海湾、红海、阿拉伯和非洲，还可以进入西奈半岛；它也可以从约旦的西侧，经由许多合宜的过境点进入。这是非洲黄金被运送到埃及的路线。

最重要的是，可以直接通向耶路撒冷的任务控制中心的一条路线，是经由耶利哥的过境点。就是在那里，以色列人可越过约旦进入希望之地。我们认为，几千年前，就是在那里，阿努纳奇为了守卫过境点和为旅客的后续旅程提供食物而建立了城镇。在人类将耶利哥作为家园之前，它都是神的一个前哨。

是不是阿努纳奇只在约旦的西侧设立了定居点，离开更重要的东边，任其在国王公路上乱窜，而不加以保护？我们有更合乎情理的理由，来解释定居点为何存在于约旦东面的对面。尽管在考古界以外是鲜为人知的，但这样的地方确实已被发现，甚至所发现的东西比在耶利哥已发现的更令人吃惊。

1929年，由梵蒂冈主教《圣经》学院组织的考古团，第一次在使人困惑的地方发掘出土了令人震惊的文物。由亚历克西斯·马伦带领的考古学家，对在这儿发现的高度文明的产物感到惊讶。即使是最古老的居住房间（大约7500年前）也铺有地砖，这是由石器时代末过渡到青铜器时代的时期，考古学家惊讶地发现了在其各个水平层的文明印痕。

这个地方是以在那里发现的一座被称为特耳革哈舒的小山命名的，现在尚不清楚其原来的名字。借助许多卫星定点，它清楚地控制着重要的交叉点和通往那里的道路——现在仍然可以沿着这条路通向过境点，这条路现在叫艾伦比桥（见图57）。当他们开始挖掘其文物时，特耳革哈舒的战略位置引起了考古学家们的注意："从山丘顶上俯视，是有趣的全方位的观察。在西部的约旦像一条暗线通向西北耶利哥的小丘，并横跨它以及朱迪亚的山脉，包括波利特和耶路撒冷的橄榄山。伯利恒被艾尔-芒塔山遮盖了，但可以看

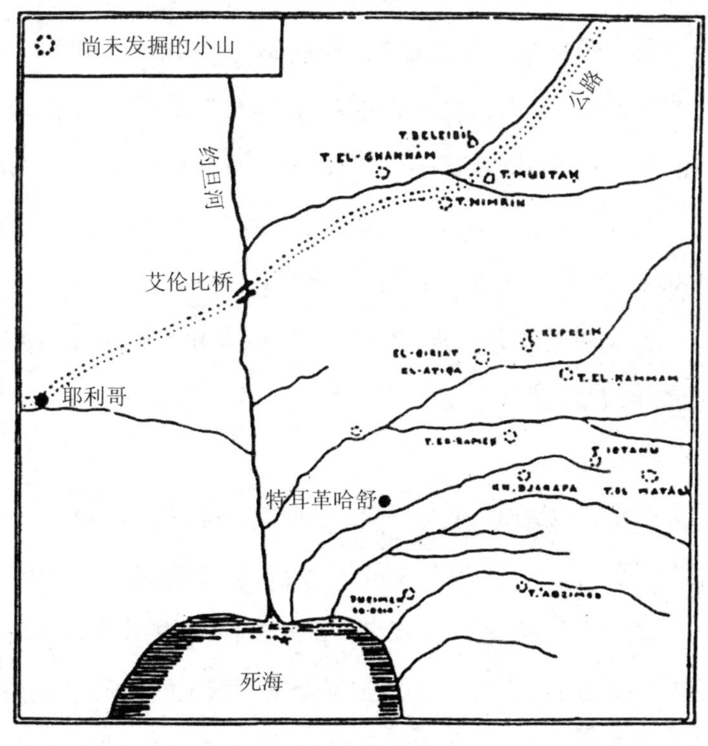

图57

到提哥亚的顶端和希伯伦的周围；往北30英里是没被遮盖的区域；在东面，人们可以看到莫阿布山和尼泊山的前部；在南方，越过死海海面，人们可以看到盐山和所多玛山。”

在特耳革哈舒发现的主要文物，处于公元前4000年到大约公元前2000年，特耳革哈舒被高度先进的移居者占领的这一时期（当时这个地方突然被遗弃）。史前古器物和灌溉系统，质量比当时在这个地区所盛行的标准要高得多，这使考古学家确信，这些移居者来自美索不达米亚。

三个小丘共同形成了大丘，这显示出它有两大用处：一是用作住所，二是作为工作领域。后者被发现已分为类似矩形部分，在其中建有圆形“坑”，经常是成对的。它们不是专门为准备食物而设的。它们不仅配对，数量也多（为什么在一个室内要6个或8个？），而且其中有一些是圆柱形并且深入地下，将它们与神秘的“骨灰堆” 结合起来（见图58），用细砂和干燥土壤保存的一些由易燃材料制作的文物，构成了这些“骨灰堆 ”的另一层的基础。

从表面上看，地面布满鹅卵石，在某种外力的作用下，岩石文物破碎并且变黑了。在这些文物中，发现了一个由烧过的黏土制成的小圆形物体（见图59），一些未知技术的使用确保了它的精确。

住宅区的发现深化了这个谜。有些矩形房屋的围墙，仿佛突然遭受到地面上的冲击而倒塌了，如此判定的理由是墙壁的上半部分全部都是整齐地向内倒塌。

正因为如此整齐地倒塌，使得拼凑一些绘制在这些墙壁上的令人吃惊的壁画成为可能。举个例子，创作在墙上的一个笼形网格物体展示了三维幻觉。在一处房屋内，每面墙上都画了一些场景；在另一个凹进的窟内，也是如此设计的，它使得居住者在斜倚时，可以看到整个对面墙上的壁画。它描绘了一排人，前两个坐在王位上，面向（或问候）另一人，这个人显然已经走出了一个

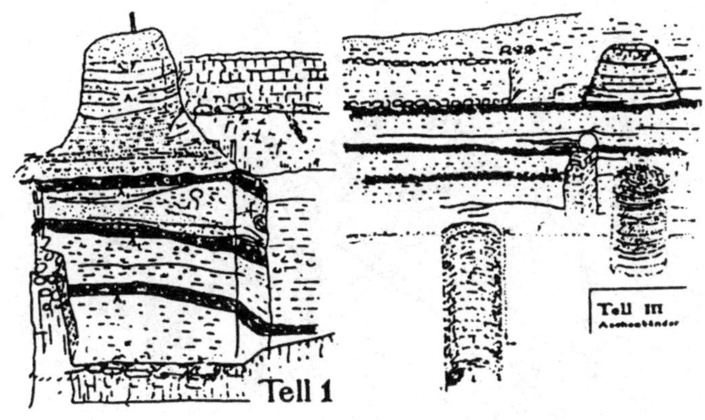

图58

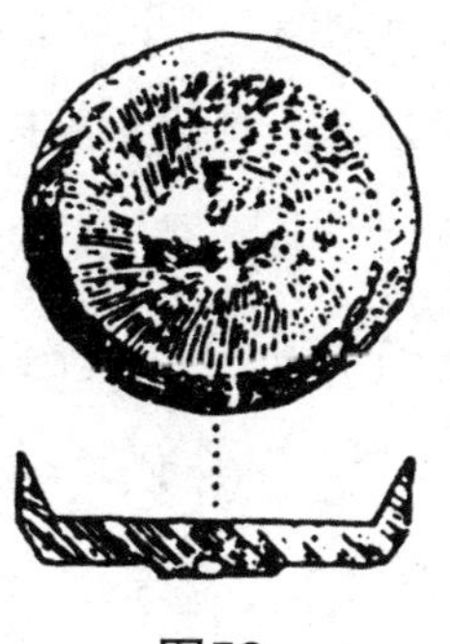

图59

发光的物体。

根据1931—1932年和1932—1933年发现这些壁画的考古学家的推断，这个发光的物体可能类似于画在另一座建筑内很不寻常的发光的“星星”。这是在一个较大的八角形“星星”里又有一个八角形“星星”，8条射线指到顶点（见图60）。这个精确的设计，采用了各种几何图形，艺术性地处理了黑色、红色、白色、灰色以及它们的组合色。对所用涂料的化学分析表明，它们不是天然物质，而是12~18种矿物质的复杂化合物。

壁画的发现者认为，8条射线的“星星”有一些“宗教意义”。他指出，八角形星星代表着金星，是伊师塔天体的象征。然而，事实上没有任何证据显

图60

示，在特耳革哈舒和其他地方发现的异常是宗教崇拜：没有“礼拜对象”，神的小塑像等。我们认为，这暗示了占据这里的不是信徒，而是那些被崇拜的对象：阿努纳奇“神”的古物。

事实上，在华盛顿我们遇到了一个类似的设计，它出现在国家地理学会总部的大堂里：由地板镶嵌的罗盘，指着地球的四个角落和它们的中间点（东部、东北、北部、西北、西部、西南、南部、东南）。正因如此，我们相信，那些古代画家清楚这些地方与地球的四个地区有关。

那个发光的“星星”没有神圣意义，这已被它周围不敬的涂鸦进一步证实。在这些厚壁建筑物上描绘有鳍鱼类、鸟类、翅膀、船舶，甚至（有些人认为是）海龙（左上方角落）。这些涂鸦有黄色和棕色，以及各种已经提到的颜色。

特别令人感兴趣的是其中的两个图形：一双突出的大“眼睛”。人们发现这种图形被更大、更详细地描绘在其他房屋的墙壁上。这些物体被描绘成球形或椭圆形，其上部涂有黑色和白色。该中心由两个大“眼睛”占据，完美的黑色圆圈在白色圆圈内。显示为红色的底部有两个（或四个）支撑物，在这些机械腿之间，有一个球根状的精妙装置从其主体中伸出来（见图61）。

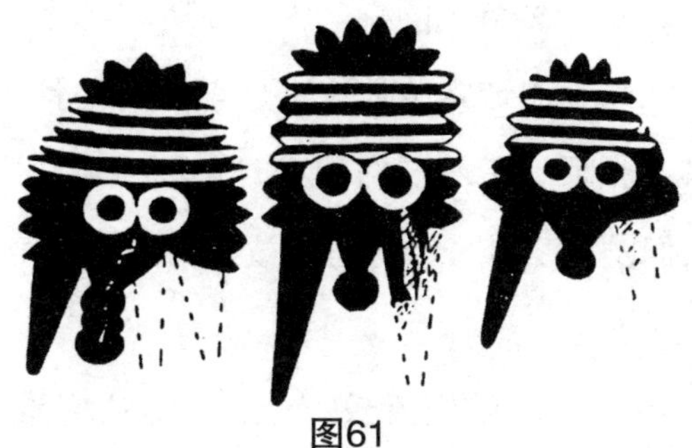

图61

这些物体是什么？它们是近东文本中的“龙卷风”（包括在《旧约》里），或者是阿努纳奇的“飞碟”吗？这些壁画、圆形坑、骨堆灰、散落物、黑卵石，从这个地方已经揭示出的和许多还没有揭示出的位置，可以预测，特耳革哈舒是阿努纳奇巡逻飞机的要塞和供应站。

特耳革哈舒／耶利哥的过境点，在几个《圣经》事件中发挥了重要而神奇的作用。事实上，它可能已经对正好处于这个位置上的梵蒂冈产生了兴趣。就是在那里，先知以利亚为了在特耳革哈舒的一个约会，在“火战车（在一个旋风之内）”占据高处之前，过河到了东岸。正是在这个领域内，大批的犹太人从埃及移民到这里。摩西从“特耳革哈舒区域的莫阿布平原到了尼泊山，在其最高峰俯视耶利哥。主给他展示所有的土地：从吉利达到丹、拿弗他利、以法莲、玛拿西以及整个朱迪亚，到地中海、勒格和耶利哥的平坦山谷，长满枣椰树的城市”。“这是个涵盖了考古学家站在特耳革哈舒最高处所能看到的一切的描述。”

在约书亚的领导下，在神圣的方舟和方舟中的物品的影响下，约旦河水神奇地回流到这个交叉点。“当约书亚靠近耶利哥时，他睁大眼睛，看到他的对面站着一名手中拿剑的男子。约书亚走过去问他：‘你是我们这边的人还是我们的敌人？’他回答说：‘都不是。我是主的上尉。’约书亚觉得颜面扫地并鞠了一躬，对他说：‘我们的主对他的仆人说了什么？’主耶和华的上尉对约书亚说：‘脱掉你脚上的鞋，因为你所站的地方是受限制的。’”

然后耶和华军队的上尉透露给他主征服耶利哥的计划。不要尝试用武力猛攻城墙，他说。相反，带着盟约的方舟包围城墙 7 次。在第七天，祭司吹响了号角，人们发出哀号，因为他们被统治了。“并且耶利哥的围墙开始倒塌。”

雅各也在夜间穿越约旦河的这个交叉点，在他从哈兰返回迦南的途中遇到“一个人”，他们两个扭打到黎明。后来雅各意识到他的对手是一个神：“雅各称那个地方为 Peni-El（‘天主的面容’），因为我面对面地看到了神并且存活了下来。”

事实上,《旧约》里明确指出了，早期阿努纳奇的定居点是通向西奈半岛和耶路撒冷的重要通道。希伯伦，这个城市守卫着耶路撒冷和西奈半岛间的航线,“被称为早期的基利亚特亚巴。在这个城市里，有一个伟大的人（‘国王’），他是安纳吉姆”。我们进一步说，安纳吉姆的子孙，在以色列人征服迦南时仍留在该地区。《圣经》中还提到了许多位于约旦东面的安纳吉姆居住点。

谁是这些安纳吉姆？这个词常常被译为“巨人”，正如《圣经》里的译名纳菲力姆。但我们已经可以肯定，纳菲力姆（“那些从天而降的人”）是《旧约》中提到的“火箭飞船中的人民”。

我们认为，安纳吉姆不是别人，正是阿努纳奇。

※

我们一直相信，从石器时代到苏美尔高度文明时代，人类的进步每隔 3600 年发生一次，大约是在公元前 11000 年、公元前 7400 年和公元前 3800 年。在这期间，好像每一次都有“一只神秘的手”帮助人类从衰退中走出来，并带领他们进入一个更高层次的文化、知识和文明水平。我们在《第十二个天体》中写道："我们认为，每次这种事发生的时间，与阿努纳奇可以往返于地球和尼比鲁的时间相一致 。"

这些进展从美索不达米亚人的核心传遍了整个古代世界和埃及的"小神时代"（神和人结合的后代）——从大约公元前 7100 年到公元前 3450 年。

我们可以假设，每一次，在这些间隔里，伟大的阿努纳奇讨论了关于人类的命运和神的关系的"7 条法令"。我们可以确定，这个协议不是突然产生的，否则无法解释高度发展的苏美尔文明，因为苏美尔人已经给我们留下了这些讨论记录！

当开始重建苏美尔时，首先需要重建的是其领地上那些旧的城市，这些城市不再是众神的专属城市，因为人类现在已经获准可以进入这些城市的中心，到属于众神的周围领域、果园和家畜圈，并且可以以有效的方式服务众神：不仅是做厨师和面包师，工匠和衣商，还担当牧师、音乐家、专业演员和神庙妓女。

首先要重建的是埃利都。作为恩基在地球上的第一居住处，这儿再次被永久性地赐给他。这也是他最初的圣地（见图 62），那个早期时代的建筑里有一个罕见的例子，是当时修建并扩大的一个宏伟庙宇 E.EN.GUR.ra（"房子的主的返回就是胜利"），里面装饰有来自下层世界的金、银和贵重金属，并且受到"天堂的公牛"保护。因为恩利尔和宁利尔，尼普尔被重建。他们修建了新的伊库尔（见图 63），这一次装备的不仅是任务控制中心，还有可怕的武器："可以扫描土地的举升眼"和"举升电波"，这些设备能够穿透一切物体。在他们神圣的领地里，也安装了恩利尔的"快速步行鸟"，它的"抓捕没有人能够逃脱"。

由 A. 费尔肯斯坦翻译和编辑的苏美尔文本《为埃利都唱赞美歌》，描述了恩基如何去参加所有伟大的神的聚会，这是阿努访问地球的时候，其中的一份协议，决定了每隔 3600 年神和人类在地球上的命运。经过一番庆祝，当"众

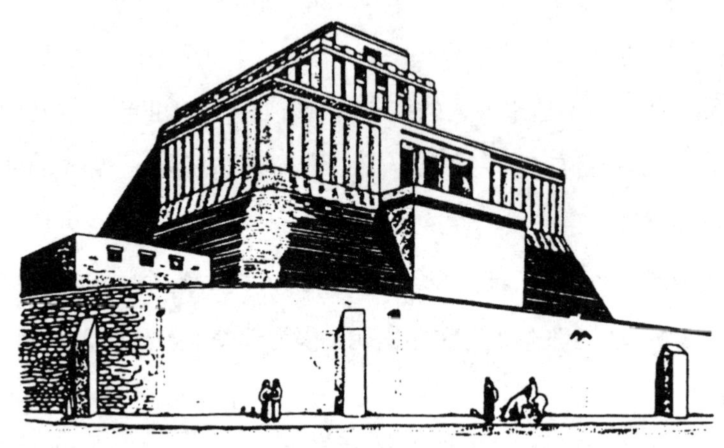

图62

神喝了醉人的饮料，即人类准备的酒”之后，便是做庄严决定的时候了。“阿努坐在荣耀的宝座上，在他身边坐着恩利尔，宁呼尔萨格坐在一把有扶手的椅子上。”

阿努按照议程召开会议，并“向阿努纳奇如此表示”：

来到这儿的伟大的众神，
为了集会来到这儿的阿努纳奇众神！
我儿子建造了他自己的房屋，
主恩基的。
埃利都像他提及的地球上的山脉，
他的房子，建造在一个美丽的地方，
这个地方，埃利都，不请自来的人不可以进入……
在他的圣所里，恩基储存了
从冥界之屋得来的神圣方法。

这将会议引向了议程中的主要项目：因为恩利尔抱怨恩基保留的、从众神处得到的“神圣方法”——文明的100多个方面的知识，这些知识仅限于帮助埃利都及其人民的进步（这是一个考古界证实了的事实，埃利都是苏美尔最古老的洪水后的城市，是苏美尔文明的发源地）。会议当时便决定，恩基必须与其他神分享神圣方法，他们同样也可以建立和重建他们的城市中心：文明属于整个苏美尔。

当会议的一部分结束后，地球上的神有一个惊喜给天上的访客：在尼普

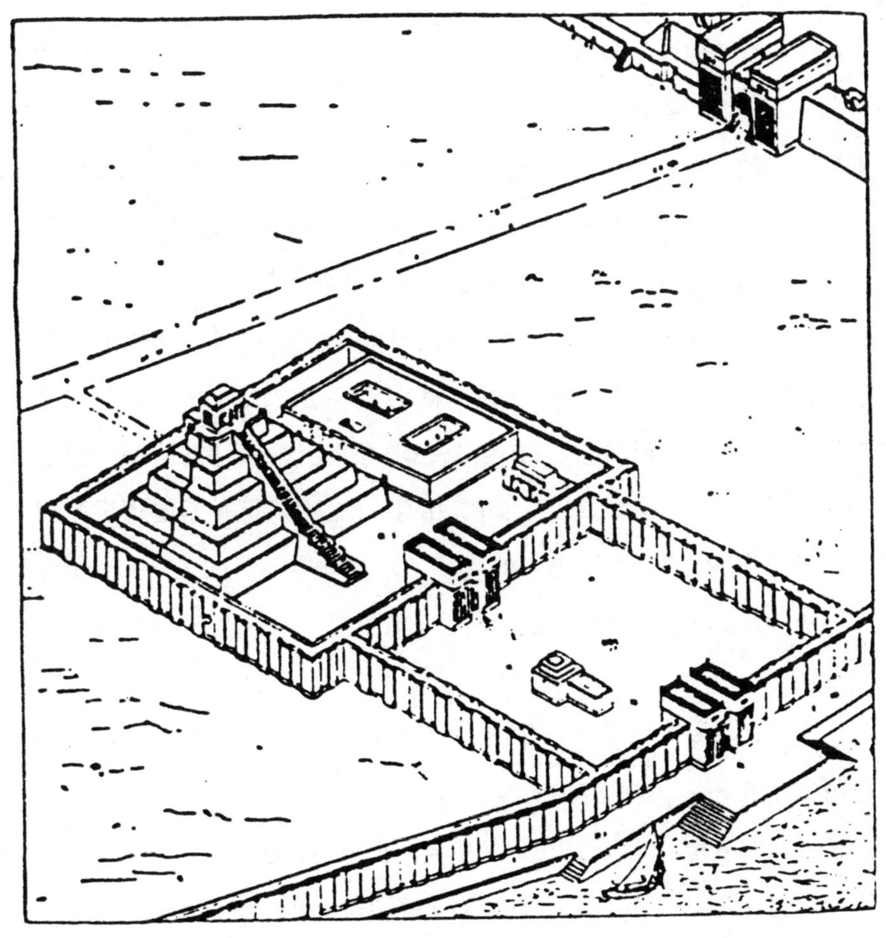

图63

尔和埃利都中间，他们为了纪念阿努建立了一个神殿，这个居住地被命名为E. 安娜，“阿努的房子”。

在他们离开地球返回家乡的星球前，阿努和他的配偶安图花了一个晚上访问他们在尘世的神殿。这是一座以壮观和环境优美著称的建筑。当这对神夫妇到达新城镇——后来被称为乌鲁克（《圣经》中的埃里克），众神陪同他们参观了神殿的院子。在准备丰盛的晚餐时，坐在宝座上的阿努，与男性神交谈着；安图在女神的陪同下，在神殿的被称为“金床的房屋”里换了她的衣服。

神父和其他神殿服务员端上了“葡萄酒和提纯了的油”，并屠宰了“一头公牛和一只公绵羊献祭给阿努、安图和所有的神”。但宴会被推迟至天黑到可以看见行星的时候：“木星、金星、水星、土星、火星和月球它们即将出来的那刻。”就在这时，经过洗净双手这一仪式后，晚餐的第一部分被献了上来：“公牛肉、绵羊肉、家禽……以及黄金啤酒和葡萄酒。”

在晚会进入高潮的时候，一群神父开始唱赞美诗《阿努的行星升向天空》，一名神父走到“圣殿塔楼的最高台阶”仰望天空，为了观看阿努的星球尼比鲁的出现。行星在预计的时刻出现在天空中预计的位置。于是神父们高唱诗的内容：“献给那个带来光明的星球，主阿努神圣的行星”和“造物主的形象出现了”。一堆篝火被点燃了，消息从一个观察哨所被传递到另一个，一个地方接着另一个地方的篝火被点燃了。在夜晚结束前，整个土地被点燃了。

早上，在圣殿教堂里举行了感恩节祈祷仪式，随后安排了庆祝活动，天上的访客开始离去。“阿努离开时，”神父高喊，“阿努，天堂和地球的伟大国王，我们请求你的祝福。”阿努送出他们所要的祝福后，送行的队伍从“神街”蜿蜒到“阿努轻舟停靠的地方”。这里聚集了更多的祈祷者，他们在教堂高唱圣歌《创建地球上的生命》。现在该是留下来的人为分开的配偶祈福的时候，随后下面的经文被念诵出来：

阿努，愿天地保佑你！

愿众神恩利尔、艾和宁玛赫保佑你！

愿众神辛和沙马氏保佑你……

愿众神奈格尔和尼努尔塔保佑你……

愿在天堂的伊吉吉和在地球上的阿努纳奇保佑你！

愿冥界之屋的众神和圣地的众神保佑你！

然后阿努和安图起飞，飞向太空。这是他们访问地球的第十七天，在乌鲁克的档案文件中发现了这次的行程表。这次重大的访问就此结束。

这次决定，为旧城以外的新城市的建立开辟了道路。其中的第一个也是最重要的城市是基什，它在尼努尔塔的管辖范围内。“恩利尔的重要之子”把它变成了苏美尔的第一行政首都。为了兰纳／辛，“恩利尔的长子”，乌尔这个新的城市中心被建立起来了——这个地方成了苏美尔的经济中心。

还有更多的决定是有关新时代人类的进步的，并且与阿努纳奇有关。我们读到的苏美尔人的文本，是关于发起苏美尔伟大文明的关键密会的，即“判定命运的伟大的阿努纳奇”认为，众神“对人类来说太崇高”。其所使用的词——阿卡德文里的 elu，确切的意思是：“崇高的”，它来源于巴比伦语、亚述语、希伯来语和乌加里特语，这个词被希腊人用来意指“神”。

阿努纳奇决定有必要给予人类“王权”，作为他们和人类的公民之间的媒介。所有的苏美尔人的记录证明，这一重大决定是在阿努做访问时，在伟大的众神的议会上做出的。一个阿卡德文文本《柽柳和枣椰树寓言》，描述这次会议发生“在很久以前，在遥远的时代”：

在诸神的土地上，阿努、恩利尔和恩基，
召开了一次大会。
恩利尔和众神商议，
其中坐着有沙马氏，
其中坐着有宁玛赫。

当时“土地上还没有王权，法规由众神决定”。但是，伟大会议决心改变这一切，并给予人类王权。所有苏美尔本土人都同意第一个皇家城市是基什。被恩利尔任命的那个人就是国王，他被称为努戈，“勇士”。我们发现，在《旧约》(《创世记》第十章）里有同样的记录，当人类建立起他自己的王国：

基什孕育了宁录，
他是土地上第一个成为勇士的人……
并开始他的王权：
巴别、埃里克和阿卡德，
全部都在希纳尔（苏美尔）这片土地上。

虽然《圣经》文本中提到前三个首都为基什、巴比伦和埃里克，但在苏美尔国王列表的声明里，我们发现，王权从基什转到埃里克，然后到乌尔，根本就没有提及巴比伦。存在这个明显差异的原因，我们认为与巴别塔（巴比伦）事件有关，《旧约》没有记录这个小细节。我们认为，这个事件，一定与马杜克的坚决主张有关，是他，而不是月神兰纳，应占有苏美尔下一个首都。时间显然是在重新安置苏美尔平原（《圣经》里的希纳尔）期间，当时新的城市中心正在建造：

当他们从东部前往时，
他们在希纳尔土地上发现一个山谷，
并在那儿定居。
他们彼此说："让我们做砖块，并用火灼烧它们。"
砖块充当他们的石头，
沥青充当他们的灰泥。

造成这一事件的方案是由一位匿名的煽动者提出的："来吧，让我们建设我们的城市并建造一座塔，塔顶应达到天堂。"

"耶和华下来看人类建造的城市和塔，"他对不知名的同仁说，"这仅仅是他们事业的开始。从现在起，对他们来说，任何他们计划做的事情将不再是不可能实现的。"耶和华对他的同仁说："来吧，让我们下去扰乱他们的语言，这样，他们就不理解对方说的话。"然后主"将他们分散到地球上各个地方，他们就停止了建造城市"。

这是人类"语言一致"的最初时期，是苏美尔人的历史回忆的一个信条。所有证据都显示，语言的混乱，人类的分散，都是神蓄意而为的。像《旧约》所说的那样，伯罗苏斯在他的著作中写道："神在人类中引入了多种语言，在那之前人类都讲同一种语言。"如同《圣经》故事，伯罗苏丝将语言的多样化和人类的分散与巴别塔事件联系起来："当所有的人原来说同一种语言时，他们中那些参与建造一座大且高的塔的人可能会爬上天堂。但是主送来了一阵旋风，扰乱他们的设计，并给予每个部落一种他们自己的特定语言。"

故事中的相符部分表明存在一个共同点，古老的资料是从《旧约》的编译本和伯罗苏丝那里获得的信息。虽然人们普遍认为，这种原始文本尚未被发现，但事实是，乔治·史密斯在他于1876年出版的第一本书中，报告在尼尼微的亚述巴尼波图书馆里发现了“塔楼故事中支离破碎的一部分”。他得出结论，这个故事最初是写在两块石板上的，其中一块他已经发现（K-3657），上面用楔形文字写了6个专栏，但他只能拼凑出4个专栏的断片。这无疑是苏美尔人的巴别塔传说的一个阿卡德文版；并且很清楚的是，这起事件所带来的后果，不是人类，而是由神自己造成的。人类仅仅是斗争中的牺牲品。

由乔治·史密斯拼凑，并由W.S.C.波司卡文在《〈圣经〉考古学学会交流》中再译的故事，以对煽动者的确定、线路的损坏为开始，但抹去了这个名字。这个神心中的“思想”是“邪恶的，他邪恶地反对众神之父（恩利尔）”。为了实现他的邪恶目的，“他诱使巴比伦人民走向罪恶”，包括“在土丘上使大鬼和小鬼混在一起”。

罪孽深重的工作引起了“纯洁土丘的主”的注意，在已经确定的《恩利尔的牛和粮食》的故事里，恩利尔“对着天堂和地球发言……为了收到他真心请求的命令，他向众神之主阿努，他的父亲展现了他的真心。当时他还向唐克娜展现（他的心？声音？）”。我们都知道，她是马杜克的母亲，因此，所有的线索都指向他是煽动者。但是唐克娜支持他说：“我与我儿子一同上升……”她陈述了“他的数字”，他的数字表示的阶级地位——后面不完整的话语是一个争论点。

第三栏的清晰部分包含了伊尼德努力说服反叛团体放弃他们的计划的内容。将自己看作一个旋风，“奴南利尔（恩利尔）从天堂向地球发言，但他们没有与他站在同一条阵线。他们猛烈攻击他”。当恩利尔“看到这一点，他来到了地球”。但是，即使他出现在特定地方，也没有造成影响。我们在最后一栏里读到，“当时他没有让众神停下来”，他没有别的选择，只能诉诸武力：

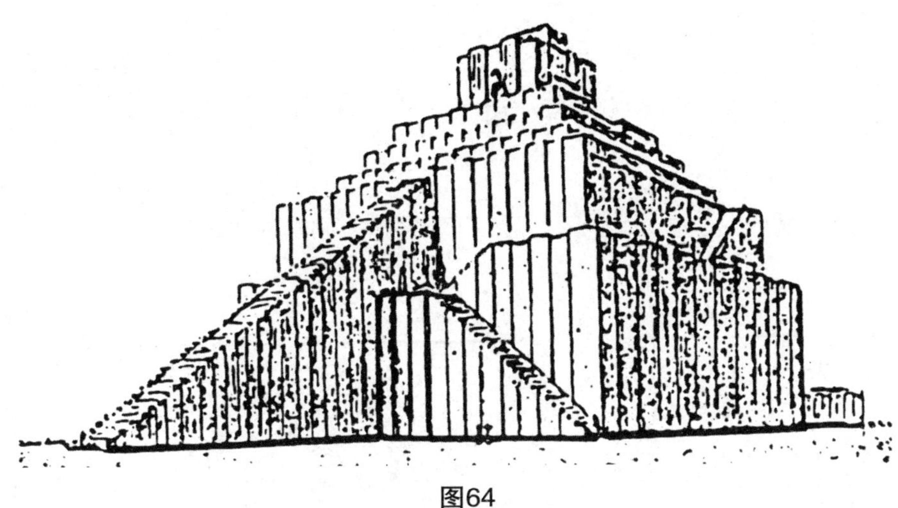

图64

在黑夜里，他让他们的高塔据点彻底失效。

在愤怒之中，他还下了一个命令：

他决定将他们分散到国外。

他命令他们的顾问去制造混乱。

……他停止了他们的进程。

古老的美索不达米亚文本以痛苦的记忆结束了巴别塔的故事：因为他们“用暴力反抗众神，他们为巴比伦伤心地哭泣；他们非常伤心地哭泣”。

《圣经》文本还指定巴别塔（巴比伦的希伯来文）作为事件发生的地方。这个名字有重要的意义，因为在原阿卡德语里，Bab-Ili 意味着“众神之门”，这个地方是众神进入和离开苏美尔的必经之地。

《圣经》故事陈述，在那里，肇事者计划建造“其顶部应达到天堂的塔”。这个词与金字形神塔的真实名字完全相同（7 级金字塔），它是古巴比伦的重要象征（见图 64）：E.SAG.ILA ，“屋顶是神圣的房子”。

《圣经》与美索不达米亚文本，毫无疑问基于原苏美尔纪事，所以会涉及同一个事件：马杜克企图阻止王权从基什转到埃里克和乌尔，但他失败了。城市注定是兰纳／辛和他的孩子的权力中心，并占据其主权作为自己的城市：巴比伦。

然而，马杜克通过这个企图，开始了一连串充满悲剧性的事件。

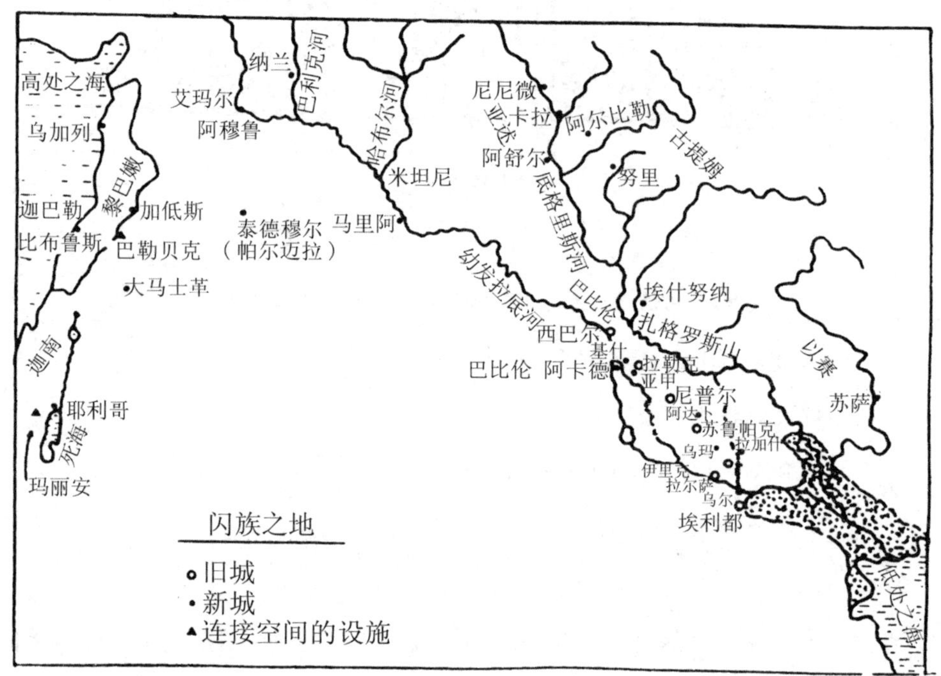

第十章

金字塔里的囚徒

巴别塔事件引发了一系列悲剧事件，意外地结束了和平，在此之前，这是人们能回想起来的地球上时间最长的和平年代。我们认为，巴别塔事件引发的一系列悲剧事件与大金字塔及其不解之谜之间有着直接的联系。为了解开谜团，我们提出了自己关于金字塔这一独特建筑是如何设计、建造，以及如何封口和如何被闯入的理论。

位于吉萨的大金字塔建成以后，有关其建造和建造目的的众多谜团又多了两个。那些假设建造金字塔作为皇家陵墓的理论都露出了破绽，我们认为谜底不在有关法老的传说中，而在众神传说中。

在古代希腊罗马编年史学家关于大金字塔的著作中，援引的许多资料都证实，在他们那个年代，金字塔三角形的巨石入口、下坡道和地底房间就已为人熟知，但人们对通道、走廊和墓室的整个上部系统却一无所知，因为上坡道被三块花岗岩牢牢堵住了，这些巨石前面还挡了一块三角形石块作为伪装，以至于走进下坡道的人，料想不到这儿能连接上部通道（见图 65）。

在之后的几个世纪里，甚至有关原始入口的了解也被人遗忘了。公元 820

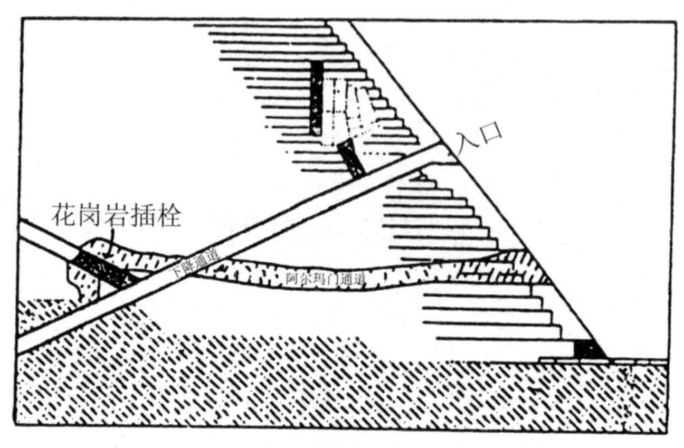

图65

年，在卡利夫·阿尔玛门决心进入金字塔时，他派出的人在石壁上漫无目的地钻探，钻出了一个入口，他们听到金字塔里面好像有什么地方落下了一块石头。朝着声音传来的方向钻，他们到达了下坡道。落下的石头正是挡住通往上坡道连接处的三角形石头，这块石头一落下，露出了挡在那儿的花岗岩石板，但是无论怎么凿，花岗岩都纹丝不动，他们只好凿开花岗岩周围砌的石灰石，发现了上坡道和金字塔上层的内部。据阿拉伯史学家记载，阿尔玛门的人一无所获。

他们清理了上坡道的碎石——石灰石碎石不知怎么滑落到了通往花岗岩石板的通道上，向上爬到了这条通道的上端。从这条方形隧道爬出来，他们可以站起身了，因为到达了通往上坡道的连接处，这里有一条水平通道和大甬道（见图 66）。

顺着水平通道走到尽头，他们来到了一个拱形墓室（后来的探索者称其为“王后墓室”）；这个墓室是空的，这是里面神秘的壁龛（见图 49）。他们返回通道的连接处，向上爬进入了大甬道（见图 45）；挖出的精细凹槽、小洞和凸起帮了他们的忙——大甬道地面和斜坡上覆盖有白色灰尘，爬起来很滑。他们经过了大台阶，大台阶从甬道上端向上与接待厅地面齐平；进入接待厅，他

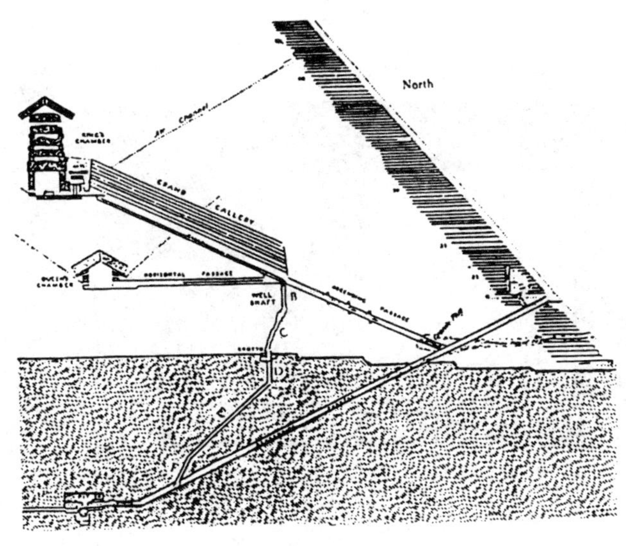

图66

们发现挡在接待厅前面的吊门不见了（见图 67）。他们爬进了上方的一个拱形墓室（后称为“国王墓室”）；墓室除一个镂空的石盒（俗称“石棺”）外别无他物，但这个石棺也是空的。

阿尔玛门派出的人回到了三条通道（上坡道、大甬道、水平通道）的连接处，他们发现西面有个洞口，那儿原来的斜状石头被移走了（见图 68）。这个洞后是一小段水平通道，通向一个垂直壁，阿拉伯人认为那是一口井。当他们爬下这个“井壁”（后来这样称呼）时，他们发现这只是一长串（约 200 米长）曲曲折折转动的井壁的上面部分，这些转轴的末端通过一段 6 米长的通道与下坡道相连，这样一来，金字塔上面的墓室、通道和下面的墓室就连接起来了（参见图 66）。有证据证明，在阿尔玛门的人沿着长的井壁爬下来并打开底部入口前，较低的入口被人堵起来了，所以下到下坡道的人无法发现这一入口。

阿拉伯人的发现以及后来的调查研究提出了一大堆难题。上坡道是在什么时候，由谁挡住的？他们为什么要这么做？穿过金字塔和石基的曲折的井壁是谁凿的？什么时候凿的？为什么？

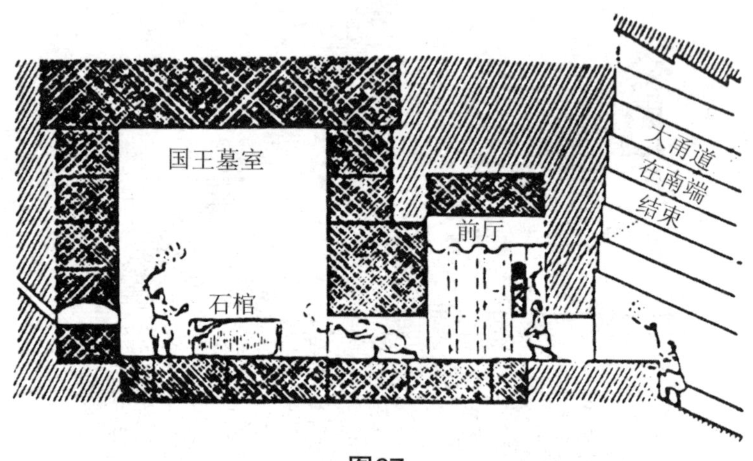

图67

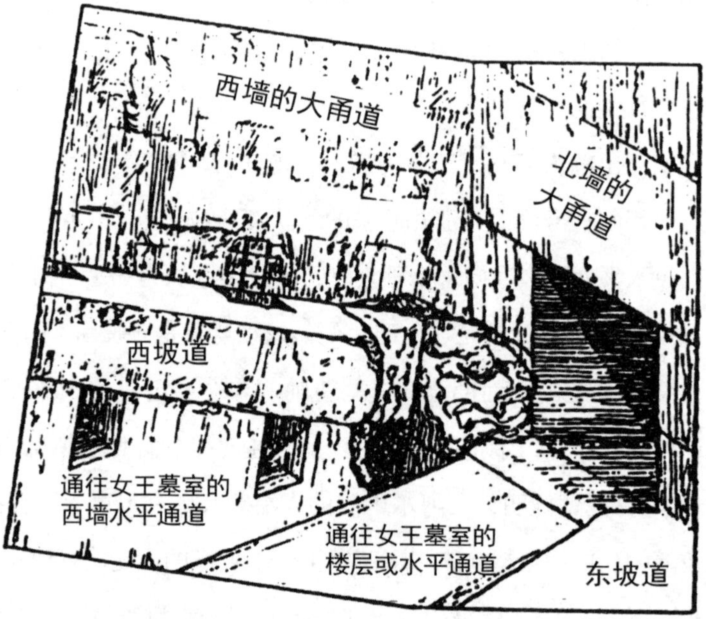

西墙的大甬道
北墙的
大甬道
西坡道
通往女王墓室的
西墙水平通道
通往女王墓室的
楼层或水平通道
东坡道

图68

※

最早也是持续时间最长的一个理论，以一个答案解答了这两个疑团。这个理论认为，金字塔是法老胡夫（基奥普斯）为自己建造的陵墓，工匠把他的木乃伊放在国王墓室的石棺里以后，用三块花岗岩巨石挡住了通往上坡道的大甬道，把墓穴密封起来。这样一来，工匠们就被封在了大甬道里面，但工匠们瞒过了祭司，移开了斜坡尽头的石头，挖出了井壁，到达下坡道，从下坡道爬到了金字塔出入口，救了自己。

但这个理论经不起严密推敲。井壁由 7 个不同的部分组成（见图 66），从大甬道上方水平通道（A）到垂直通道（B），再经过一段弯弯曲曲的通道（C）与较低的垂直通道（D）相连。紧接着是一段长直但倾斜得厉害的通道 E，通往另一角度倾斜的通道 F。F 通道的尽头，一段本来想挖成水平但最后有些倾斜的通道 G 将井壁与下坡道连接起来。除了连接外，水平通道 A 和 G 以及井壁本身（通道 B、C、D、E、F）看起来与南北走向的水平通道有所不同，在东西走向上却与金字塔的通道和墓室完全平行。上部 A 通道和底部 G 通道相隔 6 米。

井壁的上面三段通道穿过金字塔的石灰石砌石 6 英寸，而 150 米长的较低通道则是在坚硬的岩石上凿出来的。留下来把花岗岩挡在那儿的工匠，肯定不能在坚硬的岩石上凿通通道。而且，如果是从上面挖的话，挖出来的碎石放在哪里呢？他们总不能一直挖一直带着这些碎石吧？钻通井壁的所有通道加起来大约有 28 米长，挖出的碎石足有 1000 多立方米，都能填满整个上部通道和墓室了。

这样显然讲不通，因此一种新的理论出现了，这种理论假设井壁是由下向上挖的（碎石通过下坡道运到金字塔外）。但是为什么会这样呢？答案是：这是一场事故。因为埋葬法老的时候，发生了地震，使金字塔里面花岗岩石块过早地松动。所以不只是工匠，就连皇室成员和高级祭司都被活活关在里面。金字塔的建造计划仍在实施，救援队往上挖掘，到达了大甬道，救了这些被困的大人物。

这个理论（以及一个早已被抛弃的关于盗墓者向上挖掘的理论）在其他几点上，就精确性而言也是站不住脚的。除了通道 C 挖得粗糙不规则，通道 G 的两个方形壁较粗糙、不完全水平，其他所有通道都挖得笔直、精确、平整，每段内角度都相同。救援工人（或者盗墓者）为什么要浪费时间把通道挖得这么精致完美呢？他们又为什么费事地把边壁打磨得这么光滑，使得在井壁里爬起来更困难呢？

既然证据显示，没有法老埋葬供奉在大金字塔里面，一种新的理论获得了追随者——井壁是为检查地震造成的裂纹而挖凿的。这一理论（大金字塔通道和墓室）的代表人物是约翰·埃德加和莫顿·埃德加兄弟，他们被一名宗教狂热者在金字塔里的石头上看到的《圣经》预言所鼓舞，进入金字塔，清理、检查并测量了金字塔里面所有已知的部分并拍了照。他们断定，通往井壁的水平短通道 A 和最上面的垂直通道 B，都是金字塔原有建筑的重要部分（见图 69）。他们还发现，较低的垂直通道 D 是用石灰石砌好的，并穿过了石基上的一个洞穴（俗称石窟，见图 70）；这只能是石窟被石灰石盖起来之前、岩石表面还暴露在外的时候建好的，换言之，这一部分肯定也是金字塔原有建筑的一部分——早期的一部分。

如埃德加兄弟理论所说，当金字塔在基石上开始建造以后，大地震把石基的不少地方都震裂了。为了知道破坏的程度以决定金字塔还能否继续建在裂了缝的石基上，建造者凿出了岩石通道 E 和 F 作为检查井。检查发现破坏不是很严重，于是金字塔建造工程继续进行；但为了方便定期检查，从下坡道挖通了短通道 G（约 6 米）与通道 F 相连，这样就可以从下面入口进入检查井了。

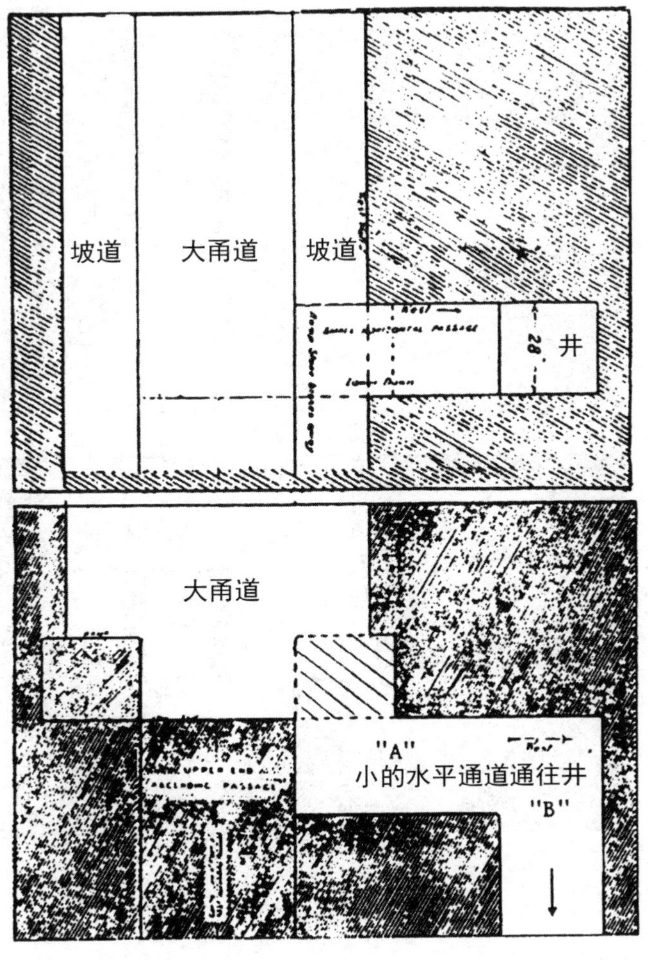

图69

尽管埃德加兄弟的理论被所有这类金字塔研究者和一些埃及学学者采用，但他们的理论仍然不能解决疑问。如果长通道 E 和 F 是临时检查井的话，为什么要耗费时间挖得这么平整？建造最初的垂直通道 B 和 D 的目的是什么呢？为什么又要凿出穿越砌石建筑的不规则的弯弯曲曲的通道 C？它是什么时候建造的？还有，既然没有葬礼，为什么还要用花岗岩石板挡？对这些问题，无论是金字塔研究者还是埃及学学者，都没能给出令人满意的答案。

而另外两个小组的艰巨而热忱的测量和重新测量抓住了问题的实质，我

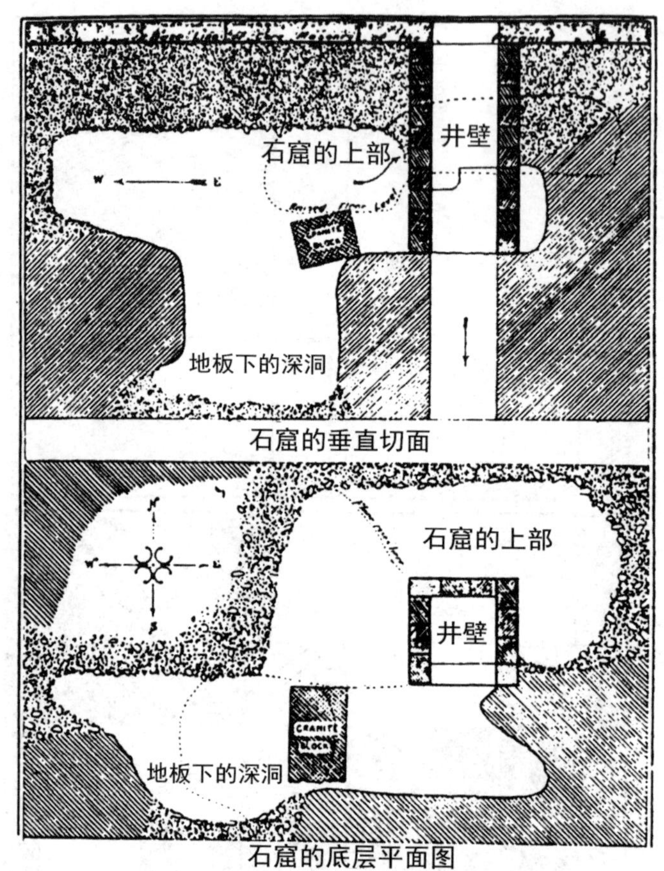

图70

们认为，井壁的主要部分是由最初的建造者建造的，但既不是事后挖掘的也不是为了应对突发情况，而是事前计划的结果：井壁的特征为金字塔建造提供了建筑指南。

几个世纪以来，有很多文章记载了大金字塔不可思议和令人惊叹的几何比例。然而，因为其他金字塔都是只有较低的内部通道和墓室，所以，这些文章的作者都倾向于把整个上层体系看作是后期工程，因此很少注意上层和下层特征之间的某种对应性，然而只有上层和下层部分同时规划、同时建造才能解释这种对应性。因此，举个例子来说，大甬道里面的一处陡然隆起的地面形成了逐级而上的大台阶（U）。“王后墓室”（Q）的中心轴，和短水平通道的壁龛在同一条直线上，都在金字塔的中心线上。而且，上层水平通道上神秘莫测的下阶梯（5）同下坡道的尽头位置相对应。还有很多这样令人捉摸不透的对应，我们将在下一张图中展示。

所有这些对应都只是建筑学的奇特巧合，还是精心规划布局的结果？如我们即将展示给大家的，这些对应以及其他还不为人知的对应，都源于对金字塔匠心独运却又简单的规划。我们也将证明，井壁最初的那些通道不光是建造金字塔的一部分，而且早在金字塔规划时就已被纳入其中。

让我们首先从D通道说起，因为我们认为这个通道是最早建造的。现在普遍认为，金字塔矗立其上的岩石基底是逐步磨平的。这个岩石基底的最低面（从金字塔外面可以看到）形成了基准线；最高面同石窟在一个平面上；在最高面的地方，可以看到金字塔砌石建筑的最低一层（“层数”）。由于通道D在这层砌石结构的下面，在其他通道（即通道A、B和C）建起来之前，就要在石窟和基石处凿出通道D。因为通往基石的唯一通道只能是从外面往下挖，通道E同通道D的尽头首尾相连，有一段向下的斜坡，只有先挖好通道D才能挖通道E，然后挖通道F，最后挖通道G。

也就是说，通道D必须在井壁所有其他通道建好之前，穿过石窟和基石，且必须建得非常精确（见图70）。通道D为什么完全垂直，为什么不一直向上延伸而是只有这么一段？就这点而言，通道E向通道D倾斜且与基准线成45度角，这一现象为什么被完全忽略掉了？E如果是意在作为一个连接壁的话，为什么不一直延伸到下坡道，而是转了一个弯成了通道F呢？还有另一个被忽略的特点：为什么通道F与上坡道成精确的90度直角？

要回答这些问题我们得问问自己：金字塔的建筑师是如何设计完成所有这些完美对称的、令人称奇的几何形状的？我们给出的答案用一个图表来表示（见图71）；这是我们画出的金字塔内部的平面图，我们相信，金字塔的建造

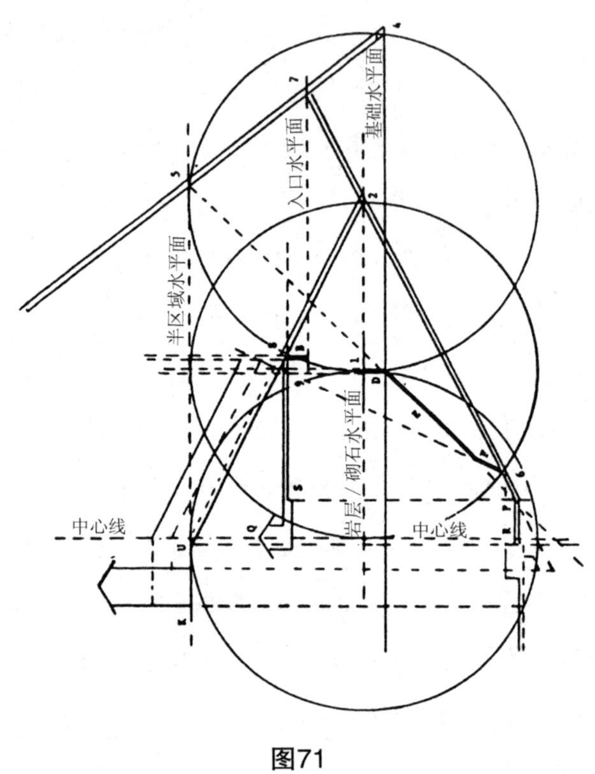

图71

者们可能也画过这样一张图：一个简单却匠心独运的建筑方案，用几条线和三个圆圈达到了令人叹为观止的对称、对应和完美！

金字塔的建造是从金字塔矗立其上的岩石基底开始的。为了使建筑更加稳固，金字塔周围的岩石被凿至基准面，位于金字塔中心的石头则更高，逐级上升。接下来，我们认为，石窟是基石的一个自然凹处，或者是人工洞穴，被选为实现结构对称性的起点。

在这个对称点上，井壁的开头部分通道 D 垂直穿过石窟，部分穿过岩石部分由石块砌成（见图 70）。通道的高度（见图 71）精确描画出从基准面到岩石尽头金字塔核心砌石所处平面之间的距离。人们早就认识到了圆周率——决定圆周或球体的比例、线性因素和等积方位投影的因素——在金字塔的圆周、四边以及高度的确定中的作用。如图所示，无论是金字塔的外部框架还是其内部的所有构造，都是由这三个等大的圆来决定的。

井壁 D 内的经纬仪设备向上投射出一条关键的垂直线，这条线的作用我们随后描述。但首先投射出水平岩石 / 砌石线，三个圆的圆心都在这条线上。第一个点在 D 点（点 1）；与点 2 和点 3 呈一条直线，这两个点所在的圆相接的点正好是 D 点。

要画出这些图，金字塔建筑师当然要决定合适的半径。长久以来，大金字塔的研究者一直不明白古埃及人是使用何种测量工具来达到如此完美的比例的——既不是常见的 24 指腕尺也不是御用的 28 指腕尺（约 20.63" 或 525mm）。三个多世纪以前，艾萨克·牛顿爵士就推断，神秘的“圣腕尺”不只用在建造金字塔上，还用在诺亚方舟和耶路撒冷神庙的建造上。现在埃及学学者和金字塔研究者都接受了这一结论。我们的计算结果显示，我们预想的这三个圆的半径等于 60 圣腕尺；数字 60，不是偶然的，是因为苏美尔人采用的 60 进制数字体系。60 圣腕尺不只在金字塔内部结构的长度和高度的度量上占绝大多数，基底的尺寸也多使用这一度量。

选定了半径后，画出了三个圆；现在金字塔开始初具形状：在第二个圆与基准线的分割点（点 4）上，金字塔的边与其成 52 度角——这是个完美的角度，因为只有以这个角度，金字塔才能融合圆周率。

井壁 E 从井壁 D 底部开始向下挖掘，与 D 成精确的 45 度角。经纬仪从 E 向上投射，在点 5 切割圆 2，形成的斜线就是金字塔的边，同时也标出了半面积面。国王墓室和接待室（5–U–K 线）都在半面积面上，而大甬道尽头也在半面积面上。斜坡 E 向下投射，决定了下坡道末端点 P 的位置，从 P 点开始的垂直线，决定了水平通道上向下台阶 S 的位置。

我们可以看到第三个圆的圆心（点 3），标出了金字塔垂直中心线。向上台阶（U）在圆心与半面积线的切割点上，是大甬道的末端，同时也是国王墓室地面的开端，同时还决定了王后墓室（Q）的位置——精确地处于中心线上。

点 2 和点 U 连起来就是上坡道和大甬道的地面线。

井壁 F 从 E 处向下，其投影以直角切割上坡地面线 2 – U。从其与第一个圆的切割点画一条线到点 2，一直到金字塔的边（点 7，这就划定了上坡道——点 2）和金字塔入口。

井壁 D、E 和 F 以及三个圆就形成了较为合理的大金字塔最显著的特点。然而，上坡道结束和大甬道开始的点还没有确定，这同时也是水平通道通往王后墓室的点。我们认为，这也是井壁 B 开始的地方。还没有人指出一个事实，那就是井壁 B 与 D 长度完全相等，这一长度同入口水平面和水平通道面之间的距离完全相等。B 在上坡线和圆 2（点 8）的分割点上。纵向延长线是大甬道地面墙开始的地方；点 8 和点 9 之间的区域，D 点的投影与从点 8 开始的水平线的分割点，是图 68 所绘的大分割点。

井壁 B 通过短井壁 A 在点 8 与通道连接，这样，金字塔的建造者才得以在内部建造完成 B。井壁 B 建好以后，这些井壁就不再有任何建筑学价值或功能了，所以用合适的、楔形斜石头把这些井壁的入口盖起来（见图 72）。

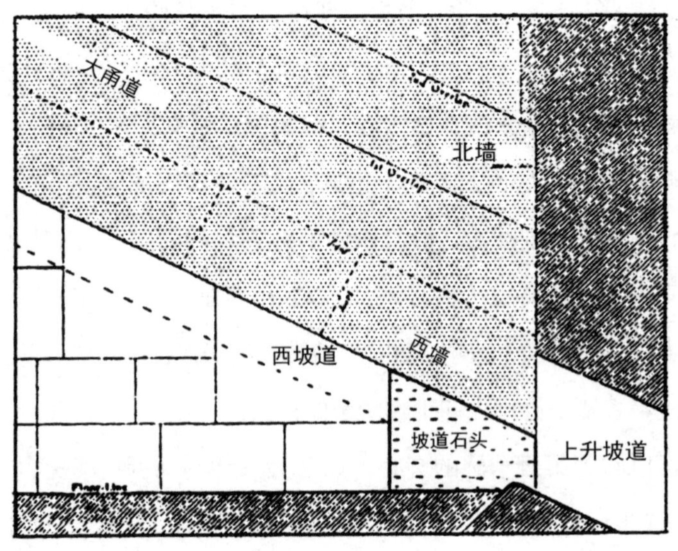

图72

井壁D、E和F也在金字塔的砌石从基石上拔地而起的时候从视野里消失了。建得不是特别平整的井壁G，可能是用来从井壁D－E－F中撤走投影经纬仪或者做最后的检查的。最后，下坡道和井壁G的连接处，用一块切割好的石块掩住了入口；下层的通道也从视野里消失了。

金字塔保存完整，所有井壁的通道都在隐秘的地方；我们展示的所有的通道里，只有一个是在金字塔的设计和建造中毫无用处的。

这个例外就是不太规则也没什么特征的通道C。在砌石中凿出的弯弯曲曲、凹凸不平的通道，在石灰石中粗糙地挖出的通道，留下许多破碎和凸出的石头。神秘的通道C是怎么形成的？建造于何时？为什么要建造呢？

我们认为，在金字塔建造完成时还没有这个通道。我们将展示，这个通道是后来马杜克被囚于大金字塔的时候仓促凿出的。

※

马杜克被囚禁在“山墓”中，这是毫无疑问的；在发现的文献及其权威的译文中能证实这一点。另一些美索不达米亚文献阐明了他的犯罪性质。

被驱逐出巴比伦和美索不达米亚后，马杜克返回了埃及。他立即在赫利奥波利斯建立了自己的政权，并且通过在一个独特的“祭仪中心”集合他的空中备忘录中的成员，加强了他的统治地位，此后，这个神殿长期以来一直被埃及人用来朝拜。

马杜克试图重建在埃及的霸权，但是他发现，自从他离开埃及企图在美索不达米亚发动政变，事情就已经改变了。我们推断，虽然透特不为最高统治权而发起争斗，而且奈格尔和吉比尔也远离了权力中心，但是一个新的竞争对手又在不经意间出现了：杜姆兹。他是恩基的小儿子，他的统治范围远至上埃及，作为争夺埃及霸权的一股力量涌现出来。

在他野心背后的支持者不是别人，正是他的新娘伊南娜／伊师塔——另一个原因是马杜克对新娘的怀疑和厌恶。

有关杜姆兹和伊南娜的传说——杜姆兹是恩基的儿子，伊南娜是恩利尔的孙女——读起来就像莎士比亚的戏剧中罗密欧与朱丽叶的古老故事，这个故事也以悲剧收场，包含了死亡和复仇。

伊南娜／伊师塔在埃及的第一次亮相，被记录在艾得夫文献里。这个文献讲述的是第一次金字塔战争。文献中把伊南娜称为亚斯他录（她的迦南名字），据说她出现在战场上，面对何璐斯强大的进攻力量。她此次不可思议地亮相于埃及的原因，可能是去看她的新郎杜姆兹，但在穿越杜姆兹的领地时，反抗力量退却了。我们从一个苏美尔文本中了解到，伊南娜在遥远的乡村地区见到了杜姆兹（“主人”），它讲述了杜姆兹盼望着她的到来，并且保证将来在一片外国土地上为他的新娘打一场仗：

这位年轻的小伙子站立等待着；
杜姆兹推开了门。
她像一缕月光般倾洒在他的身上……
他看着她，幸福而高兴。
他把她抱在怀里，吻了她，
并伸手搂住了她……
“你的桌子将会是一个辉煌的桌子。
我坐在这张桌子上吃饭……”

当时伊南娜／伊师塔为她的父母兰纳／辛和宁迦尔以及她的兄弟乌图／沙马氏祈祷。罗密欧与朱丽叶似的爱情发生在了恩利尔的孙女和恩基的儿子之间。杜姆兹的一些兄弟，很可能包括恩基本人在内，也对这件事情表示了赞同。他们送给伊南娜一块天青石作为礼物，她非常珍爱这块蓝色调的宝石。他们把这块宝石上的珠子藏到了伊南娜平时最喜欢的一堆水果下面。在卧室里，她发现了“满床的黄金，和天青石相互映衬，这是吉比尔在奈格尔的住所专门为她打造的”。

随后战争开始了，兄弟之间互相残杀。战争是在恩基的后代之间进行的，没有人觉得恩利尔的孙女出现在战场上有什么不对劲。但是在何璐斯胜利以后，赛特占领了不属于他的土地，情况就完全发生了变化：第二次金字塔战争使恩利尔的儿子和女儿一起对抗恩基的后代。“朱丽叶”不得不和“罗密欧”分离。

恋人在战争结束之后团聚，如愿以偿进入了婚姻的殿堂。很长时间内他们都沉浸在幸福和欣喜中——这是无数苏美尔爱情诗歌的主题。尽管他们非常相爱，伊南娜还是会在对杜姆兹窃窃私语时挑起话题：

> 就像你甜蜜的嘴巴是你身体的一部分一样，
> 他也拥有合规的王侯地位！
> 制服叛逆的国家，增强本国的力量：
> 我会直接统治国家。

还有一次她向他坦白她的远见：

> 我有一个关于伟大国家的设想：
> 选择杜姆兹作为这个国家的神灵……
> 由于我，杜姆兹这个名字崇高无比，
> 我给予他地位。

尽管这并不是一个令人欣喜的联盟，因为它没有产生继承人，但是却显示出了神的抱负，它也传递了想要有男性继承人的意愿。杜姆兹求助于他的父亲，想要找到一个策略性的方法：他试图引诱自己的妹妹与自己性交。在此之前，宁呼尔萨格曾经同意恩基的建议。杜姆兹的妹妹格西提南娜却拒绝了哥哥的要求。绝望之中，杜姆兹触犯了禁忌：他强奸了自己的妹妹。

悲惨的故事被学者们编写在了一块牌匾上（CT.15.28 ~ 29）。文字记述了杜姆兹如何与伊南娜分别，此时杜姆兹向伊南娜宣称，自己是到他的族群生存的荒漠和平原上去。依照计划，他约他的妹妹一同前往，“这首歌里的妹妹，正坐在那儿”。她以为自己是受邀去野餐。当他们“吃着浸着蜂蜜和黄油的纯正食物，喝着令人心驰神往的啤酒”，以及“怀着愉快的心情度过这段时间之后，杜姆兹想要采取行动了”。为了让他的妹妹同意他的想法，杜姆兹让一只羔羊和它的母亲交配，又让一只小羊与它姐姐交配。当动物们上演乱伦的剧目时，杜姆兹仿效着，触碰他的妹妹，“但他的妹妹还没有明白”。当杜姆兹的行为变得越来越明显时，格西提南娜“尖叫，抗议”，但“他用力压住她……他的精子流入她的外阴……”“停止！”她喊道，“这是一种耻辱！”但他并没有停止。

完成他的行为后，“牧羊人，无所畏惧，并且无耻地对他妹妹说话”。根据破碎的牌匾，我们知道，他对她解释，这是一种不幸的迷失。但是我们猜测，他——如文献中记载的一样，是“无所畏惧、无耻地”向格西提南娜解释他的行为。我们从文献中可以清晰地了解他的预谋；文献还表明，伊南娜也参与了这个预谋：杜姆兹在离开前向她讲述了他的计划和建议，作为他的配偶，“伊南娜回答了这个计划，并且给出了自己的意见”。

在阿努纳奇的道德法典里，强奸是严重的性侵犯。在远古时代，当第一批宇航员登陆地球的时候，恩利尔因为强奸了一名年轻的护士（后来恩利尔与她结婚），在军事法庭被他们的最高指挥官判决流亡。杜姆兹清楚地知道这一切；他希望他的妹妹心甘情愿地与他交往，或为他触犯了禁忌的行为强行找出一个理由。伊南娜事先的同意让我们想起了《圣经》中亚伯拉罕和他妻子萨拉的故事，萨拉将自己的侍女赐给亚伯拉罕，希望他可以得到男性继承人。

意识到自己犯下了严重的罪行后，杜姆兹强烈地预感到，他要用声明来弥补他的行为，正如苏美尔文本中记述的一样——“他的心里充满了泪水”。文献以一个自我满足的梦的形式，讲述了杜姆兹怎么在睡梦中见到他所有的地位和财产，被一只“高贵的小鸟”和一只猎鹰一个接一个地夺走，噩梦以杜姆兹看到他躺在自己的羊圈中死去而结束。

醒来后，他要他的妹妹格西提南娜为他讲述梦的含义。“我的哥哥,”她说，“对我来说，你的梦不是个好兆头……（这预言出）强盗将在埋伏中攻击你……你的手被绑上手铐，你的武器必定被羁绊。”格西提南娜刚结束谈话，敌人就出现在山的周围并抓住了杜姆兹。

被脚镣手铐捆绑后，杜姆兹向乌图/沙马氏上诉：“噢，乌图，你是我的姐夫，我是你妹妹的丈夫……将我的双手变成羚羊的双手，将我的脚变成羚羊的脚，让我从敌人处逃离！”听到他的上诉，乌图设法使杜姆兹逃脱。杜姆兹在旧 Belili 的房子里找到了隐身之处——一个有疑问的性格扮演着双重身份。他一次一次地被抓，又一次一次地逃脱。最后，他发现自己躲避在羊圈内……忽然，狂风大作，酒杯被掀翻了；邪恶笼罩着他——如他在梦中所见到的一样，最后：

酒杯倒下，
杜姆兹死去，
羊圈被狂风卷走。

在文献里，这些事件的发生地是靠近河流处的类似沙漠的平原。另一个版本的文献扩大了这件事的地理范围，这是一篇题为《最痛苦的呼喊》的文章。它是由伊南娜写成的悲歌，讲述了库尔的7个代表是如何进入羊圈，并围绕在熟睡的杜姆兹周围。不同于先前的版本，这个版本仅仅讲述了“杜姆兹被邪恶势力抓住”，本文明确地表示，他们是为了更高的权威而来：“我们的主派我们来到这里”，7人中的首领对这个惊醒的神说。接着，他们剥夺了杜姆兹的神灵特征：

> 把你头上神圣的头巾取下，
> 光头起床。
> 脱下你身上的皇家长袍，
> 赤身裸体地起床。
> 放开由你掌控的神圣人员，
> 空手站起来。
> 脱下你脚上神圣的鞋子，
> 赤脚站起来！

被抓的杜姆兹设法逃脱了，并逃到了河边：“E. 姆西（‘蛇的家’）沙漠中伟大的堤防”。在埃及，只有一个沙漠和河流汇合的伟大的堤防，它出现在第一次尼罗河洪水时。这个地方现在是伟大的阿斯旺大坝的位置。

但漩涡没能让杜姆兹在被提供了保护的情况下到达河岸：他的母亲和伊南娜站的地方。激流“没有将载着他的船推向库尔，而是将载有伊南娜的船推向了库尔”。

这些和其他相关文本显示，那些来抓杜姆兹的神实际上是由上级神命令来逮捕他的，库尔的主，由他“来判决杜姆兹”。但这不是由众神议会做出的判决：恩利利特众神，如乌图／沙马氏和伊南娜，他们帮助杜姆兹逃脱。这个判决是片面的，只在逮捕者所属的负责人权威下通过。他不是别人，正是马杜克，杜姆兹和格西提南娜的哥哥。

在学者命名为《伊南娜和比鲁鲁的神话》文本里，我们了解到他的身份。在这里，阴狠的老比鲁鲁原来是个男性，由主比鲁鲁（恩比鲁鲁）伪装，他是直接指使反对杜姆兹，惩罚性侵犯的神。阿卡德文本用神圣的语言解释恩比鲁鲁就是马杜克，即“犯罪的神马杜克”和“伊南娜的不幸”。

马杜克从一开始就反对杜姆兹和伊南娜的爱情，无疑更加反对金字塔战争后的联盟。出于政治动机，杜姆兹强奸了格西提南娜，对马杜克而言，这正是通过抓住和惩治杜姆兹来阻止伊南娜在埃及的计划的机会。难道马杜克打算把杜姆兹处死？可能不会，单独流放是惯常的处罚方法。杜姆兹之死因，在某种意义上仍不清楚，可能是意外。

但不管是不是意外，这与伊南娜无关。对造成她心爱的人死亡的马杜克，文本里明确指出，她想要复仇：

> 在神圣的伊南娜的心里想着什么？
>
> 杀人！
>
> 杀死主比鲁鲁。

对分散在几个博物馆的美索不达米亚碎片进行研究，学者们拼凑出文本的部分文字，这个文本（苏美尔神话）被塞缪尔·N. 克莱默命名为《伊南娜和埃比》。他认为这是属于“龙的屠杀神话”的环节，因为它涉及伊南娜与藏在“山”里的邪恶的神的斗争。

现有的碎片讲述了伊南娜如何用一系列的武器来武装自己，并在神的藏身之地对神发起攻击。虽然其他神试图劝阻她，但她满怀信心地靠近这座山，这座山被她称为埃比（“悲伤回忆的居住地”）。她高傲地宣布：

山，你是如此之高，

你比其他所有山都高……

你用你的顶端触摸天空……

然而，我将摧毁你。

我将使你跌落到地面……

我将导致你内心痛苦。

这里的山指的是大金字塔，对抗发生在埃及吉萨，证据不仅在这个文本里，还在一个苏美尔的圆筒图章（见图 73）中。伊南娜展现出她那熟悉的诱惑姿态，半裸着面对三个金字塔的神。描写的这些金字塔和出现在吉萨的一模一样——埃及十字标志、佩戴着埃及头饰的神父和缠绕的蛇共同出现在一个地方：埃及。

伊南娜继续挑战马杜克，现在他藏在强大的建筑里面，由于他无视她的威胁，她怒火上升。“第二次，被他的高傲所激怒，伊南娜再次走近金字塔并

图73

宣布：‘我的祖父恩利尔允许我进入山的里面！’在炫耀她的武器时，她高傲地宣布：‘我将攻破山的中心……我要将我的胜利建立在山里！’”但还是没有反应，她开始了她的攻击：

> 她不停地对埃比的两侧
> 和所有的角落进行攻击，
> 激起众多的石头。
> 但在里面……大毒蛇在那儿
> 不停地喷吐它的毒液。

然后阿努亲自进行调停。藏在里面的神警告她，他们拥有可怕的武器：“他们的爆发是可怕的，他们将阻止你的进入。”相反，阿努劝她，通过审判躲藏起来的神来寻求正义。

文本清楚地揭示了这个神的身份。在尼努尔塔文本里，他被称为阿扎格，他的绰号为大毒蛇，是恩利利特对马杜克的一个蔑称。他的藏身之地也被明确指为“伊库尔（高耸的房子），这里的墙赫然达到了天空”，即大金字塔。

有关审讯和判决马杜克的记录可从宾夕法尼亚大学的巴比伦博物馆出版的零碎文本中找到。现存的台词从众神围绕着这座金字塔时开始，被选作发言人的一个神对马杜克说“在他的圈子中”，“他为有罪的那一个恳求”。马杜克被这个信息所感动：“尽管他心中充满了愤怒，但他的眼睛里流着泪水。”他同意出来接受审判。审判在金字塔附近河岸的一个神庙里举行：

> 到河边一个令人敬畏的地方，
> 他们与被指控的他同步。
> 事实上他们使敌人避开。

正义正在上演。

在判决马杜克时，提出了一个有关杜姆兹死亡之谜的问题。毫无疑问，马杜克该对他的死负责。但这是有预谋的还是意外？马杜克应该被判处死刑，但如果他的犯罪不是故意的呢？

伊南娜从马杜克的藏身之地走出来，站在能看到金字塔的地方。她边走向众神边发言说：

在今天，我所说的
全都是事实。
阿扎格的原告。伟大的公主
说出了惊人的判决。

有一个办法可以判处马杜克死刑，但不用实际处死他。她说："让他被活埋在大金字塔下！让他被密封在一个巨大的密室里。"

这个巨大的密室是密封的。
没有人向他提供食物，
让他独自去承受；
饮用水水源也被切断。

评审神接受了她的建议："你是女主人……由你来判决。就这样办吧！"假设阿努同意了这一判决，然后众神就在天堂和地球上执行这一命令。"伊库尔，大金字塔，就成为一所监狱"；此后，这儿也被叫作"主妇的监狱"。

我们认为，当时密封的大金字塔已经完成。马杜克独自离开国王的房间，逮捕他的众神放下他们背后通道的花岗岩大门，紧紧堵塞了所有进入上面房间和走廊的通道。

通过这个通道，可从金字塔的北面和南面到达“国王的房间”。马杜克有空气呼吸，但他既没有食物也没有水。他被活埋了，注定要痛苦地死亡。

※

保存在泥版上有关马杜克被活埋于大金字塔的记录，是在古代亚述首都尼尼微的废墟中发现的。亚述文本表明，它已被编写为巴比伦的新年话剧剧本，这个话剧重演了那场缓刑及神遭受的痛苦。迄今已发现这个剧本既不是基于原始的巴比伦版本，也不是基于苏美尔人的历史记录。

海因里希·热曼转录和翻译的亚述文本来源于柏林博物馆的泥版，当他在1921年9月的演讲上宣讲对它的诠释时，在神学界引起了相当大的轰动。原因是，他解释这是处理死亡和复活的神的前基督教奥秘，因而这是个早期基督故事。斯蒂芬·兰顿将其1923年的美索不达米亚新年神秘文本，包括英文译本，命名为《贝尔－马杜克的死亡和复活》，并强调其与《新约全书》中耶稣的死亡和复活的故事是同期的。

但是，正如文本所写的那样，马杜克或贝尔（“主人”）并没有死，他的确是被监禁在像一个坟墓的山中，但他安然地活着。

古老的“手稿”一开始就介绍角色。第一个是“贝尔，他被监禁在山中”。然后是一个信使将监禁的消息，带给马杜克的儿子那布。那布被这个消息震惊，开着他的战车加速赶到山里。他到达了一个建筑物面前。手稿说明：“这是山的边缘的房子，他们在这里面质问他。”在回答这些守卫的问题后，他们得知这个激动的神“是从博尔西帕来的那布，他是来为被监禁的父亲寻求宽恕的”。

然后演员站出来，奔走在舞台上。“他们是疾走在街上的人，他们寻找着贝尔：‘他被关押在哪儿？’”我们从文中知道，在贝尔被监禁在山里后，“城市陷入混乱”，并且“因为他而爆发了争斗”。一个女神出现了，她是莎佩勒特，马杜克的妻子。她对着“在她面前流泪的一个使者说：他们已经带他去了山上”。他向她展示了马杜克的衣服（可能有血污），“这些都是从他身上脱下的衣服”，他说，因为马杜克“穿的是囚衣”，对于观众这意味着“马杜克已被埋葬在他的棺木里”！

莎佩勒特走到象征着马杜克墓穴的建筑前，看到了一群送葬者。史书是这样记录的：

> 众神将马杜克锁起来，
> 将他与这些活着的、
> 为他感到悲伤的人们分开，
> 关进牢房，
> 远离太阳和阳光。

剧情达到了最糟糕的部分，马杜克死了……但是，还没有完全失去希望！莎佩勒特向两个可以接近马杜克牢房的神，她的父亲辛和她的哥哥乌图/沙马氏祈祷：让马杜克复活吧！牧师、占星师、信使也出现在祈祷的队伍里，背诵着祷文和咒语。

谢罪礼被送给了伊师塔，她也许会怜悯马杜克。大祭司向最高的神，辛还有沙玛什（巴比伦和亚述神话中的太阳神，象征正义）祈祷：让马杜克复活吧！

现在故事有了新的转折点。突然，扮演马杜克的男演员出现了，穿着染着血污的衣服，大声叫喊着：“我不是一个罪人！我不应该受到重罚！”最高的神重新考虑他的事情，发现他是无罪的。

那么，谁是凶手呢？观众的注意力被转移到一个细节：莎佩勒特在巴比伦的一个门框。观众意识到真正有罪的神已经被抓到了。他们透过门缝看到了他的头，“那是做坏事的人的头，他们将重罚并杀死他”。

那布（马杜克的儿子）回到了博尔西帕。“他回来，监视着凶手，并指认他！”我们不知道凶手的身份，不排除那布曾以马杜克朋友的身份看过他。那布说“这就是凶手”，从此决定了凶手的命运。

牧师告诫凶手说：“做坏事终将受到惩罚。”杀死杜姆兹的人，将为此付出生命。

但这也是马杜克的过错——他是导致杜姆兹死亡的间接原因，抑或是一种赎罪？莎佩勒特再次出现，扮演着使神与人和好的角色。象征性地擦去那些已经溢出来的血，用纯水洗净她的手，她说：“这是用来洗手的水，它们是在凶手被抓到后拿来的！属于马杜克的所有圣地的火把被点燃，直接向最高的神恳求。尼努尔塔——他在打败祖（巴比伦神话中的风雨神）后被正式宣布为至高无上的神——再次断言，一个被释放的马杜克显然不可能向至高无上的众神挑战。祈祷成功了，最有权力的神，派信使努斯库去向众神宣布好消息。”

为表示好意，古拉（尼努尔塔的妻子）给莎佩勒特送去了新的衣服，给马杜克送去了新的鞋子，还有马杜克的神勇战车。但是，莎佩勒特目瞪口呆，她不明白为什么马杜克在入狱后，还会重新获得自由。她问：“他们是如何让一个不可能被释放出来的人获得自由的？”

努斯库是这样向她解释的：

众神将挖掘一个烟囱形的通道。

他们将螺旋形地挖，
他们将重新进入他的住所。

在他面前的门将他隔绝，
螺旋形的挖掘将到达里面。

他们将挖出一个弯曲的门道。

越来越近，
到达它的中部的时候，他们就可以突破。

马杜克被释放的细节，学者们还没弄清楚，但是这首诗对我们来说意味深长。正如我们所解释的，井轴是不规则的，弯曲的 C 区域，在金字塔完工和马杜克被囚禁在里面的时候是不存在的；而是在解救马杜克时，由“众神挖出的门”。

出于对金字塔内部结构的熟悉，阿努纳奇意识到通到囚禁马杜克处最短最快的路径就是在 B 区和 D 区之间挖一条隧道——挖掘相对柔软的石灰石块，挖出仅仅 32 米长的隧道。这是一个在几小时内就能完成的工作。

移开盖在井轴上的石头，向下到达 G 区过道入口处，营救者很快爬到靠近 E 区的地方。在 E 与 D 垂直相连的地方，一个巨大的石块挡在进入洞穴的入口处：它已经被推到了一边——但还躺在那儿，在洞穴的内部，正如图 70 所示的。现在营救者们爬过最短的距离到 D 区，面对着金字塔砖石建筑工程的第一部分。

上面 32 米的隧道让他们到达了与 B 区垂直的底部的侧方，到达了进入大画廊的路。但是除了那些建造金字塔、知道其内部是如何封顶并能准确定位的人，谁还知道如何挖一个弯曲的连接通道 C 呢?

我们猜想，就是马杜克的营救者们，用他们的工具破坏了石灰石块，用他们挖掘出的逐步斜陷的扭曲的通往内部的隧道连接了 D 区和 B 区，正如古老的史书所记载的。

到达与 B 区相连的地方后，他们艰难地爬过水平的短通道，到达 A 区。在这儿，任何不熟悉构造的人都会突然停下来，因为他看到的将只是一道石墙——固体的砖石建筑。我们再一次猜想，只有拥有金字塔的建筑图的阿努纳奇，才有可能知道越过营救者面前的石块，将是大画廊的巨大的洞——王后的墓穴，和位于其上的金字塔内部的其他墓穴和通道。

要想到达这些墓穴和通道，必须移开斜道上的楔形的石块（参见图 72）。但是由于其接合得太紧了，它不可能被移开。

如果石块没有被移开，它应该还躺在那里。但是，在那儿有一个敞开的洞（参见图 68），它和传言中的看起来一样：它不是从走廊里打开的，而是从轴心的内部打开的，看起来像是被来自轴心内部的巨大力量猛然打开的。

同时，美索不达米亚的记录也提供了一条线索。石块的确是从内部水平的通道上被移开的，因为营救者们曾到达过那里，并且它的确是被一股强大的力量猛然移开的。正如史书中记载的那样，靠近它，进入它的中间，它将被突破。阿尔玛门的人在通向花岗岩石闩的上升通道上，发现了石块的碎片。阿拉伯人在走廊的地面上，发现了爆炸产生的细小的白色粉末——这些都是古代爆炸的无声证据，还有那个留下的洞。

已经进入了走廊，营救者们带着马杜克原路返回。阿尔玛门的人发现，进入向下通道的入口又被封起来了。花岗岩的石闩还在三角岔道，堵住了洞和向上的通道。同时，在金字塔的内部，轴心的原始的较高和较低的部分，将永远被一条粗糙的扭曲的隧道连接起来。

那些救出了金字塔里的囚徒的人怎么样了呢?

美索不达米亚的相关记录表明，他们开始了逃亡生涯，在埃及获得了超脱。

遗漏的一个人，在大约公元前 2000 年，再次出现并向至高无上的神宣战。为此，人类付出了巨大而痛苦的代价。

第十一章

“我是国王！”

伊南娜／伊师塔（巴比伦和亚述神话中司爱情、生育及战争的女神）的传说是一个“自制女神”的传说，她既不是古老的神和从第十二个星体来的本原群，也不是他们初生女儿中的一个，尽管如此，她还是推动自己获得了最高的地位并且改变了万神殿的 12 个成员。为了实现她的野心，她将自己的狡猾和秀丽结合起来，成了无情的战争女神和爱神，她属于她的神和人的恋人们。她也是死亡和复活的真实事例。

杜姆兹的死亡使得伊南娜有了成为地球上一位女王／王后的欲望，同时，对马杜克的监禁和流放一点也没有满足她的野心。挑战并战胜了一个主要的神之后，她感到，她自己的领地可能不会再被剥夺。但问题是，现在，她的领地在哪里呢？

杜姆兹的葬礼在南非举行。南非是伊南娜的姐姐厄里斯奇格和她的配偶奈格尔的领地。恩利尔和兰纳，还有恩基，都劝告伊南娜不要去那里；但她下定了决心。当伊南娜到达她姐姐领地的都城门口时，她对看门人说“告诉我的姐姐厄里斯奇格”，让她来“见证葬礼”。

你可能会期待姐妹之间的见面是感人的，将充满对失去了丈夫的伊南娜的同情。但是，我们没有被邀请的伊南娜没有得到她姐姐的安慰而是受到了无限的怀疑。当她通过都城的 7 道门到达厄里斯奇格的宫殿时，她已经被迫放弃她象征的神的仪态和王权。当伊南娜最后来到她姐姐的面前时，她看到她的姐姐正坐在由 7 个威严的阿努纳奇围绕的王位上。“他们紧盯着她，愤怒不已。”他们对她说令人恼怒的事，“拷打精神的词”。她不仅没有受到欢迎，还被判处绞刑……恩基的介入使得伊南娜获救并重生。

史书并没有给出伊南娜受到严酷折磨的理由，也没有援引审判者们给她定罪的审判词。但我们从文章的开始知道，在旅途中，伊南娜派出了她的信使：“天堂充满了我的怨言，众神们也急切需要我。”因而出席葬礼仅仅是一个借口，她想的是迫使神满足她有自己领地的需求。

从她到达都城第一个门的那刻起，一切就强烈地暗示着也许她不应该进去。当厄里斯奇格知道她到来以后，“她的面孔变得苍白，她的嘴唇变得暗淡”。她迫切想知道伊南娜此行的真正目的是什么。当姐妹俩面对面的时候，“厄里斯奇格看见她时大声叫喊，伊南娜毫无畏惧地看着厄里斯奇格。伊南娜让厄里斯奇格莫名地感到了威胁”！

我们已经发现，在《圣经》的婚姻和继承法律中，有关于阿努纳奇死后如何处理他所有财产的法规，其中同父异母姐妹是一个特例。我们相信，在《旧约》第一卷《申命记》中，希伯来人关于个人行为的法规暗示着伊南娜的意图。第二十五章（诗歌 5 ～ 10）记录着这样一个例子：一个已婚男人死了，但是他没有儿子，如果这个男的有一个兄弟，寡妇就不能再和陌生人结婚；他的兄弟有义务与寡居的嫂子结婚，并生育孩子，出生的第一个男孩将以寡妇已故丈夫的名字命名，“以使他的名字不会消失”。我们相信，这也就是伊南娜开启冒险旅途的原因。由于厄里斯奇格已经和杜姆兹的兄弟结婚了，伊南娜不得不应用法规。我们知道，风俗要求长兄肩负责任，恩基就是马杜克在这种情况下的儿子。但马杜克间接导致了杜姆兹死亡，受到惩罚并且被放逐了。那么伊南娜按照风俗有权要求下一个兄弟奈格尔娶她作为他的第二个妻子，以便她能生下一位男性继承人。

伊南娜的意图引起了厄里斯奇格对个人和继承问题的思考。伊南娜是否会满足于只是第二个妻子，或者她是否会密谋并且策划强占她在非洲领地的皇后的身份？显然，厄里斯奇格并不想让她利用这个机会。我们相信，在姐妹之间苛刻的对话以后，伊南娜被迫在一个仓促召集的由“7个阿努纳奇”组成的法庭上接受审判。她被判违犯法规，并立即被吊死。

她的教父恩基听见这个可怕的消息后，立即派了两名使者来救她，这才使她活了下来。“他们控制尸体脉搏的跳动和热量；他们给予她生命所需的水和食物”，于是伊南娜复活了。在苏美尔复活的伊南娜极度悲痛和孤独，在幼发拉底河的岸边度过了她的余生，靠着一棵野生的树诉说着她的悲伤：

> 最终我会拥有圣洁王位，
> 我可能会坐在上面吗？
> 最终我会有一张圣洁床，
> 我可能会躺在那上面吗？
> 关于这些伊南娜所说的……
> 放下头发的伊南娜，她已经疯了。
> 单纯的伊南娜。哦，她哭得多么伤心！

苏美尔人关于出生在地球上、“至少曾经去往天堂一次”的伊南娜的记载表明，唯一同情和喜欢伊南娜的只有她的曾祖父阿努。它也记载了阿努因她而几次迁怒于地球。不确定在何时何地，阿努将伊南娜当作他的亲密爱人而拥抱，但这只不过是苏美尔人的闲话，史书暗示，阿努和他的重孙女之间的爱更像柏拉图式的爱情。

考虑到最高统治神的同情心，伊南娜提出了统治的问题，“土地”，作为君主统治的土地，它在哪里呢？

不管什么理由，这个惩罚对伊南娜来说太重了，很明显，她并没有打算获得非洲的统治权。她的丈夫杜姆兹的死带走了她在恩基后裔土地上的皇后地位。即使她的痛苦感动了一个主神，给予她一块属于自己的领地，它也必须在别处。但美索不达米亚以及与美索不达米亚毗邻的全部土地都是恩基留下的。什么地方可能给伊南娜统治呢？看了一下之后，神有了答复。

上文在讲述到杜姆兹的死亡和马杜克的监禁时，均提及苏美尔人的城市和它们的百姓。这些暗示着，那些事件发生在大约公元前 3800 年后，苏美尔人的都市文明已经开始了。另一方面，以埃及为背景的传说尚没有提到城市的居民区并描述了一个易于放牧的环境，这就暗示着，这应该是在公元前 3100 年之前，城市文明在埃及开始前。曼涅托的文字记载中，在美尼斯统治前，有一段长达 350 年的混乱时期。那段时期大概是公元前 3450 年—公元前 3100 年，由马杜克的麻烦和苦难所触发：巴别塔事件，杜姆兹事件，埃及的神被抓住并且被杀害，埃及的了不起的神被监禁并且被放逐。

然后，我们相信，阿努纳奇将他们的注意力转移到了印度河谷的第三区域，在那里，文明很快开始。

不同于美索不达米亚和古埃及，文明在印度河谷的第三区域仅持续了千年。很快它就开始衰退，到了公元前 1600 年，它完全消失——城市变成了废墟，居民四处逃散。人类的掠夺和自然的破坏逐渐磨灭了文明的印迹，最后它完全被忘记。在 20 世纪 20 年代，由莫蒂默·惠勒爵士带领的考古学家，在中间挖掘出了两个主要中心和几个遗址，从印度洋海岸向北顺着印度河和它的分支延伸了超过 400 英里。

所有的遗址——摩亨佐 - 达罗面向南，在北部的哈拉帕是其主城，直径大约有 3 英里。围绕着城市和城市内部的高墙，不管是公共的还是私有的建筑，都是由黏土或泥土制成的砖块修建的。

城市的两个遗址都由卫城——一个凸起的部分、城堡和神殿决定。这两个结构是被同样精准地测量和安置在了南北轴上，这就证明在建设神殿时，它们的建造者遵循了严密的规则。城市的第二大特点有是一种巨大的谷仓，容量巨大且功能强大，位于河岸附近。这表明，五谷不仅是主要作物，还是印度河文明的主要出口产品。

在他们的遗迹中，还找到了一些人工制品：熔炉、缸、瓦器、青铜工具、铜珠，以及一些银制的器具和装饰品。所有这些都证实，它是从别处突然被移植过来的一种高度文明。因而，摩亨佐 - 达罗最早的两个砖瓦建筑（巨大的粮仓和堡垒塔）又再用木材加固了。这种建筑方法完全不适合印度的气候，很快被摒弃了，并且在随后的所有建筑中，都避免使用木料进行再加固。学者因此认为，最初的建造者是外国人，在开始阶段，他们还处于对自己原来居住地气候的习惯之中。

在寻找印度文明的起源时，学者认为，它不可能是独立地出现的。苏美尔人的文明比它早至少 1000 年。尽管有显著的不同（为破译的象形文字所记录），但与之相类似的文明印痕，在美索不达米亚也到处都能找到。建筑用干泥或黏土砖建造，城市街道布局，排水系统，在玻璃上用化学方法蚀刻，空心小珠的制作，金属匕首和瓶子的形状和设计——所有这些和在乌尔或基什或者其他的美索不达米亚遗址发现的都相似。甚至是陶器上的绘画和标志，或者其他土制物品，事实上都是美索不达米亚的复制品。尼比鲁的象征，具有重大意义的美索不达米亚人的十字架、阿努纳奇的主宰星在印度文明中也一直盛行。

印度河流域的人民崇拜哪些神？被找到的少数图像描述显示，他们佩戴极好的由美索不达米亚生产的头饰。大量的黏土小雕像表明，统治神是女神，通常赤裸（见图 74a）或以小珠和项链作为她唯一的遮盖物（见图 74b）。众

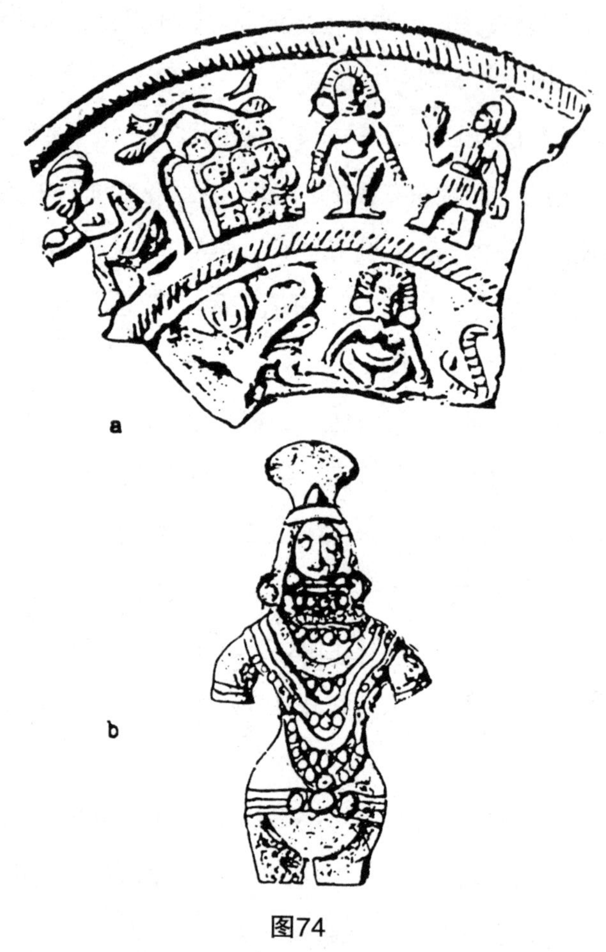

图74

所周知，这些正是对伊南娜的描述，这点在美索不达米亚有大量的发现并且遍及近东。这也就是我们想要说的，当众神为伊南娜找寻一块领地时，阿努纳奇决定将第三区域作为她的领地。

尽管人们普遍认为，美索不达米亚是印度河文明起源和发展的证据，但考古学上仅有的少量残余，却限制了我们对苏美尔和印度河谷之间进一步的接触。我们相信，那里存在着证实这些联系的真实证据。我们对以学者恩麦卡尔和得到《圣经》力量的乌尔君主阿拉塔，以及伊南娜的名字命名的长篇文本特别感兴趣。

文本描述了阿拉塔作为君主越过安珊和远处的山脉，比如越过伊朗的东南部的事。这的确是印度河流域所在：学者 J. 冯・戴克在 1970 年出版的《东方史料》中推测，阿拉塔是一座位于印度河流域或者伊朗的高原城市。文本中最显著的地方就是阿拉塔的谷仓。在那里，“麦子自己生长，豆类也自己生长”——庄稼生长并被存放在阿拉塔仓库。

接着，为了出口，他们“将谷物装入麻袋，放进柳条箱，再放到驴的背上”。阿拉塔以其地理位置，及与印度河文明极其相似的存储谷物和豆类的粮仓而闻名。事实上，你一定想知道哈拉帕或阿拉帕是否正是古老阿拉塔的一个当代影子。

古老传说带我们回到埃里克初登王位时。城市在一个半神半人（乌图 / 沙马氏和凡人的儿子），既是主教又是国王开发的神圣的界域里发展。大约公元前 2900 年，他的儿子恩麦卡尔继位，“谁修造了乌鲁克”（根据苏美尔人的国王史记），将它从一个缺席的神阿努的有名无实的住宅区变成了神统治的一个主要城市。他说服伊南娜选择埃里克作为她权力的主要掌管者，并为此扩建伊安纳神庙（阿努的家）。

古老文本记载了最初恩麦卡尔要求阿拉塔所做的一切：捐献“宝石、镀青铜、铅、天青石平板”用于扩建神庙，以及“熟练地铸造金和银”，以便让伊南娜上升为圣洁的有价值的女神。但这些都比不上恩麦卡尔的傲慢发展得快。天旱折磨了阿拉塔，并且恩麦卡尔现在要求的不仅是物质，还有顺从：他命令“把阿拉塔移交给埃里克”！为了达到他的目的，恩麦卡尔派了一系列的使者控制阿拉塔。S.N. 克莱默在《历史开始于苏美尔》中认为，这标志着“第一场精神战”。在赞美国王和他的力量之后，使者逐字引述恩麦卡尔的威胁，以使他感到孤寂并驱散他的人民。但是，阿拉塔的统治者用他自己的策略对抗着这场精神战。他用混乱的语言提醒使者巴比伦塔事件的后果，他声称没有听懂用苏美尔语传达给他的消息。被挫败的恩麦卡尔这次送去了用阿拉塔语写在黏土上的另一则消息，这看起来要归功于文字女神尼达巴。

为了让威胁更有力，恩麦卡尔以提供在阿努神殿里被保留做种子的“原始五谷”为筹码。由于长期的旱灾毁坏了庄稼，阿拉塔现在急需种子。

天旱被视为标志伊南娜希望阿拉塔“受到埃里克的庇护”。“阿拉塔的君主仔细看了使者带来的竹简，检查了黏土片。楔形文字这么写着：‘命令已经是不可改变的了。’臣服或抵抗？就在这个时候，‘一场风暴，像一头伟大的狮子般袭来’，整个大地都在晃动，高山也在震动，再一次，‘白色围住的阿拉塔’成了富饶的五谷之地。没有必要向埃里克臣服，阿拉塔的君主对使者说：‘伊南娜，土地的女王，没有抛弃她在阿拉塔的家；她没有将阿拉塔交给埃里克。’”

※

“尽管阿拉塔处于喜悦中，但是它期望伊南娜不抛弃她在阿拉塔的家的愿望，并没有完全实现。受到居住在阿努的苏美尔城市中一个宏伟神庙的诱惑，她成了一个通勤的女神，一个‘繁忙的神’，也就是说，远离阿拉塔，定居在埃里克的中心城市。”

她用她的“天堂小船”从一个地方飞到另一个地方。关于她的飞行有很多描述，她就像一个飞行员（见图 75）。

从一些文本记载中可以推断出，她是自己驾驶“天堂小船”的。另一方面，和其他神一样，为了保证飞行安全，给她分配了领航员。《吠陀经》记载了神的领航员普善引导因陀罗通过有斑点的云彩，驾驶着金色的船在空气的中间区域航行。在早期苏美尔人的文本中也提到，AB. 格时运送神到达天堂。我们被告知，伊南娜的领航员是朗戈，他是特意以伊南娜搬到埃里克的阿努神殿而命名的：

当恩麦卡尔统治乌鲁克的时候，
勇猛的朗戈
将伊师塔带到了
伊安纳的东部。

根据苏美尔国王日志，洪水退去以后王朝在基什肇始。然而，“伊安纳的王位也被带走了”。考古学家已经证实，埃里克刚开始是作为一座神庙城市，由神圣的界域组成，在那里，阿努的第一座中等神庙（“白色神庙”）在一个凸起的平台上面修造起来（见图 76）。城市的遗址和它的围墙表明，虽然埃里克扩建了，它的神庙也都扩建了，但是白色神庙还是位于城市的中心

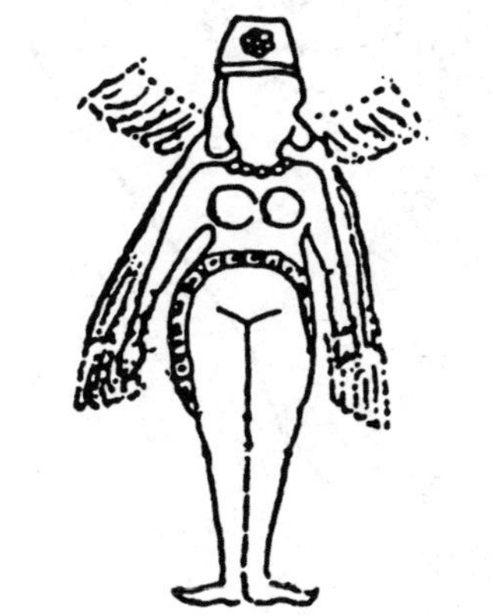

图75

图76

位置(见图 77)。

考古学家还偶然发现了一个供奉伊南娜的壮观的神庙遗址，测定可能是恩麦卡尔在大约公元前 3000 年修建的。这是一座使用高大的圆柱为装饰的独特建筑(见图 78)。

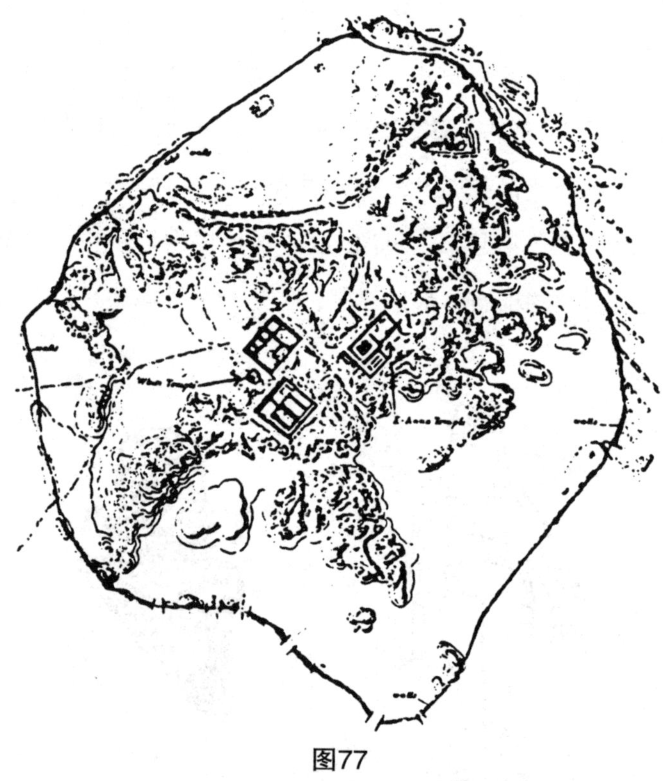

图77

图78

同时，神庙里的其他部分也一样豪华，并始终伴有让人印象深刻的颂歌对她赞美：

用天青石装饰，
用尼那戈的手工品装饰。
在明亮的地方……
伊南娜的住所，
他们安装了阿努的拉琴。

有了这一切，埃里克仍然是一个“守旧的”城，缺乏其他苏美尔城市的特征，有着明显的在被洪水淹没过的城市上重建的痕迹。它缺乏“神赐的”土地应有的财富。虽然经常被提及，但是 ME 的特性并不清楚，学者将之称为“神的戒律”“神的力量”甚至“神化的优点”。然而，ME 被描述为一个可以整理和运载的物体，并且包含秘密知识或数据。或许就像我们当代的计算机芯片，数据、节目和操作指令被周详地记录在上面。他们文明的精华被加密了。

这些 ME 为阿努纳奇的首席科学家恩基所有。它们被逐步投放，以帮助人类在埃里克建立起高度文明，显然，在伊南娜成了埃里克的常驻神时，埃里克还没有实现这一目标。急切的伊南娜决定用她的女性魅力改善形势。

S.N. 克莱默命名的文本《苏美尔人的神话》写的就是“伊南娜和恩基”，它描述伊南娜怎么驾驶着她的“天堂小船”远航到冥界之屋，在那儿，恩基藏匿了 ME。恩基意识到，伊南娜独自来拜访自己——“未婚，独自，自主地来到冥界之屋”。恩基命令他的侍从准备一顿奢侈的饭，包括大量的上好的葡萄酒。在美食和酒的作用下，恩基的心情变得愉快，伊南娜谈起了 ME 的话题。亲密地喝着酒，恩基向她展示了关于“王权……神权的 ME，高贵不朽的三重冠和王权的宝座”，而“聪明的伊南娜拿走了它们”。当伊南娜在她的年老的主人面前施展她的魅力时，恩基对她第二次介绍“高尚的君权和幕僚，高贵的圣坛，正当的统治者的地位”，当然，“聪明的伊南娜也拿走了它们”。

随着宴会的继续，恩基失去了主要的 7 个 ME。神的夫人接受了它的作用和属性，它的神庙和仪式，它的教士、太监和妓女；战争和武器；正义和法院；音乐和艺术；石工、木材加工和金属工作；皮革制品和编织；医学和数学；等等。带着这些标志高度文明的属性的密码，伊南娜驾驶着她的天堂小船回到埃里克。

几小时后，冷静下来的恩基意识到伊南娜带着 ME 离开了。他的侍从提醒恩基，他自己将 ME 作为礼物给了伊南娜。恩基命令侍从驾驶着他的“极好的飞船”去追捕伊南娜和找回 ME。在伊南娜的第一个停靠点，侍从向伊南娜解释了恩基的命令；但伊南娜反问：“为什么恩基违背了他给我的承诺？”并拒绝归还 ME。侍从将情况向恩基报告，恩基命令侍从扣押伊南娜的天堂小船，把 ME 和小船带回埃利都，然后放了伊南娜。

在埃利都，伊南娜命令她最信任的飞行员拯救“天堂小船和作为礼物给伊南娜的 ME”。因此，当伊南娜和恩基的侍从继续争吵时，她的飞行员开走了她的小船和带走了那些无价的 ME。得意扬扬的伊南娜沉着地应对民众的欢呼，随声附和着埃里克的人民的情绪。

ME 的主人，明亮辉煌的女王；

公正、散发着光环，被天堂和地球所深爱；

阿努的圣役，受到巨大崇拜；

为了高尚的三重冠，

为了与崇高的圣职相适。

她得到了 7 个 ME。

在她的手里举着。

伟大的 ME 的主人，

她是它们的守护者……

在那些日子里，伊南娜成为万神殿十二神之一，并且（代替宁呼尔萨格）被分配了行星金星作为她的圣物，星座 AB.SIN（处女座）成为她的黄道十二宫标志。对后者的描述，在苏美尔时期几乎没有改变（见图 79）。伊南娜为了表达她的喜悦，向所有的神和人宣布：“我是女王！”

颂诗承认了她在众神中的新地位和她的神圣属性：

图79

对来自天堂的人，

对来自天堂的人，

“嗨！”我们说。

她是高傲的、伟大的、可靠的，

当她在晚上光芒四射地到来，

宛如一个圣洁火炬照亮了天堂。

她的姿势在天堂就像是月亮和太阳……

在天堂她是可靠的，阿努的“野生母牛”；

在地球她是不朽的，土地的主人。
在冥界之屋，从埃利都那里她接受了 ME。
她的教父恩基将它们送给了她，
将统治权和王权交到她的手里。
对于阿努，她获得了最高统治权。
对于恩利尔，她决定了他的命运……

苏美尔人的颂歌《黑头人》从她在神中的较高地位说到对她的崇拜：

在所有土地上，丰收的时候，
所有的黑头发的苏美尔人聚集在一起……
他们来到她面前……带着争执。
她评判好坏并惩罚罪恶，
她是正义的，为他们做出好的决定……
她是阿努喜悦的女主角，
她必定来自天堂。
……她是强大的、可靠的、伟大的；
她比年轻人更有力。

埃里克的人民有充分的理由感激伊南娜。在她的统治下，埃里克成了苏美尔文明一个富有的中心。在称赞她的智慧和勇气时，埃里克的人民没有提及她的美貌和魅力。事实上，大约就是在那时，伊南娜制定了“神圣的婚姻风俗”，借以性交的神父应该成为她的配偶——但只有一夜。属于国王艾丁－达甘的史书，描述了伊南娜的神庙生活——音乐、男妓和其他的方面：

男妓为她梳头……

他们的脖子上戴着彩带……

他们用女性的服饰装饰右边，

当他们在纯洁的伊南娜面前走过；

他们用男性的服饰装饰左边，

当他们在纯洁的伊南娜面前走过……

戴着跳跃的绳子和穿着漂亮的衣服，

他们在她面前竞争。

……年轻的男人们，戴着铁环为她唱歌……

舒革娅的女教士们，走到伊南娜面前……

她们为我们的女王铺床，

她们用大量的芳香的香柏油冲洗，

为伊南娜，为国王，她们整理床。

国王高兴地靠近她纯洁的膝部，

他骄傲地接近伊南娜的膝部。

他爱抚她纯洁的膝部；她躺在床上和他做爱。

她对艾丁－达甘说：“你就是我的最爱。”

伊南娜的这个习性也许来自恩麦卡尔，乌鲁克联盟的下一个统治者，神赐的一位公正的管理者，他的后裔卢加尔班达。和恩麦卡尔一样，我们也找到了几个与他相关的史诗传说。似乎伊南娜希望他代替自己统治阿拉塔，但卢加尔班达不安定、爱冒险的天性让他不愿意留在一个地方。另一个史诗传说《卢加尔班达和呼兰山》记载了他经历危险的旅途到“令人敬畏的地方”寻找神的黑鸟。他到达了受限制的山：“阿努纳奇，神的山，在地球里面就像白蚁挖的隧道。”为了寻找飞向天堂的乘骑，卢加尔班达向保管它的神恳求。他的话使人类追求飞翔的梦想不灭：

像乌图一样让我去，像伊南娜，
像伊希库尔的7个风暴。
在火焰中让我飞起来吧，
伴随着雷声！
让我去那些我眼睛能看到的地方，
无论我渴望去哪里，让我启程吧，
让我到达我心里想到达的任何地方。

……当他到达了呼兰山，卢加尔班达受到看门人的挑战："如果你是神，说一些友好的话我就会让你进去；如果你是一个凡人，你的命运就在我的手中。"

卢加尔班达，这个受宠爱的神的后代，
伸出他的手说：
"我就像萨拉，
是伊南娜心爱的儿子。"

但圣域的守护者用神谕拒绝了卢加尔班达："的确，你会到达遥远的土地并且使你自己和埃里克都闻名于世，但是你必须徒步去做这些。"

另一个长篇史诗传说，最初被学者称为《卢加尔班达和恩麦卡尔》，最近改为《卢加尔班达史诗》，肯定了卢加尔班达的半神血统，但没有指明他的父亲。不过，我们可以从随后的事件推断出他的父亲是恩麦卡尔。已经证实，恩麦卡尔是在以象征性婚姻为幌子的长长的统治者名单上第一个和伊南娜性交的人。

伊南娜的这个“邀请”在《吉尔伽美什史诗》中是一个特色。作为埃里克的第五任统治者，吉尔伽美什寻求逃脱人类终将一死的命运，因为，作为女神宁松和主教库拉布的儿子，他有“2/3 的血统是神”。在他寻求不朽的旅途中（充分查验了通往天堂的楼梯），第一站到达了雪松山“着陆点”——位于黎巴嫩山的古老的着陆平台（似乎，卢加尔班达也到过那些地方）。同那些守卫在禁区周围的巨大怪兽作战，如果没有乌图的帮助，吉尔伽美什和他的同伴都会被杀死。筋疲力竭的吉尔伽美什脱下了他透湿的衣裳，以便洗漱和休息。就在这个时候，伊南娜／伊师塔在天上看到了争斗，被吉尔伽美什的毅力征服：

> 洗净脏了的头发，擦亮他的武器，
> 撩起披在背后的头发，绑起它们，
> 他脱下那些脏了的衣物，换上干净的，
> 披上了一个有装饰的斗篷，系上腰带。
> 当吉尔伽美什戴上了他的头冠，
> 光彩照人的伊师塔抬眼看到了吉尔伽美什的美丽。
> “过来，吉尔伽美什。你是我的爱人！”
> 她说：“给予我你的强壮；
> 你将是我的丈夫，我将是你的妻子。”

她以光彩的（虽不永恒）生命的诺言加强了她的邀请，希望吉尔伽美什同意做她的性伴侣。虽然“她已经被塔穆兹（杜姆兹）授予神职”，但吉尔伽美什反感她有一份长长的以朋友的方式对待的爱人名单。“你年轻的恋人，年复一年哭泣，”他说，比如在哀悼时，她仍然追求并抛弃恋人，“就像是鞋子刺痛了主人的脚……就像门不能挡风……哪个才会是你永远的恋人？”他要求，“如果你和我在一起，你不能像对待他们那样对待我。”（被冒犯了的伊南娜于是接受了阿努的建议，反对将吉尔伽美什送上天堂，在埃里克门外，吉尔伽美什在最后一刻被救下。）

※

埃里克的黄金时代没有永远持续下去。在吉尔伽美什之后有 7 位国王。然后，“乌鲁克用武器打败了它：它的王位被乌尔取代了”。陶克尔德·雅克布森，在研究苏美尔的国王名单时对这件事进行了彻底的研究，他相信，在苏美尔，王位从埃里克到乌尔的变更大约发生在公元前 2850 年。其他学者采用一个更晚的时间，大约是公元前 2650 年。

各种各样的统治者的王朝变得越来越短，都城在苏美尔的主要城市之中反复变换：从乌尔到阿万，然后回到基什；一个城市被命名为哈马兹，然后回到埃里克和乌尔；到阿达布、马里再回到基什；到阿克萨克再到基什；最后又一次到埃里克。在这不足 220 年间，另外有一些王朝在基什，三个在埃里克，两个在乌尔，另一个在其他五个城市。显然，这是一个易变时期：一方面天气干燥，另一方面人口增长带来的水权和灌溉水渠的问题，增加了城市间的摩擦。在每个事例中，城镇不再是被“武器重击了”。人类开始发起他们自己的战争！

用战争的方法来解决地方争端变得更加普遍。那个时期的献词表明，疲累的平民为得到神的厚待，通过向神提供贡品和加强崇拜来竞争。交战城市越来越多地向它们的神寻求细琐争论的解决办法。比如，尼努尔塔就被卷入一个城市的灌溉渠是否侵犯了另一个城市领地的争端。同样，恩利尔被迫命令交战各方停战。当众神都感到厌烦的时候，这种连续不断的冲突和不稳定很快到达了一个顶峰。当洪水再一次到来的时候，恩利尔已经十分厌恶人类，他计划用洪水淹没他们。在巴别塔事件之后，他将人类分散开，并使他们语言不通。现在，他的厌恶之情再一次增长了。

紧接着这个事件的历史背景，是众神最后一次努力重建原来的都城基什作为王位的中心。他们第四次在基什建立王位。统治者开始的王朝名字表明了他对辛和伊师塔还有沙马氏的忠诚。但是，有两个统治者的本名表明，他们是尼努尔塔和他的配偶的后代，是辛神和尼努尔塔神的对立者。这就导致了一个无足轻重的凿石匠统治了基什七年。

在这种不稳定的情况下，伊南娜为埃里克找回了王位。她选择了卢加尔基西，也留下了神 20 多年的厚待；但是另一方面，却毁坏了基什并造成了它永久的荒芜。这引起了恩利尔的愤怒。采用暴力来掌控人类统治权的方法似乎变得越来越有道理……这就需要一个没有卷入任何纷争，可以拥有稳定领导权并同时扮演国王的角色，作为中间人，调解众神和人类之间的所有平凡的矛盾的人。

这就是伊南娜在她的一次飞行旅行中找到的人。

她遇到他，大约是在公元前 2400 年，从此开创了一个新的时代。他刚开始是基什国王的斟酒侍从。在接管了美索不达米亚中心地区的统治权后，他很快统治了整个苏美，延伸到它的邻国，甚至是遥远的国度。第一个帝国建造者的名字是萨鲁 - 金（Sharru-Kin，“公正的统治者”），现代课本称他为萨尔贡第一代或伟大的萨尔贡（见图 80）。他在离巴比伦不远的地方修造了自己全新的都城，并命名为亚甲（“团结”）；我们知道，亚甲是来自阿卡德语的第一个希伯来语词。

一本名为《萨尔贡传奇》的书，用他自己的话记载着他神奇的个人经历：

萨尔贡说：“我是阿卡德城的强大国王。

我的母亲是一位大祭司；我不知道我的父亲是谁……
我的母亲孕育了我，秘密地生下了我。
她仓促地将我放入筐中，
并用沥青密封了盒盖，将我丢入河中。
但是我没有被淹死，河流养育了我。
它将我带给了灌溉的人阿克。
他取水时，把我从河中捞上来。
阿克将我当作他的儿子一样养育。
阿克任命我为他的花匠。”

这些就像摩西的传说（在摩西之前1000多年写的）。然后，他继续回答这个显而易见的问题：连自己的父亲是谁都不清楚，而且只是一个花匠，怎么可能成为一位强大的国王？萨尔贡是这样回答这个问题的：

图80

当我是花匠时，伊师塔给予了我她的爱。
并且我行使了王权 54 年，
我统治并且管理那些黑头人。

他的简明声明在另一文本里有详尽阐述。作为工人的萨尔贡和可爱的女神伊师塔之间的相遇是偶然的，但并不单纯：

某一天我们的女王，
在横穿天堂以后，横穿地球，
在横穿天堂、横穿地球后，
在横穿埃兰和舒布尔后，
在横穿……后，
已十分疲倦，睡着了。
我在我的花园边看见了她；
亲吻她，与她交配。

我们猜想，当伊南娜醒来之后，她发现萨尔贡是她喜欢的男人，这个男人不仅能满足她的性欲，还能满足她的政治抱负。一本名为《萨尔贡编年史》的书这样记载道，阿卡德城的国王萨鲁－金，在伊师塔时代崛起（获得权力）。他既没有竞争对手也没有反对者；他的统治遍及所有国家；他穿过了东部的大海；他彻底征服了西部的国家。

当我们提到“在伊师塔时代”时，一些学者难以理解。但它可以这样理解：在那时，无论如何，伊南娜／伊师塔有权力挑选一个男人坐上王位并为她创造帝国：“他击败了乌鲁克并且摧毁了它的城墙……他在乌尔居民的争斗中是胜利者。他开拓了从拉格什起，远到海洋的整个疆土……也占领在苏美尔古老边界线之外的疆域，马里和埃兰也臣服于萨尔贡。”

为向伟大的萨尔贡和伟大的伊南娜表达崇敬，建立了新的阿卡德城首都并为伊南娜建造了乌马西（“闪烁，豪华”）神庙。“在那些日子里，”苏美尔人的史书记载着，“阿卡德城的住宅里充满了金子，它闪闪发光的房子充满了银子。进入它的仓库，全是铜、铅、天青石厚板；它的粮仓在边上满满地鼓起。它的老人拥有智慧，它的老妇人拥有口才；它的年轻人被赋予了有力的武器，它的小孩子拥有欢悦的心情……城市充满了欢歌笑语。”

在那个美丽、欢愉的城市“阿卡德城，圣洁的伊南娜建造了一座神庙作为她尊贵的住所。在乌马西她设立了一个王位”。“在围绕着苏美尔主要城市的一系列神坛中，它是最高的一座神庙”；“在埃里克，伊安纳是我的”，伊南娜列出了她在尼普尔、乌尔、吉尔苏城、阿达德、基什、德尔、阿克沙克和乌玛的神庙，最后还有在阿卡德城的乌马西。她问道：“有哪个神能和我相比？”

虽然受到伊南娜的提拔，但是萨尔贡并未获得王位，也未能在苏美尔和阿卡德地区闻名。不能忽视阿努和恩利尔的同意和祝福。在双语（苏美尔语和阿卡德语）史书中记载的、最初题写在恩利尔在尼普尔的神庙中放置的萨尔贡雕像上的话表明，萨尔贡不仅是伊师塔“威严的监工”，还是阿努“指定的教士”和恩利尔“杰出的摄政者”。萨尔贡写道，是恩利尔给了他统治权和王位。

萨尔贡是这样描述他的征程的，伊南娜积极地出现在战场上，但恩利尔全面考虑到关于胜利的机会和疆土的范围：“恩利尔没有让任何人反对国王萨尔贡，从地中海到波斯湾都给了他。”萨尔贡题字的附言总是将阿努、恩利尔、伊南娜和乌图／沙马氏作为他的“证人”。

当你仔细审视这个广阔的帝国，从上海域（地中海）到下海域（波斯湾），可以很清楚地看出，首先，萨尔贡的征途，受到了辛和他的孩子的领地（伊南娜和乌图）的限制，甚至在他们的鼎盛时期，也完好地保留了恩利利特的疆土。萨尔贡到达了拉格什，尼努尔塔的一个城市，征服了拉格什以南的疆土，但没有征服拉格什；由于尼努尔塔的影响，也没有扩张到苏美尔的东北部。越过苏美尔古老的分界线，他进入到埃兰地区的东南部——较早时期就处于伊南娜的影响之下。但当萨尔贡向西进入幼发拉底河中部地区和阿达德的领地地中海海岸时，“他拜倒在神的面前祷告，他放弃了上部区域的马里、雅模利和艾贝拉，直到雪松森林和银色山”。

从萨尔贡的献词中可以清楚地看出，他既没有让出提尔蒙（神自己的第四区）和马根（埃及），也没有让出在第二区的、他仅与那些土地存在友好贸易关系的恩基后裔的领地麦努哈（埃塞俄比亚）。在苏美尔，他交出了那些尼努尔塔控制的地区和马杜克要求的城市。但是，“在他统治的后期”，萨尔贡犯了一个错误：

> 他从巴比伦的地基上拿走了一些土壤，
> 并在阿卡德城旁边修建了另一个巴比伦。

为了理解这件事的严重性，我们回忆一下“巴比伦”—— Bab-Ili 的含义：“神的门户”。对巴比伦来说，它就是公然违抗马杜克的一个标志。它以它神圣的土壤为象征。现在，由于伊南娜的鼓动和她的野心的驱使，萨尔贡拿走了神圣的土壤并将它作为新的 Bab-Ili 的地基，大胆地打算将巴比伦的标志作用转移到阿卡德城。

这就导致了一个严重的结果，也给了马杜克一个重新扬威的机会。

> 由于萨尔贡亵渎圣物，因而被判有罪。

伟大的君主马杜克变得愤怒，
并用饥饿摧毁了他的人民。
从东部到西部，他疏远了他们与萨尔贡，
并且作为对萨尔贡的惩罚，他不可以休息。

绝望的人民一波接一波地起义，萨尔贡“不能休息”，失去了名誉，又饱受折磨，他在统治王朝 54 年以后死去。

第十二章

灾难的前奏

关于伊师塔时代最后岁月的资料来自大量的史书。将它们汇集在一起，便组成了一个戏剧性的、令人难以置信的故事：对地球上由女神掌控的最高权力的篡夺；对在尼普尔的恩利尔神庙内殿的玷污；凡人军队对第四区的侵入；对埃及的入侵；非洲的神出现在亚洲领域，其行为和产生的影响都是难以想象的；众神之间的大变动，正好让人类统治阶级利用他们的权力，同时也伴随着残酷的杀戮。

面对她从前的敌人再度出现这一事实，不管代价是什么，伊南娜都不再只是简单地放弃。坐在王位上的是萨尔贡的第一个儿子，并且一个一个接下去，国王作为附庸参与她在东部山区的战役。像一头被触怒的母狮一样，她为被瓦解的帝国而战，“地上在下火……就像一场充满攻击性的风暴”。

“您以摧毁您反叛者的土地而闻名”，一首由萨尔贡的女儿吟诵的哀怨的诗写道，“您通过屠杀他的人民而闻名”……相反地，“认为那些说不的城市是你的”，使“它的河中流淌着的全是血”。

伊南娜在两年多的时间里摧毁了周围全部的城市，直到众神决定，唯一能停止大屠杀的方式是强迫马杜克再一次被放逐。当萨尔贡设法移走一些源于传说的具有象征意义的泥土时，马杜克回到巴比伦，重新加固了城市，特别是巧妙地升级了它的地下供水系统，使城市不易受到攻击。无法或不愿意用武力驱逐马杜克，阿努纳奇转向马杜克的兄弟奈格尔，并要求他“恐吓马杜克，让他放弃在巴比伦的君王之位”。

我们是从被学者命名为《埃拉叙事诗》的书中知道这些事件的，在书中，奈格尔被称为古老的编年史学家埃拉，其中有一些不敬的词语，意为“拉的奴隶”。更准确地说，它应该被称为奈格尔的罪恶，因为里面记载了一系列归咎于奈格尔的灾难性事件；但这些对我们了解和理解灾难的起因是不可多得的宝贵财富。

接受了使命，奈格尔／埃拉开始了到美索不达米亚与马杜克进行一次面对面交谈的旅途。到达美索不达米亚后，他首先停在了埃里克，“阿努的城市，众神之王”，当然同时，也是被伊南娜／伊师塔搞得一团糟的地方。到达巴比伦后，他走进宇宙的神庙埃萨吉拉，并站在马杜克面前。古老的艺术家记录了这次重要的会面（见图 81）：它描述两个神举着他们的武器，戴着头盔的马杜克站立在平台，做出某个表示欢迎他的兄弟的动作。

兼具称赞与谴责，埃拉告诉马杜克，他为巴比伦所做的美好的事情，特别是它的供水系统，使得马杜克的名誉就像天空中一颗闪亮的星星，但却使其

图81

他城市用水困难。此外，在巴比伦称王，“照亮了它神圣的界域”，也激怒了其他神：因为它的遮挡，“包括阿努的住宅也变得黯淡”。马杜克坚决地说，不会再继续违背其他阿努纳奇的意愿，当然也不会违背阿努的意愿。

但马杜克以洪水给地球造成的改变为借口，解释说他必须亲自处理这些事情：

洪水，带来了
宇宙万物规则的混乱。
众神的城市在宽阔的地球上被完全改变，
他们没有回到他们应该去的地方……
当我再一次回望他们的时候，我厌恶我的罪恶，
没有让他们回到最初的地方。
人类的存在被贬低……
我必须重建我在洪水中被冲走的家园；
它的名字，我必须再一次叫起来。

在大洪水之后对马杜克造成困扰的那些混乱，使得埃拉在解释某些神的古物上犯了错——“发布命令的文书，神谕；王位的标志，圣洁的王权构成了光辉的统治……马杜克问道，哪里有粉碎所有神圣的辐射石？”马杜克说：“如果我某一天被迫使离开我的位子，洪水将再次来到……水不会上升……明亮的天变得黑暗（将转动）……混乱将出现……狂风怒吼……疾病将传播。”

如果马杜克能亲自去人间捡回那些宇宙的古器物，作为更多的交换，埃拉会给马杜克回报。他保证，马杜克不需要担心巴比伦的“工程”。他会进入马杜克的神庙，但“只会在门前竖立起阿努和恩利尔的雕像”——的确，在神庙遗址上发现了有翼的公牛雕像——不会扰乱供水系统。

马杜克听到了埃拉给出的诺言。

证实了他的好意。

因此马杜克从他的位子退出，去了阿努纳奇的住所，

有矿山的土地，并设置了自己的领域。

由于被说服，马杜克同意离开巴比伦。但在他离开不久，奈格尔打破了他的承诺。无法抵抗自己的好奇心，奈格尔／埃拉冒险进入了马杜克在离开前强调禁止进入的神秘地下洞室基角拉；同时，在那里，埃拉将“光亮”（能量的辐射源）移动了。于是，就像马杜克所预警的那样，“白天变成了黑夜”，“洪水泛滥”并且很快“土地荒芜，人类开始死亡”。

整个美索不达米亚都受到了影响，艾／恩基、辛和沙马氏都在为他们自己的城市担心，并充满了对埃拉的愤怒。人民向阿努和伊师塔献祭，但毫无用处：“水源枯竭了。”埃拉的父亲艾责备他说：“既然马杜克已经离开了，你还在干什么？”他下令，移走原本安放在埃萨吉拉前的埃拉的雕像。“滚开！”“去那些从没有神去过的地方！”

埃拉无言以对，可是只过了一会儿，就说出了无理放肆的话。愤怒的他捣毁了马杜克的神庙，并点燃了它的门。当他要离开的时候，为了显示他的挑衅，他对随从宣布说：“留下做我的勇士，他们再也不会回来了。”的确如此，当埃拉回到库德城，他的随从留下了，为奈格尔永久地留在了闪族的土地上。在离巴比伦不远的地方，他们分到了一块聚居地，或许是作为一支永久驻军。在那里，在撒玛利亚的《圣经》时代，“Kutheans 崇拜奈格尔”，并且在埃兰有对奈格尔的正式祭拜。在那里发现的一个罕见的青铜雕塑可以证明（见图 82），它表现的是崇拜者在神庙庭院表演带有显著非洲特征的狂热祭拜仪式。

马杜克离开巴比伦结束了他和伊师塔的冲突；马杜克和奈格尔之间因后者具有亚洲人的外表而不和，这无意中使得奈格尔和伊师塔结成了一个联盟。

图82

一系列出人意料且人们不愿发生的悲剧就这样由命运造就了，给阿努纳奇和人类带来了巨大的灾难。

当伊南娜的权力被恢复，她让萨尔贡的孙子那拉姆－辛（“辛最喜爱的”）坐上了阿卡德城的王位。看中他最终将成为辛真正的继承者，她鼓励他成就壮丽和伟大。在短暂的和平和繁荣后，她激励那拉姆－辛开始扩展从前的帝国。很快，伊南娜开始侵犯其他神的疆土，但他们没有能力或不愿意与她争斗：“伟大的阿努纳奇神出逃了，在您开始振翼之前。”写给伊南娜的赞美诗这样说：“他们不敢在您可怕的面孔之前站立……不能抚平您愤怒的心情。”在被吞并的疆土的岩石上，一些雕刻将伊南娜描绘成残酷的征服者（见图83）。

在战争开始之初，伊南娜仍然称自己是“敬爱恩利尔”和一个“执行阿努指示”的人。另一方面，她的意图从本质上改变了，从镇压叛乱到有预谋地争夺权力。

两套史书记录了那个时期的事。一个论述女神，另一个论及她的代理人：国王那拉姆－辛。两本记录都表明，伊南娜的第一个不可超越的目标就在雪松山的着陆点。作为一个会飞的女神，伊南娜相当熟悉那个地方：她“烧毁了山的巨大的门”，并且，在短暂的围困以后，守卫队伍投降了：“他们自愿解散了自己。”

正如那拉姆－辛献词中记录的，此后伊南娜转向了地中海南部海岸，攻占了一个又一个城市。攻取耶路撒冷——任务控制中心——没有明确地被提及，但伊南娜必然要攻占那里，因为她继续攻占了耶利哥，横跨重要的战略点约旦河并与阿努纳奇在特耳革哈舒的堡垒相对。耶利哥这座属于辛的城市也造反了："它不再是'属于生你的父亲'。"它许下了它庄严的誓言，但它背叛了。《旧约》里充满反对"跟随陌生的神"的箴言；苏美尔人的文本记录了同样的罪过：耶利哥的臣民已经向伊南娜的父亲辛许下了庄严的崇拜的誓约，却转而崇拜另一个陌生的神。在一个圆筒图章上，描绘了这个"有海枣的城市"向全副武装的伊南娜投降的情形（见图 84）。

图83

图84

占领了迦南以后，伊南娜站立在了第四地区的门口，航空的区域。萨尔贡不敢跨越警戒线；但由于伊南娜的鼓励，那拉姆－辛那样做了。

美索不达米亚女王编年史中的记载证实了，那拉姆－辛不仅进入了半岛，还侵略了马根（埃及）：

> 萨尔贡的后代那拉姆－辛，前进到阿皮沙镇并在城墙上打开了一个突破口，攻克了它。他亲自捉住了阿皮沙的国王瑞西阿达德和阿皮沙的大臣。
>
> 然后，他前进到了马根国并亲自捉住了马根的国王曼奴丹奴。

以上这些准确的描述，在巴比伦皇家编年史中得到了证实——虽然它听起来太让人难以置信。为此，一位人类的国王和一支人类的部队通过西奈半岛，神自己的第四区域。从远古时代开始，建立了一条亚洲和非洲之间的、沿着半岛的地中海海岸的商船航线，稍后，这条路线由于埃及人建立了供水站和罗马人经过马里斯而扩大了。这条路线的古老用户很好地远离了太空空间站所在的中央平原。但那拉姆－辛带领的军队是否是沿着沿海路线前进的则不得而知。考古学家在美索不达米亚和埃兰发现了埃及人设计的光滑的花瓶，证实他们的拥有者（在阿卡德）正是“那拉姆－辛，第四区的国王，花瓶上闪闪发光的是马根地区的王冠”。那拉姆－辛开始称自己为“第四区的国王”，这证实他不仅攻占了埃及，还暗示他的影响力已经扩大到西奈半岛。看起来伊南娜只是匆匆经过。

（从埃及的记录中也可以知道，在那拉姆－辛时期的外国入侵。它们描述了一个极其混乱的时期。埃及古物学家的莎草纸记录，表达了对艾帕威尔的责备，“陌生人进入了埃及……出身名门的名士充满悲哀”。在这个时期，统治权和王权中心发生了转移，从北部的孟菲斯－太阳城到南部的底比斯。学者称这个混乱的世纪为“第一个中级时期”，紧随其后的是第六代法老王朝的崩溃。）

伊南娜是如何明目张胆地侵扰西奈半岛并侵占埃及而没有受到埃及其他神的反对的？

已经被学者们推翻了的在那拉姆－辛的献词中记载的其中一种答案是：显然美索不达米亚统治者对非洲神奈格尔十分尊重。尽管这看起来毫无意义，事实是，一本名为《库热的领袖那拉姆－辛》（有时也称为《库德城国王》）的文本，证实了那拉姆－辛曾去过疯狂崇拜奈格尔的中心库德城，并在那里树立了一个石碑。在石碑上，他用象牙色的木简描述了这次不同寻常的拜访，全都是对奈格尔的崇敬之词。

那拉姆－辛承认奈格尔的力量和影响远远超出了他的范围，这可以从当那拉姆－辛和埃兰的统治者签署条约的时候，奈格尔被请求当见证神之一看出来。并且在那拉姆－辛记录军队到达位于黎巴嫩的雪松山的献词中，国王将成就归功于奈格尔（而不是伊希库尔／阿达德）：

虽然自从有人类统治以来，
还没有一个国王毁坏阿曼和艾贝拉，
现在神奈格尔为强大的那拉姆－辛打开了一条路。
奈格尔给了他阿曼和艾贝拉，
并送给他阿马努斯山和雪松山还有上海域。

作为一个有影响的亚洲神，奈格尔的行为令人费解，并且伊南娜的代理人那拉姆－辛大胆地行军到埃及——所有这些违例的行为，造成了金字塔战争之后第四区的现状——有一个解释：当马杜克将他的注意力转移到巴比伦时，奈格尔在埃及担任了一个杰出的角色。他去说服马杜克离开美索不达米亚：没有进一步的争斗，友好的聚会变成了兄弟之间痛苦的敌对。

这导致了奈格尔和伊南娜的联盟。但是，当他们代表彼此时，他们很快发现自己受到了其他所有神的反对。众神在尼普尔集会，去处理伊南娜的侵略带来的破坏性的后果，甚至恩基也认为她做得过火了。众神发布了对她的拘捕令并由恩利尔负责审判。

我们从学者命名为《阿卡德的诅咒》这本编年史中了解了这些事情。这个决定伊南娜无法控制。“伊库尔的命令”（伊尼德在尼普尔的神圣界域）是反对她的。但伊南娜没有等着被抓或被审判，她丢弃了她的神庙并逃离了阿卡德：

当伊库尔的“命令”到达阿卡德的时候，
阿卡德一片死寂，
整个阿卡德都在发抖，
她住的乌马西神庙处于恐怖中。
她第一次抛弃了她的住所，
圣洁的伊南娜抛弃了她在阿卡德的圣地。

当伟大的神的代表团到达阿卡德的时候，他们只发现了一个空的神庙，他们所能做的是，剥夺这个地方所有的权力：

没有几天，统治权的王冠，
王权的皇冠，将王权交还给统治者：
尼努尔塔将她带回自己的神庙；
乌图带走城市的“口才”；
恩基收回它的“智慧”。
它的可怕也许会到达天堂，
阿努将它移到天堂的中间。

“阿卡德王位被推翻，它的未来是极其不乐观的。”“那拉姆－辛幻想‘和她的女神伊南娜交流’。”“他将话留在了心里，没有将它们说出来，没有告诉任何人，他为自己保留了它……7 年了，那拉姆－辛一直在等待机会。伊南娜能在她从阿卡德失踪 7 年的时间里找出奈格尔吗？文本没有给出答案，但是，我们相信这是伊南娜唯一能远离恩利尔的愤怒的安全地方。接下来的事件暗示，伊南娜获得了至少另一个主要的神的支持，因为她比以前更加大胆、更有野心。显然，那只可能是奈格尔。伊南娜可能藏身在奈格尔的非洲下部领域，这看起来是最有可能的一个假设。”

这两人谈论现状，回顾过去的事件，讨论未来，想建立一个重新安排神的区域的新联盟。新的秩序的确是可行的，因为伊南娜正在打乱地球上旧的神赐予的秩序。一个标题为《所有 MEs 的女王》的古老文本，证实伊南娜的确慎重地决定违抗阿努和恩利尔的统治，她废除了他们的规则和章程，自称是最伟大的神：“了不起的女王的女王”，宣称她“比生她的母亲更伟大……甚至比阿努更伟大”。“她践行着她的声明，并且占领了在埃里克的伊安纳（‘阿努的议院’），打算废除阿努当局的标志”：

天堂的王位被女性占领……
她改变了圣洁的阿努的全部规则，
不害怕伟大的阿努。
她占领了伊安纳——
具有持久魅力的议院；
她破坏了这个议院，
突袭它的成员，俘虏了他们。

武力反对阿努并伴随着相似的对恩利尔地位和权力标志的攻击，伊南娜将这项任务分配给那拉姆－辛。在《阿卡德的诅咒》的文本中，记载了他对位于尼普尔的埃兰的攻击导致了阿卡德的衰落。从这一点我们可以看出，经过7年的等待，那拉姆－辛收到了进一步的神谕，因此改变了“行动方针”。当收到新命令的时候：

他违抗恩利尔的命令，

镇压那些曾为恩利尔服务的人，

调动他的队伍，

像一个习惯了当高级统领的英雄一样，

对伊库尔加以统治。

侵占表面上无防备的城市，“像盗匪那样掠夺它”。他从神圣的界域接近了伊库尔，“依靠神庙架设了一个大梯子”。他捣毁进入至圣区域的路：“人们现在看见了它神圣的地下室，一个没有光的房间：阿卡德人看见了神的圣洁的器具。”那拉姆－辛“将它们丢进火里”。他“通过恩利尔的议院将大船停靠在码头，并运走了这个城市的财产”。亵渎圣物是非常可怕的一件事。

恩利尔下落不明，但很明显已经离开了尼普尔——“抬起他的眼睛”，他看到了尼普尔遭受的破坏和伊库尔的衰落。“由于他心爱的伊库尔受到了攻击”，他命令一大群古提姆的人从山地到美索不达米亚的东北部去攻击阿卡德并摧毁它。他们来到阿卡德和它的城市，“浩大的队伍，就像蝗虫一样……什么都没能逃出他们的武力”，“在屋顶睡觉的人就在屋顶上死去；睡在房子里面的人不能被带去安葬……头被击碎了，嘴被击碎了……血流成了河”。

一次，然后第二次。其他神劝解恩利尔说：“让阿卡德城因凶恶的诅咒而受苦”，但让其他城市和农田生存下来吧！当恩利尔最终同意后，8个伟大的神加入了对阿卡德的诅咒：“竟敢攻击伊库尔的城市。”古代的史学家说：“因此渐渐地，阿卡德城被摧毁了！”众神裁决阿卡德城永远从地球上消失，不同于其他城市被毁坏后将被重建并重新有人居住，阿卡德城将永远荒凉。

至于伊南娜，最终由她的父母使得“她的心得到平息”。到底发生了什么，文本没有说。她的父亲月神兰纳将她带回到苏美尔，同时“她的母亲宁迦尔为她祈祷，呼吁她回到圣殿的门阶”。“有着无限创新的、了不起的女王！”神和人民喜欢她：“同时最重要的女王，在她的集会上，接受祷告。”

伊师塔时代就这样结束了。

※

所有文本证据暗示，当那拉姆－辛攻击尼普尔的时候，恩利尔和尼努尔塔离开了美索不达米亚。但从山上来到阿卡德的一大群人是“恩利尔的随从”，他们很可能是由尼努尔塔引导进入广阔的美索不达米亚平原的。

苏美尔国王的编年史，记录了向来自古提姆的侵略者要回美索不达米亚东北部的土地的事。在那拉姆－辛的传说中，他们称来自“神修造了的城市”恩利尔住所营地的随从为阿曼－曼达（“遥远或坚强的兄弟”）。文本中的一段暗示，他们是随恩麦卡尔进行他遥远旅行的军人后代，“围绕着他们的主人”同时被乌图／沙马氏惩罚而永远流放。现在部落的人数众多，由7个兄弟带领，他们听从恩利尔侵占美索不达米亚的命令，并且“为在尼普尔被杀害了的人民报仇”。

当随从开始侵占一个又一个城市的时候，那拉姆－辛无力的后继者还试图维护一个中央规则。苏美尔人的国王编年史是这样描述这个混乱情形的：“谁是国王？谁不是国王？艾吉吉是国王？南姆是国王？艾米是国王？艾努努是国王？”最后米堤亚人掌握了整个苏美尔和阿卡德的控制权，“王位被古提姆的一群人夺去了”。

图85

米堤亚人统治了美索不达米亚 91 年又 40 天。他们没有命名新的都城，美索不达米亚人的总部中，只有拉格什没有被侵略者掠夺。由于尼努尔塔在拉格什的地位，他在埃拉 / 马杜克事件之后，开始了恢复国家的农业和主要灌溉系统的缓慢过程。

在苏美尔历史上，这一章最好称为“尼努尔塔时代”。那个时代的焦点是拉格什，它刚开始作为尼努尔塔和他神赐的黑鸟的“神域”城市。但是，由于人类的混乱和神的抱负的增长，尼努尔塔决定将拉格什转变成苏美尔的一个主要中心，他和他的配偶巴乌的主要住所（见图 85），在那里，他关于治安、道德和司法的想法可能被实现。为了协助完成这些任务，尼努尔塔在拉格什任命人类的总督并让他们承担城市的管理和防御任务。

拉格什（现在称为特洛）的历史显示，它是一个在萨尔贡崛起前开始于三世纪，统治了 500 年而没有中断的王朝。苏美尔的宗教节日起源于尼普尔，同时它也是那些与节气紧密相关的传统节日的发源地，比如第一个丰收节。它的抄写员和学者完善了苏美尔语言，它的统治者尼努尔塔发誓作为正义和道德的榜样，被授予“公正的统治者”的称号……

在拉格什漫长王朝的众多统治者中，最为杰出的是名为乌尔 – 娜社的君

图86

王（大约公元前 2600 年）。在拉格什废墟里发现了超过 50 篇关于他的献词，它们记录了他为吉尔苏城带来建筑材料，包括从提尔蒙找来神庙装饰用的特殊木材。它们也描述了大规模的灌溉工程，开掘运河和加高堤坝的过程。有一篇献词里描述他是建筑队的管理者，不需要亲自去做一些工作（见图 86）。40 个知名的总督跟随着他，留下了关于农业、建筑、社会立法和道德改革的记录，这些成就和道德上的业绩，没有一个政府可以与之相比。

拉格什能逃脱动荡岁月中萨尔贡和那拉姆－辛的破坏，不仅因为它是尼努尔塔的“崇拜中心”，还（并且主要）因为它的军队勇猛。作为“伊尼德最重要的战士”，尼努尔塔确信，由他选择的那些治理拉格什的人应该是精通军事的。关于一个名为恩纳图姆的优秀战术家和常胜将军的题字和颂歌已经被找到了，颂歌记载他驾驶着双轮战车——一种军事交通工具，它的发明习惯上被归功于后期。它们也展现了他紧密排列的戴着头盔的军队（见图 87）。

对此的评论，摩里斯·兰伯特在他的相关研究中写道：“拿着盾牌的士兵保护用矛的步兵，给拉格什军队以最坚固的保护并且使攻击更迅速有效。恩纳

图87

图姆的胜利甚至让伊南娜／伊师塔印象深刻，以至于伊南娜爱上了他。”“由于她爱恩纳图姆，她将基什的王位给了他，除拉格什的总督职位之外。”“有了这些，恩纳图姆成了苏美尔的努戈（‘大人物’），并且用武力控制着土地，他制定的法律和秩序受到欢迎。”

讽刺的是，在阿卡德城之前萨尔贡的混乱时期，拉格什的统治者不是一位强大的军事领导，而是一个名为乌鲁卡基纳的社会改革者。他致力于道德复兴，提出的法律是基于公平、公正而不是根据罪行处罚的概念。在他的统治之下，拉格什对法律和秩序的维护减弱。他的软弱使伊南娜带着对乌玛的野心来到埃里克，以恢复她国家广阔的疆土。但卢加尔基西的失败导致了（我们已经描述了）他的倒台，伊南娜做出了新的选择，萨尔贡。

纵观整个阿卡德历史，拉格什的主要统治权一直没有中断，甚至强大的萨尔贡也绕开了拉格什，使它未受损伤。它逃脱了在那拉姆－辛时期的大变动带来的破坏和侵占，主要由于它是一个强大的军事堡垒，攻防工事可以抵御所有的攻击。我们从给乌尔－巴乌的献词中可以知道，在那拉姆－辛大变动之时的总督接受尼努尔塔指示，加固了吉尔苏城的城墙，加强了伊姆杜吉德航空器的封入物。乌尔－巴乌“压密土壤像石头一样……耐火黏土像金属一样”。在伊姆杜吉德的平台上，他“用一个新的地基取代旧的泥土”，用巨大的木料和石块加固远处的入口。

大约公元前 2160 年，当米堤亚人离开美索不达米亚后，拉格什进入新的繁盛时期，出现了几位极其著名的明智的苏美尔统治者。其中以长篇献诗和很多雕像闻名的是古蒂亚，他在公元前 22 世纪统治此地，那是和平和繁盛的时期。关于他的记录，不再是军队，而是贸易和重建。他利用王权扩大了吉尔苏城，为尼努尔塔建了一个新的、壮丽的神庙。根据古蒂亚的献词，“吉尔苏城阁下”出现在他的眼前，站立在他神赐的黑鸟旁边。神向他表达了想由古蒂亚新建一个埃尼奴（“神庙五十”：尼努尔塔的数字排名）的愿望。神给了古蒂亚两套指示：一个来自女神，她一手拿着“讨人喜欢的天堂之星的匾牌”，另一只手拿着“神圣的尖笔”。她对古蒂亚说，应该在“令人喜欢的星球”上设置神庙。另一套指示来自古蒂亚没有认出的一个神，他是宁吉什西达。他递给古蒂亚一个由宝石制成的牌子，“它包含建造神庙的计划”。一个古蒂亚的雕像描述了他将这个牌子放在膝盖上的情形。他在膝盖上使用这种板子，神的尖笔放在旁边（见图 88）。

古蒂亚承认，他需要占卜者和“秘密搜寻者的帮助”，以了解神庙计划。现代研究员发现，这是一个巧妙的 1/7 建筑计划，用来建造一个 7 层古巴比伦神庙。这个结构包含了一个被加强的平台，用作尼努尔塔空中车的着陆点。

宁吉什西达参与埃尼努神庙计划所起的作用，其意义已经远远超出了建筑协助的范围，这一点可以由吉尔苏城这个神的一座特别神庙作为见证。将复原和神秘魔力相联系，在苏美尔人的献词里，恩基的儿子宁吉什西达被视为知道如何去巩固神庙基础，他是“执行计划的了不起的神”。正如我们已经暗示的，宁吉什西达正是透特，是被任命为吉萨大金字塔秘密计划监护人的、具有

图88

魔力的埃及神。

下面将回忆，尼努尔塔在金字塔战争结束的时候，从大金字塔内部获得了一些“石头”。现在，由于伊南娜的阻挠，马杜克凌驾于神和人之上，尼努尔塔希望通过在拉格什建造一个阶梯式的金字塔为他再次确认“第五十的排名”，因此这个大建筑也被称为“议院五十”。我们相信，正是因为这个原因，尼努尔塔邀请宁吉什西达/透特来到美索不达米亚，为他设计可以被修造和提升地位的金字塔，不用那些巨大的埃及石块，而是用美索不达米亚价格低廉的黏土砖。

宁吉什西达逗留在苏美尔时，他与尼努尔塔的合作是有纪念意义的，不仅是作为一个参观圣域的神，还留下了大量的艺术作品。在考古学家对特洛进行为期 60 年的考古工作期间，发现了一些这样的作品。它们其中的一个（见图 89a）将宁吉什西达的象征蛇和尼努尔塔的象征神鸟组合在了一起；另一个（见图 89b）将尼努尔塔描述为埃及的狮身人面像。

古蒂亚和尼努尔塔 - 宁吉什西达合作的时期，与所谓的埃及的第一个中间时期相一致。当第五代和第六代国王（公元前 2160 年—公元前 2040 年）

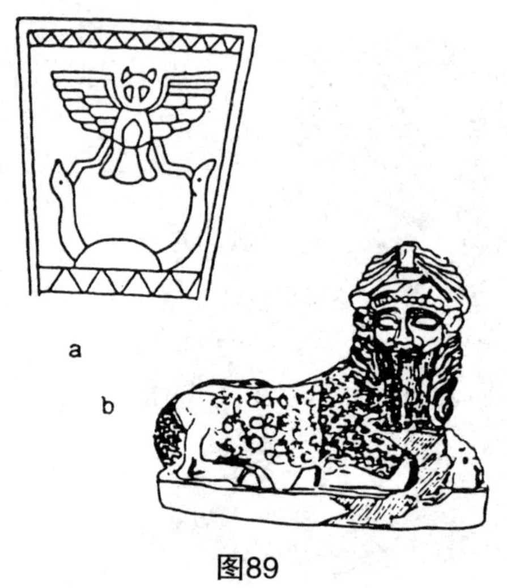

图89

抛弃了对奥西里斯和何璐斯的崇拜，将都城从孟菲斯转移到了一个后来希腊人称为赫瑞克里欧坡利斯的城市，透特离开埃及，也许是那里发生大变动的原因之一，正如他随后从苏美尔消失。宁吉什西达（引自 E.D. 冯・布伦的《神宁吉日达》）是“在古蒂亚时期不知来历的神”，只是一个“幽灵神”，在后来巴比伦和亚述人的时期仅仅是一个记忆。

※

在苏美尔的尼努尔塔时代，这仅是一个小插曲，它持续到古提人入侵和接下来的重建时期。本质上只是个山民的尼努尔塔，很快开始乘着他的神赐黑鸟在天空漫游，参观他在东北方甚至更远地方的广阔领地，坚持不懈地提升他高地部落成员的武术水平，他通过引入骑兵机制增强了他们的机动性，从而使他们所能到达的地域扩展了成百甚至上千里。

在恩利尔的召唤下，他回到美索不达米亚，以处理那拉姆－辛所犯下的亵渎圣物罪和伊南娜造成的大变动。当恢复了和平和繁荣后，尼努尔塔再次从苏美尔消失，此时，有一个人还没有放弃，伊南娜抓住这个机会重新为埃里克得到王位。

因为阿努和恩利尔不能容忍她的行为，使得他的统治仅仅持续了几年。传说（包含在神秘文本中）是最吸引人的，它读起来像埃克斯克里巴的古老传说（亚瑟国王有魔力的剑插入岩石，只有被选为国王的人才能拔出），并且它偶然发现了先前的事情，包括萨尔贡冒犯马杜克的事。

我们知道，“统治权从天堂下放”是从基什开始的，阿努和恩利尔在那里建立了一个“天堂临时展示馆”。“在它的地基里，用了好多天”，他们植入了SHU.HA.DA.KU——一种由合金制成的人工制品，名字逐字翻译为“至尊强健明亮的武器”。当王位从基什转移到埃里克的时候，这个神赐的物品被带到那里；当王权转移的时候这个物品随之转移，但是只限于伟大的众神批准的王权的转移。

与这一惯例一致，萨尔贡带着这个物品到了阿卡德城。但马杜克反对，因为阿卡德只是一个全新的城市，不是“宇宙间伟大的众神”选择的可以作为国王都城的城市之一。选择阿卡德的神伊南娜和她的支持者在马杜克的眼里就是“穿着脏衣物叛乱的神”。

为了弥补这个过失，萨尔贡回到了巴比伦，那个“泥土被圣洁了”的地方。一个想法就是移动一些那样的土壤到“阿卡德前面的一个地方”，使在那里注入了神力的武器可以合法地出现在阿卡德。

文本记载了对此的惩罚，马杜克惩罚反叛者萨尔贡并且让他“不得休息”（有一些译为“失眠症”），导致了他的死亡。

进一步阅读神秘的文本我们发现，在紧随那拉姆-辛王朝之后的古提人占领期间，神赐的物品被放置“在水坝旁边阻挡水”而一直未被触碰，因为“他们不知道如何处理这个神赐的人工制品”。马杜克的观点依然是将它放置在它被指定放置的地方。“不代表”并“不归属于任何神”，直到“带来破坏的神将其恢复原状”。但当伊南娜抓住在埃里克再创立王位的机会，她选了乌图－黑格尔作为国王，“占领了舒哈达库并在此休整，控制了这个区域”，虽然“没有完全恢复原状”。未经批准，乌图－黑格尔“举起武器攻打他包围的城市”。他刚成功就死了，“河水带走了他下沉的尸体”。

※

尼努尔塔离开苏美尔土地，伊南娜为埃里克夺回王位的企图失败，对恩利尔来说，意味着对苏美尔的治理不应该再留下争端，担当此任务最合适的候选人为兰纳/辛。

在整个动荡时代，他与那些为了权力争斗的竞争者，包括他的女儿伊南娜在内，相形见绌。现在他终于获得机会展现他作为第一个出生（在地球上）的神的地位。接下来的时代我们称为月神兰纳时代，是苏美尔史册上最辉煌的时代；这也是苏美尔最后的辉煌。

他的第一个关于贸易的命令，是使他自己的城市乌尔成为主要的城市，并成为帝国的首都。他制定了一系列新的法规，学者称之为乌尔的第三个王朝，兰纳使这个都城高度完美，并推动苏美尔人的物质和文化达到了前所未有的顶峰。大约4000年后，从耸立在有城墙的城市（见图90）巨大的、至今还存在遗址的金字塔可以看出，人们对美索不达米亚平原的敬畏之情。关于这一点，月神兰纳和他的配偶宁迦尔起了积极的作用。由教士和官员阶层（由国王带领，见图91）引导城市的农业，使其成为苏美尔的粮仓；指导它的绵羊饲养业，使乌尔成为古老近东的羊毛和制衣中心；通过陆路和水路发展对外贸易，使得乌尔的商人流传千古。为了贸易的兴旺，同时提高城市的防御能力，城市的围墙依次由一条可航行的运河围拢，建有两个港口，西部港口和北部港口，由一条内运河连接两个港口，依次将圣域、王宫和管理中心与居民区、贸

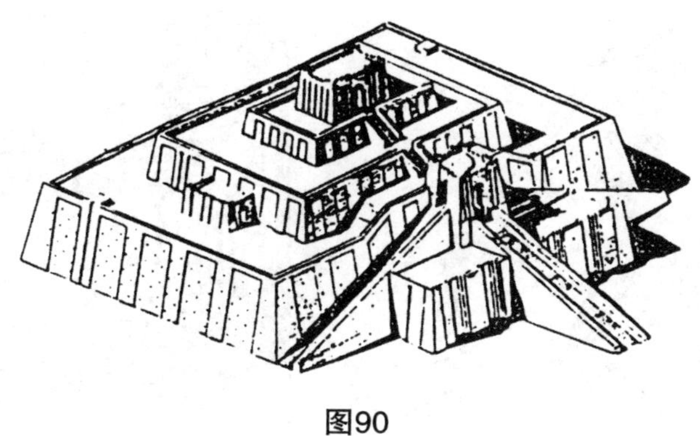

图90

图91

易区分开（见图 92）。从远处看，这是一个有很多散发着珍珠般光芒的、多层的、白色房子的城市（见图 93）；它的街道又直又宽，在十字路口有很多神坛，人们享受着平和的管理，虔诚的人民从不忘记向他们仁慈的神祈祷。

乌尔第三代王朝的第一个统治者乌尔南模（“乌尔的喜悦”）不只是凡人：他是半神，他的母亲是女神宁松。关于他大量的记录表明，当“阿努和恩利尔在乌尔将王位移交给兰纳”，乌尔南模被选为人民“公正的领袖”，众神命令乌尔南模实行新的道德复兴。自从拉格什被纳入乌鲁卡基纳的统治，道德复兴已经有将近三个世纪了，经历了阿卡德的兴旺和衰败，对阿努政权的反抗和对恩

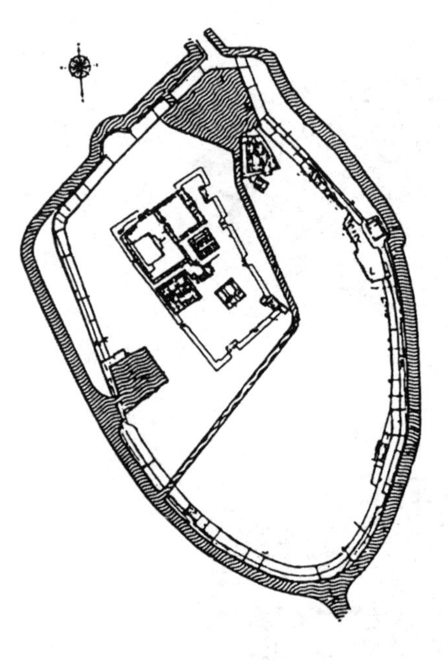

图92

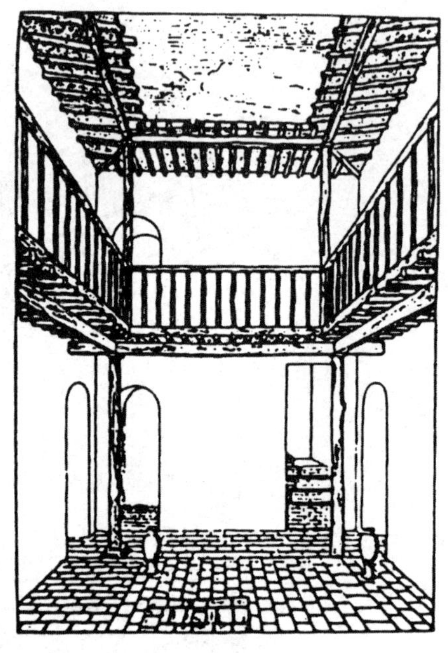

图93

利尔的神殿伊库尔的亵渎。不公道、压迫和淫邪成了常见的行为。在乌尔，在乌尔南模的统治之下，恩利尔企图再一次带领人类远离“邪恶的道路”，回归“正义”，因此正式宣布了一部新的社会行为法典。乌尔南模“在这片土地上建立平等、驱逐诅咒、结束暴力和冲突”。

为了从新的起点开始，恩利尔将尼普尔的监护权委托给月神兰纳，并给了乌尔南模恢复被那拉姆－辛损坏的伊库尔的必要指示。乌尔南模通过树立石柱来标识场地（见图94），显示他作为建造者带着工具和篮子。当工作完成后，恩利尔和宁利尔回到尼普尔，住在他们被恢复的住宅里。“恩利尔和宁利尔在那里生活得很开心”，苏美尔人的献词这么记载。

返回到正义大道是复杂的，不仅关系到人与人之间的社会公义，还关系到对众神合理的崇拜。乌尔南模除了在乌尔做了伟大的工作，还重建和恢复了在埃里克的供奉阿努和伊南娜的大型建筑物：在乌尔的宁松（他的母亲）的神庙，在拉尔萨的乌图的神庙，在阿达布的宁呼尔萨格的神庙。他也参与了一些在埃利都（恩基的城市）的修理工作。显然，在这个名单上，缺少了位于拉格什的尼努尔塔神庙和位于巴比伦的马杜克神庙。

乌尔南模的社会改革和乌尔在贸易和制造业方面的成就，使得学者认为，第三代王朝不仅是繁荣的还是和平的。他们被在乌尔的废墟里找到的两块描述人民活动的木板弄糊涂了：一块描绘了和平的画面；另一块描绘了战争的画面（见图 95），乌尔人民的形象如同接受过训练的准备好的战士。两块木板上的内容似乎完全不一致。

图94

图95

从考古学家那里得来的关于武器装备、军事服装和战车的证据，以及许多献词中记载的，都与和平主义的形象完全相反。事实上，乌尔南模的第一次军事行动，就是征服拉格什并杀害其统治者，此后，又很快占领了其他7座城市。

从铭文中我们可知，乌尔和苏美尔“沉浸在繁荣的日子里，并且与乌尔南模享受快乐”。自从乌尔南模在尼普尔重建伊库尔后，恩利尔认为，乌尔南模是值得拥有神的武器的；有了它，乌尔南模就能征服“异域领地”的“邪恶之城”：

> 神恩利尔，把神器给了牧羊人乌尔南模，这导致在敌方领地积累了很多反叛者。而伟大的神恩利尔，让乌尔南模去摧毁邪恶之城，就像牛被赶去践踏别人的土地，像狮子去追捕猎物一样，让所有的叛乱者对他们忠诚。

这些话令人联想到《圣经》中神怒的预言，他们会利用人类的王作为傀儡，反对“罪恶之城”及“罪孽深重的人”；他们揭露了繁华掩盖之下的鲜为人知的一次新的众神之战——争夺众多人类效忠的战争。

很不幸的是乌尔南模自己，虽然已经成为全能的武士，作为“兰纳力量”的他却在战场上遭遇了悲惨的死亡。“敌方暴动了，敌方采取敌对行动了”；在那个不知名但却很遥远的战争中，乌尔南模的战车陷入了淤泥中，他从上面摔下来；战车像暴风雨般一路下滑，被遗弃在战场上，像被压扁的壶，只留下乌尔南模的尸体。祸不单行的是，船要把尸体带回苏美尔时，却在一个不知名的地方沉没了，海浪卷走了船只，还有船上的乌尔南模。

当消息传到乌尔之时，巨大的悲伤也随之而来；人们无法理解一个如此正直的、一心只为人类和众神的领袖，怎么可以遭遇这样悲惨的结局。无法理解“神兰纳，为什么不用双手保护他；为什么天堂之母伊南娜，不用她高贵的手臂搂着他；为什么英勇的乌图不帮助他”；为什么诸神只站在一边。乌尔南模悲惨的命运是什么时候被决定的呢？毫无疑问，这是诸神的背叛：

> 英雄的结局被变更！
>
> 阿努改了他的神言……
>
> 恩利尔改变了对他命运的判决……

乌尔南模的死亡原因（公元前 2096 年）也许可以从他的继任者的行为中得到解释，他叫舒尔吉，用《圣经》中蔑视的话来说，此人是“为钱出卖自己的”王，“在神的眼里，他所做的都是坏事”。他是在神启下出生的：这是兰纳安排的，让恩利尔在圣地尼普尔拥有后代。经过乌尔南模和恩利尔的高级女神职人员的协调，“小恩利尔……一个真正适合王位的孩子，将被孕育”。

这位新的王，通过选择和平与宗教协调的方式，合并遥远的领地，开始了长期的统治。一登基，他就开始在尼普尔为尼努尔塔建庙。这让他宣布乌尔和尼普尔是“兄弟城池”。之后，他又建了一艘船，并且航行至“为生命而飞的土地”。在他的诗中，他把自己想象成吉尔伽美什二世，要追随这位早期国王的足迹去“生存之地”——西奈半岛。

抵达“舷梯之地”后，舒尔吉为兰纳建了一个祭坛，便继续他的行程。他到了哈尔萨格——西奈半岛南部宁呼尔萨格的高山，在那里也建了一个祭坛。他在西奈半岛曲折前进，抵达了班德戈丁吉尔（“诸神最坚固的要塞”）。通过自己的努力，舒尔吉现在已经赶上了吉尔伽美什，因为根据来自死海古卷的记载，吉尔伽美什来到这里时已经没有祈祷，也没有在位于内盖夫和西奈之间的入口处给诸神供祭祀品，而舒尔吉在这里为“判决之神”修建了祭坛。

当舒尔吉开始返回苏美尔的旅程时，已经是他统治期的第八个年头了。他从迦南起程，途经富饶的伊斯兰国家和黎巴嫩，在“充满神谕的光明之地”和“冰雪覆盖的地方”，都修建了祭坛。这是一次极为慎重和缓慢的旅程，因为他想强化和巩固沿途各帝国的关系。舒尔吉在这次行程中建立了与各帝国的人脉、政治与军事网络，同时也促进和繁荣了贸易与经济。舒尔吉与各地首领建立了私人关系，并且通过将自己的女儿嫁给他们的政治联姻，巩固他与各地之间的关系。

回到苏美尔，舒尔吉炫耀自己学会的 4 种外语，他的王朝的声望已经达到了顶点。为了感恩，他在圣地尼普尔领地内为兰纳建了一座庙。回国后，作为奖励，兰纳授予他“阿努的最高神父，兰纳的最高神父”的荣誉。舒尔吉在自己圆柱形的玉玺上记载了这两次庆典（见图 96，97）。

随着时间的流逝，与其他呆板的城市相比，舒尔吉越来越喜欢奢华的乌尔。他派出特使们处理各地的政务，自己离开那些城市的政府。他把时间花费在写自我赞美的圣歌上，并且总是想象自己是一位像神一般被崇拜的人。他的幻想最终引起了一个最能勾引男人的女人——伊南娜的注意。她认为这是一次

图96

图97

很好的新机会，便邀请舒尔吉到爱蕊池，在为阿努所建的神庙里与他做爱，让他觉得自己是“一个精选的为伊南娜的外阴而生的男人”。按舒尔吉自己所说：

和英勇的乌图，一位兄弟般的朋友，
在阿努的神庙里，喝得烂醉，
我的吟游诗人为我唱了7首爱情歌。
伊南娜，我的女王，宇宙中最性感的女人，
靠坐在我身边，也出席了神庙里的宴会。

随着国内外难以驾驭的因素增多，舒尔吉寻求埃兰东南部的军事支持，他把女儿嫁给埃兰的总督，并把拉尔萨城作为嫁妆也一并给了他。作为回报，总督带来了苏美尔埃兰人的部队，这一外来的军团为舒尔吉效力。但是来自埃兰的部队没有带来和平，反而带来了更多的战争。在舒尔吉统治期的历史记录中，重复提到了北部省份遭到破坏的情况。舒尔吉试图用和平方式继续统治西部各省，在他统治期的第三十七年，他与西部当地的国王签订了一份条约，这份条约使得舒尔吉能重申自己“四国之王”的封号，但是西部的和平并没维持多久。在他统治期的第四十一年（公元前2055年），舒尔吉收到了来自兰纳的神谕，一次大规模的军事远征行动在迦南诸省发起。在两年间，舒尔吉又再次宣称自己是“乌尔的王与英雄，是四国的统治者”。

有证据显示，在这次战役中，埃兰的部队，这支异国军队，已经远远走出了西奈的入口，他们的指挥者称自己是“判决之神最爱的人，伊南娜的爱人，杜尔－鲁的统治者”。可是不久，社会动乱再次出现，使得这支部队被迫撤退。公元前2049年，舒尔吉命令修建“西部之墙”来保卫美索不达米亚。

他又在王位上摇摇晃晃地多待了一年才退位。舒尔吉继续鼓吹自己是“兰纳的珍品”，但他已经不再是受到阿努和恩利尔“垂爱的人”了。在阿努和恩利尔的记录中，他没有遵循神的规则，他的正直被他自己玷污了，因此，在公元前 2048 年，舒尔吉被判为“犯有死罪的人”。

舒尔吉乌尔王位的继承者，是他的儿子阿马尔辛。尽管他执政的前两年都是一些关于战争的记忆，但随后而来的是三年的和平。可在第六年，阿舒尔的北方地区爆发了叛乱起义，需要镇压，随后一年——公元前 2041 年，为了平定西部的 4 个地区和“他们的国土”的叛乱，需要大规模的武力镇压。

由于没有遵循惯例由兰纳为王位授予称号，这次战役没有获胜。相反，我们发现阿马尔辛把他的注意力转向了埃利都——恩基的城。他在那儿修建了王室居所，并使之成为神职的重大集会地。这一宗教的扭曲，有可能激起他真实地获得并控制埃利都船坞的欲望；随后的一年（第九年），阿马尔辛起航去了他父亲舒尔吉曾经去过的“舷梯之地”，但当他抵达“为生命而飞的王国时”，却被毒蝎子叮咬而死，再也不能继续前进了。

他的弟弟舒辛继承了王位，在他统治的九年里（公元前 2038 年—公元前 2030 年），尽管有两次对抗北方地区偷袭的记载，但是他们的防御措施还是得到了显著的改善，包括巩固为抵制亚摩利人而修葺的“西部城墙”以及建造“巨船”和“阿布足之船”这两艘轮船。看起来，舒辛已经做好了从海路逃跑的准备……

下一位也是最后一位乌尔的王伊比辛即位时，西部入侵者在美索不达米亚消灭了来自埃兰的部队。不久，苏美尔的心脏地带被包围，乌尔和尼普尔的子民在保护墙后缩成一团。兰纳的势力已经缩小到了飞地。

像从前一样，伺机而动的是马杜克。他认为属于自己的时代终于到来了。他背井离乡，流亡在外，让他的子民返回巴比伦。

也就在这时，神圣的武器被释放，灾难爆发了——与发生大洪灾后任何一次降临到人类头上的灾难都不同。

第十三章

亚伯拉罕：宿命之年

它发生在这些王的年代：

希纳尔的阿拉菲尔王，

伊拉撒的艾日可王，

埃兰的荷岛拉么王，

还有果美的泰尔王，

与所多玛的贝拉王；

蛾摩拉的比尔沙王，

阿当的史纳比王，

子比的闪－希伯王，

以及伯拉的王佐阿之间的战争。

这是《创世记》第十四章里关于一次古老战争的故事，4 个东方王国组成的联盟与迦南的 5 个王的战争。这个故事引发了众多学者间激烈的争论，因为这是关于亚伯拉罕——第一位希伯来人族长的故事，它为一个具体的非希伯来事件，提供了客观上充实可靠的一个国家诞生的记载。

很多人都觉得，如果这些国王都能够被鉴定出，并且亚伯拉罕所在的具体时间能够被确定该会有多好。即使我们都知道埃兰，并知道希纳尔是苏美尔的王，但是谁为这些王取的名？东部还有哪些王国？除非这些都能够被各自证实，否则《圣经》中历史的真实性仍会受到质疑。《圣经》的批评家问道：为什么在美索不达米亚的铭文中，我们找不到书中提到的荷岛拉么、阿拉菲尔、艾日可和泰尔这些名字呢？如果他们不存在，如果像这样的战争根本没发生过，那么我们怎样去相信关于亚伯拉罕的其他故事呢？

几十年来《旧约》的批评家们似乎一直活跃，十九世纪将要结束之际，刻有荷岛拉么和艾日可名字的碑匾，以及刻有泰尔名字的云母的发现，让学术及宗教界大吃一惊。

这一重大发现是在1897年伦敦的一次讲座中，由就职于维多利亚学院的西奥菲勒捏在讲座中宣布的。经过对大英博物馆中属于斯帕托收藏中的几个碑匾的检测，他发现他们描述的具有深远影响的一次战役——埃兰的王荷岛拉么，领导这个联盟的统治者，包括爱瑞阿克苏和泰得古拉——这些名字很容易被希伯来语转化成荷岛拉么、阿拉菲尔、艾日可和泰尔。与他的演讲稿一起出版的还有一本非常精细的楔形文字誊抄本和它的译本，西奥菲勒捏自信地陈述，《圣经》中的故事确实有各自的美索不达米亚的资料支持。

对西奥菲勒捏的楔形文名字的读法的证明，得到了亚述研究者的认同。碑文上的“库多尔－拉哈玛，这位埃兰的王”与《圣经》中的“荷岛拉么，埃兰的王”非常相似；所有学者都一致认为，那是完美的埃兰王室的名字，前缀KUDUR（意为公仆）是好几个埃兰王名字的成分，LAGHAMAR是埃兰的某位神的别名，大家也同意第二个名字在巴比伦楔形文稿中拼为ERIE-A-KU，源于苏美尔文的ERI.AKU，意为“阿克苏神的仆人”，阿克苏是兰纳／辛名字的另一种形式。从很多铭文中可以看出，埃兰国的拉尔萨的统治者讨厌“辛的仆人”这个名字。因此可知，《圣经》中的伊拉撒的艾日可王所在之城，实际上就是拉尔萨。学者们也一致同意，接受巴比伦文本的泰得古拉相当于《圣经》中的“果美的王泰尔”；他们也同意《创世记》中的《果美篇》中提到的“游牧民族”，就是楔形文碑匾上所列的荷岛拉么的联盟。

但是，不仅《圣经》的真实性和亚伯拉罕存在的真实性没有确凿的证据证明，亚伯拉罕所参与的国际事务也没有确凿的证据证明。

上述发现带来的兴奋并没有持续多久，11 年后，A.H. 塞思在《圣经》考古学的演讲中说“很不幸”，根据当代的发现，它本来应该支持西奥菲勒捏的观点，实际上却走向了另一面，甚至质疑他的论点。

第二次发现是由文森特・舍尔发布的，根据他的报道，他在君士坦丁堡的帝国奥斯曼博物馆的碑文上，发现了大家都熟知的巴比伦国王汉谟拉比的一封信，信中提到的人很像库多尔－拉哈玛！因为这封信是寄给拉尔萨国王的，舍尔教授认为，这三人是同一时代的，并且认为他们就是《圣经》中四个东部国王中的三个——汉谟拉比就是“希纳尔之王阿拉菲尔”。

有一段时间，似乎所有的谜团都落在：人们依旧可以在书本或《圣经》的相关评论中找到阿拉菲尔就是汉谟拉比的解释。亚伯拉罕也是同时代的统治者的结论，似乎也是可信的，那时人们已经相信，从公元前 2067 年到公元前 2025 年，汉谟拉比接替了亚伯拉罕，这位战争之王在公元前 3000 年退位时，摧毁了所多玛和蛾摩拉。

然而，当很多学者相信汉谟拉比很晚才执政时（公元前 1792 年—公元前 1750 年），剑桥古历史研究的报告显示，似乎同时连对舍尔的发现都土崩瓦解了。对这一铭文的理解，甚至连西奥菲勒捏的报道都变得令人怀疑。西奥菲勒捏忽略了一点：无论是谁，这三位有名氏的王都会被认可——即便楔形文本中的荷岛拉么、艾日可和泰尔都不是与汉谟拉比同时代的人，书本中这三位的名字依旧是“不寻常的历史巧合，都应得到认可”。1917 年，阿尔弗雷德・赫雷米亚斯试图重新激起学术界对这个话题的兴趣，但是学术界更喜欢把思葩托看成是对碑文的良性忽略。

布兰代斯大学（研究《创世记》中的政治与宇宙的象征）的 M.C. 阿思托重新研究这一课题时，学者们已经让这个疏忽留在大英博物馆的地下室将近半个世纪了。他认为，《圣经》与巴比伦各书本的编辑，找的都是一些很古老的、普通的美索不达米亚的资料。根据他的研究，得出的结论是，这四位东方统治者是：（1）公元前 18 世纪的巴比伦；（2）公元前 13 世纪的亚述；（3）公元前 16 世纪的赫梯；（4）公元前 12 世纪的埃兰。他们都不是同时代的人，也不与亚伯拉罕同处于一个时代，他很具有创新性地提出，这本书不是有关历史的，而是关于宗教哲学的作品，在书中，作者运用四个不同的历史事件来解释道义（邪恶的王的命运）。学术刊物很快就指出，阿思托这一结论根本不可能成立，由此，研究荷岛拉么的兴趣又一次消散了。

然而，学术界对《圣经》故事与巴比伦文书所援引的资料太老、太普通的舆论，迫使我们重新思考西奥菲勒揑的提议和他的中心论点：确认一场战争与《圣经》背景和其中三位王的名字的关联性，这么重要的因素怎么可以被忽略掉？我们真的要因为阿拉菲尔不是汉谟拉比，就把我们将要展示的、为了理解决定命运的如此重要的证据随便抛弃吗？

答案就是，舍尔找到的汉谟拉比的信，本不应该改变西奥菲勒揑的观点，因为舍尔误解了那封信，根据他的译本，“荷岛拉么的英雄主义时代”的汉谟拉比许诺要给拉撒尔王辛 - 已地那酬劳。这暗示两人在这场战役中决定结盟，共同抵抗和汉谟拉比同时代的埃兰的王。在这一层面上舍尔的发现令人怀疑，因为它既与《圣经》中这三王是盟友的记载相违背，又与众所周知的历史事实相矛盾——汉谟拉比视拉撒尔为敌手，而非盟友，他打败了拉撒尔，并且用众神给他的全能的武器，袭击了那神圣不可侵犯的领地。

对汉谟拉比的信的真实文本的仔细检查发现，他非常渴望证实汉谟拉比 -

阿拉菲尔的身份。舍尔搞反了信的意思：汉谟拉比没有把拉撒尔神圣的领地作为酬劳献给女神们，相反，他想把巴比伦的酬劳返还给拉撒尔：

> 据辛 – 已地那所说，
> 汉谟拉比认为，
> 来自库多尔 – 拉哈玛时代的
> 爱慕特堡的女神们，
> 就在门背后，穿着庄重的丧服，
> 当她们请求那些把自己托付给她们的人，
> 从你那里回来；
> 这些人将会抓紧女神们的手，
> 为了他们的居留权，女神们会带走他们。

像这样被女神们劫持的事发生在很早的时候，她们把俘虏们带到库多尔 – 拉哈玛时代的爱慕特堡；现在汉谟拉比要求他们回到巴比伦，回到荷岛拉么时代她们带走俘虏的地方。这仅说明荷岛拉么的时代比汉谟拉比时代早很多。

由舍尔在君士坦丁堡博物馆发现的汉谟拉比的信，说明是汉谟拉比又一次强烈地给辛 – 已地那发出要求女神们从巴比伦回来的信息。在大英博物馆的第二封信（23131 号）以及被 L.W. 金出版的《汉谟拉比的书信和铭文》的文本中写道：

> 我刚派运输官员子可 – 宜立舒和
> 前线官员汉谟拉比 – 巴尼，
> 去爱慕特堡，把那里的女神们带回来。

女神们从拉撒尔返回巴比伦的事在信中有进一步说明：

> 你下令在庙前列队等待的船只，将会使女神们返回巴比伦。
> 庙里的女人将陪同她们一起回来。
> 为了使抵达巴比伦时整个行程的食物够用，
> 女神们的食物，纯奶油和谷类，都装到了船上。
> 给那些庙里的女人们吃的食物也装在甲板上。
> 我们将雇人划船，
> 并且，为了她们安全抵达巴比伦，还派兵守护，
> 不容半点拖延，迅速抵达巴比伦。

从这封信中，可以清楚地看出，汉谟拉比是拉撒尔的仇人，而非盟友，他在寻求发生在很早之前，即他所在年代之前的事情的补偿。这件事发生在库多尔－拉哈玛时代，埃兰人统治拉撒尔的时代。汉谟拉比这封信的文本，确认了拉撒尔确实存在荷岛拉么和埃兰王朝，这也成为《圣经》故事的关键因素。

但是这段往事与哪段时间匹配呢?

根据已有的历史记录，这正是舒尔吉执政的第二十八年（公元前 2068 年），他把他的女儿嫁给埃兰人的首领，并把拉尔萨作为嫁妆送给他的时候；作为回报，首领把埃兰的“异国军团”派给舒尔吉调遣。舒尔吉用这支部队征服了西部各省，包括迦南。这也是舒尔吉执政的最后几年，当时乌尔依然是帝国的都城，并且阿马尔辛也将马上成为他的接替者。我们发现，这段历史时间与《圣经》和美索不达米亚所记载的非常匹配。

也就在这时，具备了大量的证据之后，我们认为，寻找历史中的亚伯拉罕的研究应该开始了。因为，我们马上将要展示的亚伯拉罕的故事中，交织着

乌尔沦陷的故事，他的时代也是苏美尔最后的时代。

※

由于对亚伯拉罕－汉谟拉比故事的怀疑，对亚伯拉罕所在时代的证明，便仁者见仁智者见智。有些人认为，以色列诸王的这位后裔，即第一位元老是在晚期出现的。但是他所在年代的具体日期，及发生的事情都不需要再做推测：因为《圣经》中提供了具体细节，我们只需要接受其真实性。

按年代推测非常简单，我们认为它起始于公元前 963 年，即所罗门在耶路撒冷登基的那年，《国王之书》中明确地说，所罗门在他执政的第四年开始在耶路撒冷为耶和华修建神庙，直到第十一年才完工。《列王记》之一中也说，“在公元前 480 年才开始修建，当时以色列的孩子们都离开了埃及，那是所罗门统治以色列的第四年……才开始修建耶和华之庙”。这种说法（虽然稍有出入）得到了神职人员的传统的支持，这种传统，从大迁徙开始，每 40 年为一代，已经延续了 12 代，直到阿拉瑞哈时代，“所罗门在耶路撒冷修建的神庙里实行神职人员工作制”（《编年史》5：36）。

这两本资料都同意过去 480 年的历史，但有如下不同：一本书的研究始于神庙开始建造的时候，公元前 960 年；而另一本则从完工后（公元前 953 年）神职人员工作制开始实行算起。这使得以色列撤出埃及的年代或为公元前 1440 年，或为公元前 1433 年；我们发现后一个日期与当时的其他事件非常同步。

以本世纪开始以来的知识为基础，埃及古物学家与《圣经》学者得出了如下的结论：大迁徙确实发生在公元前 15 世纪中期。但不久后的学术观点将结论改为公元前 13 世纪，因为这看起来更符合各种迦南故址的考古学方面的数据，符合《圣经》中的记录，即以色列人征服迦南的时间。

但是这一新的时间没有得到认可。最著名的研究者 K.M. 凯尼恩认为，与最臭名昭著的被攻克的城市耶利哥相关的大摧毁，发生在公元前 1560 年——远远早于《圣经》的记载。另一方面，耶利哥的主要研究者，《耶利哥故事》的作者 J. 加斯唐认为，考古学的证据表明，这次攻击发生在公元前 1400 年到公元前 1385 年之间。加上这些，自从从埃及撤出之后，以色列人流浪了 40 年，他同其他的考古学家认为，大迁徙的时间介于公元前 1440 年—公元前 1425 年，这一大概的时间段是与我们所说的公元前 1433 年相符的。

一个多世纪以来，学者们也一直都在埃及人的历史记载中，寻找关于大迁徙及其具体日期的线索，唯一清晰的证明见于玛尼叟的作品中。约瑟夫在《反驳阿皮翁》一文中，引用了玛尼叟的话："上帝的不满之情像一阵强流在埃及爆发。"一位叫托马斯的法老与人民的领袖谈判时说："来自东方的人，从埃及撤离并且平平安安地去了他们想去的地方。"他们穿越了荒野，"在一个现在被称为犹太的国家建了一个城，并且称它为耶路撒冷"。

约瑟夫是否修正了玛尼叟的著作，来使它与《圣经》中的故事匹配？或者，实际上有关以色列人旅居时悲惨的待遇，和他们最终的迁徙都发生在托马斯法老执政期？

玛尼叟提到，"这位国王把田园里的人们逐出埃及"来献给第十八朝代的法老们。埃及古物学家把第十八王朝的创立者、法老阿赫莫西斯（在希腊被称为阿莫西）在公元前 1567 年驱逐哈克思（在亚洲的"牧人之王"）作为历史事实而接受，这一在埃及建立新王的新朝代，有可能就是《圣经》中所说的"不是约瑟夫"之外的其他法老的朝代。

奥菲勒斯，安提阿的二世主教，也在他关于玛尼叟的书中提到希伯来人被托马斯王变成奴隶，他们给他"修筑了稳固的城池：佩扫、拉美西斯以及在赫利奥波利斯的欧尼"，后来他们把埃及分给叫阿莫西的法老。

最终，从这些远古的资料中浮现出，以色列的苦难始于托马斯法老执政期，并在其继承者阿莫西离开时达到了顶峰的事实。至今为止，他们所建立的历史事实是什么呢？

阿莫西驱逐了哈克思之后，那些在埃及登基的继任者们——他们一些人的确很烦托马斯这个名字，正如古历史学家所说——参与了大迦南的军事战役，把海路作为他们侵略的路线。托马斯一世（公元前 1525 年—公元前 1512 年在位），一名专业的士兵，把埃及作为战争的落脚点，派遣军事远征队到了很远的幼发拉底河。我们认为，正是因为托马斯害怕以色列人对他不忠——“当战争即将开始时，他们会加入敌人的行列”——所以下令处死所有新出生的以色列男孩（《大迁徙》1：9-16）。根据我们的推测，摩西出生在公元前 1513 年，托马斯一世去世前一年。

在本世纪早期，J.W. 杰克及其他人怀疑“法老的女儿”，即那个从河里捞到婴儿摩西，并在王室把他养大的女儿，是否是哈特谢普苏特，托马斯一世正室的长女，同时也是当时王室唯一的公主，被授予最高的称号“王的女儿”。这与《圣经》中提到的一致。我们认为确实是她，把摩西作为养子看待，这可以从她嫁给法老的继任者、她同父异母的兄弟托马斯二世后，没能为他生孩子中看出。

托马斯二世继位不久便去世了，他的继任者托马斯三世是一个婢女生的，却是埃及最伟大的武士之王，套用一些学者的观点来说，他就是古代的拿破仑。为了巨大的建筑工程，为了获得贡金与俘虏，他发动了第十七次与其他国家的战争。大部分人认为，这次战争发生在迦南、黎巴嫩，更远至幼发拉底河。正如 T.E. 皮特和其他学者所说的那样，正是这位法老，托马斯三世，让以色列人变成了奴隶；因为在他的军事远征中，把北方的边界扩至那哈尔。幼发拉底河上游这块土地的埃及名在《圣经》中为亚兰 - 那哈尔，希伯来族长的亲属依旧在这里；这也能很好地解释法老的恐惧（《大迁徙》1：10）：“当这里发生战争时，以色列人会加入我们的敌人中。”我们认为，正是在托马斯三世时，摩西从死囚中逃出，来到西奈的荒地，自从在那里获悉自己是希伯来人的后裔后，便公开地与自己的子民站在一起。

托马斯三世在公元前1450年去世，接替他登基的是阿蒙诺菲斯二世——阿莫西援引玛尼叟的论述，这个名字是由奥菲勒斯起的，确实是“很久以后，埃及的王去世之后”（《大迁徙》2：23），摩西才敢回埃及，要求这位继任者阿蒙诺菲斯二世，用我们的观点来说就是——“让我的子民走”。阿蒙诺菲斯二世从公元前1450年统治到1425年，我们的结论是大迁徙发生在公元前1433年，更确切地说是摩西8岁时（《大迁徙》7：7）。

继续往回推测，现在我们要追寻以色列人返回埃及的日期。根据神对亚伯拉罕的陈述（《创世记》15：13-14），希伯来传统主张400年不变，《新约》中也这样说（《法条》7：6），但是，迁徙之书说“那些在埃及的以色列孩子的旅居期为430年”（《大迁徙》12：40-41）。“旅居”以及“居住在埃及”的这种说法有可能是为了区别约瑟夫人（他们居住在埃及）和这些新迁来的约瑟夫人的兄弟们，他们刚来“旅居”。如果真是这样的话，那么这30年的差别可以用约瑟夫在他30岁时成为埃及的统帅来解释，随着以色列人（而非约瑟夫人）在埃及旅居的时间越来越长，发生在公元前1833年的事件的完整面貌日益模糊，400多年的信息逐渐流失。

另一个线索是在《创世记》（47：8-9）中发现的：“约瑟夫带来了雅各布，他父亲站在他这边，法老对雅各布说：‘你多大了？’雅各布回答说：‘我有130岁了。’”由此可知，雅各布生于公元前1963年。

当雅各布出生时，他的父亲以撒已近60岁了（《创世记》25：26）；而以撒出生时，他的父亲亚伯拉罕已经100岁了（《创世记》21：5）；当孙子雅各布出生时，亚伯拉罕（活到175岁）已经160岁了。由此可知，亚伯拉罕是在公元前2123年出生的。

亚伯拉罕所在的世纪——从他出生到他儿子以撒出生的这段时间——见

证了乌尔第三王朝的兴盛和衰落。在《圣经》年表和故事中，亚伯拉罕的权力是那个时代所有重大事件的核心——他不只是旁观者，更是一个积极的参与者。有关《圣经》评论的倡导者主张，关于亚伯拉罕的故事不同的是，《圣经》中丧失了对人类一般历史和近东的兴趣，它更关注一个具体国家的“部落历史”，实际上，《圣经》依旧讲述（就像它讲大洪灾和通天塔的故事一样）了有关人类和文化的重大事件：一场空前的战役和独特的自然的摧毁；希伯来元老发挥重大作用的事件，它讲述当苏美尔遭到噩运时，苏美尔的遗产是怎样被抢救出来的。

※

尽管关于亚伯拉罕的研究很多，但是我们所知的关于他的全部事实都源于《圣经》中的记载。他的祖先要追溯到闪世袭，亚伯拉罕——之后被叫作亚伯——是德拉的儿子，哈兰和那哈尔是他的兄弟，哈兰很早就过世了，这家人住在“迦勒底人的乌尔”，在那儿，亚伯拉罕与萨来（后改名叫萨拉）结婚。

之后，“德拉带着他的儿子亚伯拉罕及儿媳和孙子——哈兰的儿子，离开了迦勒底人的乌尔，去了迦南，在那定居”。

考古学家发现了哈兰城，它位于美索不达米亚西北部的金牛座山脚，那是古代最重要的交叉路口。那时马里控制着从美索不达米亚到地中海沿岸的陆地的南门，而哈兰控制着从北路到西亚的陆地。在乌尔的第三朝，把兰纳的领地界限划分至阿达德的亚洲副边界。历史学家们发现，在乌尔的布局及兰纳的朝拜中，哈兰只留存于人们的印象中。

《圣经》中没有解释离开乌尔的原因，也没有给出具体的时间，但若要概略地了解发生在美索不达米亚和乌尔的事，我们还是能够猜出答案。

我们知道，亚伯拉罕离开哈兰去迦南时，已经75岁了，《圣经》中叙述的大意认为，他在抵达哈兰时还是一个年轻的男子，携着他的妻子，在那里待了很久。若像我们推测的那样，亚伯生于公元前2123年，当乌尔南模在乌尔登基时，亚伯拉罕还是个孩子，当时也是兰纳第一次得到尼普尔受托地的支持，当乌尔南模莫名其妙地失宠于阿努和恩利尔时，亚伯拉罕是一个27岁的年轻人。

我们已经描述了这件事给美索不达米亚人民带来的创伤，同时也使人们对兰纳的无所不能，以及恩利尔的话是否可信产生了怀疑。

乌尔南模在公元前2096年失势——这不会正是德拉和他的家人离开乌尔，启程去一个遥远的目的地的时间吧？他们离开乌尔前往哈兰，是因为受到了这件事情的影响吗？

在随后乌尔衰落和舒尔吉赎神的这几年，这家人就住在哈兰，随后，突然地，上帝出现了：

> 耶和华对亚伯拉罕说：
> “从你的国家离开，
> 从你出生的地方离开，
> 从你父亲的房里离开，
> 到我引导你去的地方。”
> 如耶和华所说的那样，亚伯拉罕离开了哈兰，
> 带着罗得一起，
> 那年他75岁。

对这一重大的离开事件，仍然没有给出任何解释，但是按年代顺序的一些线索，基本上可以揭开真相。公元前2048年，亚伯拉罕75岁时，恰好是

舒尔吉衰落的时候。

因为亚伯拉罕的家族（《创世记》11）源于闪族，亚伯拉罕是一个闪族人，他的背景、文化传承，以及语言都源于闪族（在学者们心目中），这明显将他与非闪族的苏美尔和后期的印度支那欧洲人区别开来。在早期的《圣经》概念中，所有大美索不达米亚的人民都是闪族的后代，闪族与苏美尔相似。《圣经》中根本就没说到——像很多学者认为的那样——亚伯拉罕和他的家人是亚摩利人（也就是西部闪族人），他们从苏美尔移民而来，后来又返回最初的故土。相反，《圣经》认为，这家人从他们的起源地离开后，便在苏美尔扎根，后来仓促地被赶出这个国家、自己的出生地，并被告知去一个完全陌生的地方。

《圣经》中这两个重大的苏美尔人事件的日期是相符合的，更进一步说，这是这两件事情直接有关的一个迹象。亚伯拉罕不是作为一个外来移民者的儿子出现的，而是作为一个与苏美尔大事件直接相关的一个名门望族的后裔出现的。

在寻找“谁是亚伯拉罕”这个问题的答案时，学者们关注了他希伯来语的名称和哈比鲁名称的共性，在公元前第 17 和第 18 世纪，哈比鲁被亚述人和巴比伦人称为“一伙西方闪族掠夺者”。在公元前第 15 世纪晚期，耶路撒冷埃及驻地的司令官，请求国王增援部队攻占哈比鲁。学者们把所有这些作为证据，来说明亚伯拉罕是一位闪族人。

但是，很多学者怀疑，这一术语是否真能完全代表这个少数民族，怀疑这个词语不是简单地把他描述成“掠夺者”或“侵略者”，这种观点认为，IBRI（源于动词穿越）和 HAPIRU 是一样的语言学和词源学的问题。它们在年代顺序上也不一致，所有这些都引起了对亚伯拉罕身份解决方法的强烈反对。尤其是对比了《圣经》中记载的数据和哈比鲁这一术语的含义“强盗”后。《圣经》中讲到的有关井水的事，说明亚伯拉罕在行经迦南时，尽量小心地避免与当地居民发生冲突；当亚伯拉罕成为战争之王的一员时，他拒绝分享战利品。这不是一个抢劫的野蛮人的行为，而是一个具有高水准的指挥者的行为。来到埃及，他与萨拉占领了法老的宫廷；在迦南，他与当地的统帅签订了条约。这不是抢劫其他部落的流浪者，而是一个具有高水平外交手段的名人。

而莱比锡大学宗教史的一位杰出教授和亚述学家完全没有考虑我们上述的材料，在他 1930 年的著作《古代东方圣约书的收集与整理》中宣布，根据已有的知识，他认为亚伯拉罕是苏美尔人。随后，他在 1932 年的名为《宇宙中的苏美》的论文中详述了这一结论：亚伯拉罕不是闪族的巴比伦人，而是苏美尔人。他认为，亚伯拉罕率领着信徒们，立志于改革苏美尔人的社会，达到宗教水平的更高级别。

在德国，这一大胆的想法助长了纳粹及其种族理论的崛起。希特勒掌权后不久，赫雷米亚斯这个异教徒受到了尼古拉施耐德的鄙视，在他的一篇反击性的文章《亚伯拉罕在苏美尔的战争》中认为，“亚伯拉罕既不是苏美尔人，也不是一个纯血后裔”；“从阿卡德人的王萨尔贡在乌尔统治起，在本地的亚伯拉罕，的确不具有纯正的苏美尔人血统及其文化背景”。

随后的动乱及第二次世界大战的爆发，使得对这个主题的争论戛然而止。令人遗憾的是，由赫雷米雅思寻找到的这条线索，再没有被重新捡起。所有关于《圣经》及美索不达米亚的证据显示，亚伯拉罕确实是一个苏美尔人。

实际上，《旧约》(《创世记》17：1–16）告诉我们，在亚伯拉罕与上帝签订圣约后，他是如何从苏美尔人的贵族变成西方闪族的统治者的，以及具体的时间与方式。在洗礼时，他的苏美尔名字亚伯（神父的钟爱）改为了阿卡德/闪族的名字亚伯拉罕（王国民众的神父），他的妻子萨来（公主）被改为闪族的萨拉。

亚伯拉罕在他 99 岁时，才成为一个“闪族人”。

※

当我们在破解亚伯拉罕的身份这一古老的谜题和他去迦南的使命时，从苏美尔人的历史及语言这条线索出发，将能找到答案。

为了迦南的使命，为了一个国家的诞生，为了统治从埃及边界到美索不达米亚边界的所有王国，上帝可能随机地选择某人，随机地从乌尔的大街小巷中找个人来。这样的假设不是很幼稚吗？嫁给亚伯拉罕的那个年轻女孩有个绰号叫“公主”，因为是他同父异母的妹妹（“她确实是我妹妹，是我父亲的女儿，而不是我母亲的女儿”），我们理所当然地认为，亚伯拉罕的父亲，或者萨拉的母亲是皇族的后裔；亚伯拉罕的兄弟，哈兰的女儿，也有一个王室的名字米哈（意为“女王般的”），这就说明，亚伯拉罕的父亲是皇室祖先的追随者。为了了解亚伯拉罕的家族，我们需要首先了解苏美尔的最高阶层的家族。我们发现，在很多苏美尔人的雕像中，都有着贵族般的举止和优雅的穿着（见图 98）。

图98

这一家族不仅是闪的后裔，更重要的是他们长期以来，坚持记录自己家族的家谱。从第一代出生者阿尔帕克沙德，到色持、希伯；从皮莱格、如尔、赛如、那哈尔、德拉到亚伯拉罕，他们家族的历史可以追溯至少 3 个世纪！

那么绰号又意味着什么呢？如《创世记》第一章所讲，假如色持（“剑”）出生，那么他早于亚伯拉罕 258 年，因为亚伯拉罕生于公元前 2381 年。这确实是那段争斗的时间，他带着萨尔贡在新的首都阿格达（“联合”）登基，这象征着众国的统一及新纪元的开始。64 年以后，这家人给他们出生的后代起名皮莱格（“分”），“因为他出生时，领地是分割的”。实际上，那时萨尔贡试图从巴比伦移走圣土，但他在那儿去世后，也是苏美尔与阿卡德的决裂时段。

但是这一天最大的意义在于，“在公元前 2351 年，希伯之名赐予了最早出生的人，自那时起，亚伯拉罕与他的家人，认出了《圣经》中的术语 IBRI（‘希伯来’），但被制止了”。很显然，这源于词根“穿越”。最好的研究者正如我们之前所说，他必须提供对此的解释来寻找哈比鲁／哈皮如之间的联系。

亚伯拉罕及其家族鉴定的术语 Ibri（“哈比如”）很明显源于希伯、皮莱格的父亲及词根“穿越”。我们确信，应该从亚伯拉罕及其祖先苏美尔人的起源和语言中寻找答案，而不是在哈比如的概念或西亚的绰号含义中寻找答案，这样一来，一个新的简单得让我们吃惊的方案浮现了：

《圣经》中的后缀“I”，用于人时指“本土的，本国的”；Gileadi 指一个 Gilead 国的人，同理，Ibri 意为在一个叫 Ibr（“交叉口”）的本地人，而这，正好是尼普尔的苏美尔人名：NI.IB.RU ——交叉地，在这里，最初的洪积层的网格互相交叉，是地球起源的核心，昔日的航天任务控制中心。

从苏美尔语到阿卡德语／希伯来语转变的过程中落掉 N 是常见的事，在说明亚伯拉罕是一个 IBRI 人时，《圣经》中就简单地指亚伯拉罕是一个

NI-IB-RI 人，一个在尼普尔土生土长的人。

实际上，亚伯拉罕家族从哈兰迁至乌尔的事，在学者们暗示乌尔是他的出生地时就已经说明了；但《圣经》中没有提到这点，相反，命令亚伯拉罕到迦南和他的永久居住地，列出的 3 个实体是：他父亲的房子（在哈兰），他的土地（乌尔），他出生的地方（《圣经》中没有确认）。而我们的建议，即 IBIR 是指一个尼普尔的本国人，说明了他的出生地。

正如希伯的名字所暗示的，那时正是他的时代——公元前第 24 世纪中期，这个家族开始了尼普尔联盟。尼普尔从来都不是皇室的首都，而是一个圣城，学者们把它称为苏美尔的“宗教中心”。同时，这里也是天文学知识被委托给最高级别神父的地方，因此，这里是历法——即太阳、地球和月亮在其轨道的关系的研究——开始的地方。

学者们已经认识到，我们现今的历法源于最初的尼普尔历法。所有证据显示，此历法开始应用于大约公元前 4000 年，金牛座时代。在这方面，我们还找到了关于哈比如与尼普尔联系的其他重要而确凿的证据：犹太人的历法从公元前 3760 年这一神秘的年份算起（因此 1983 年应该是犹太历的 5743 年），这样就假设把它算作“世界的开始”；但犹太圣人实际的叙述是“自起始年算起，这些年已经过去了”。我们认为这是说，自尼普尔历法引入后是这样的。

在亚伯拉罕祖先的家族中，我们发现了一个有皇室血统的神职家庭，这个家庭被尼普尔一个高级神父所领导。这名高级神父是唯一一个被允许进入神庙最内部机关的人，他在这里接受神的旨意，并传达给皇帝与子民。

我们来看看亚伯拉罕父亲的名字德拉，它有深远的意义。我们仅能从闪族部落的环境中找到线索。研究者认为，这个名字就像哈兰和那哈尔一样，仅仅源自地名（把地名拟人化为人名），这些城位于美索不达米亚的中心和北部。亚述学家寻找阿卡德文术语（成为闪族的第一语言）时，仅能找到替尔胡，意为“用于魔力目的的人工制品和器皿”。但是如果我们再回到苏美尔文时，我们发现，象征替尔胡的楔形标志字直接来源于一个在苏美尔文中称为DUG.NAMTAR的实体，一个“算命人”——神的谕旨的宣告者。

那么德拉就是一位神父，一个靠近“低语的石头”去听神的旨意并与他们交流（做解释或不解释），然后把这些旨意传给非神的阶层的人。这也是后期以色列高级牧师的作用之一，这些牧师被允许进入圣地，接近DVIR（讲话者），并且“聆听神对他所说的话，声音来自契约神龛的覆盖层上，来自两个基路伯之间”。在以色列人大迁徙时，在西奈山，上帝宣布，他与亚伯拉罕的契约意味着“你们将要成为我的王国的神父”，这反映了亚伯拉罕子孙的身份：皇家的神父。

这些结论听起来很牵强，但它们全都符合苏美尔人的准则。凭借这些准则，国王们任命他们的女儿、儿子——经常还包括他们自己——担任高级别的神职，这就使得皇家与神职血统相融合。宾夕法尼亚州大学考古探险队在尼普尔的许愿铭文中，发现并确认了乌尔的国王们很珍惜“尼普尔虔诚的领导者”这一封号，并且也发挥着他们神职人员般的作用；尼普尔的统治者也是UR.ENLIL（“恩利尔最重要的仆人”）。

其中一些皇室神职最重要的名字与亚伯拉罕的苏美尔名字（亚伯）相似，也是由AB组合开头的（“神父”或“祖先”）；比如，在舒尔吉统治期，尼普尔的一个统治者就叫AB.BA.MU。

这家人如此亲密地与尼普尔联系在一起，而从没被授以乌尔的高位，这非常符合他们在苏美尔很受欢迎的真实境况。因为那时是乌尔三世的朝代，兰纳和乌尔的国王第一次授予托管地给尼普尔，把宗教与现世结合起来，这样等乌尔南模在乌尔即位时，一切就会很顺利。德拉和其家人，从尼普尔搬到乌尔，有可能是因为作为尼普尔庙宇与乌尔皇室之间的联络人，他们在乌尔待了很久，直到乌尔南模统治期结束；如我们之前所述，乌尔南模去世后，这家人才离开乌尔去了哈兰。

※

我们不知道这家人在哈兰做了什么，但是考虑到他们的皇室世袭和神职象征，他们肯定属于哈兰的高级阶层。亚伯拉罕所做的事，在后来，被很多国王认为他陷入了哈兰的外交事务中；他与迦南海地居民的特殊的朋友关系，可以让我们了解到，他是从他们那儿学到了高超熟练的军事作战技术，并且在诸王之战中发挥得那么成功。因为这些人是以他们的军事经验而著称的。

在传统中，也讲到亚伯拉罕非常精通天文学——这种知识在由星星做向导的长途旅行中非常有价值。根据约瑟夫的叙述，伯罗苏丝在提到亚伯拉罕时没有指明是他自己，他写道“在迦勒底人中，有一位非常正直和伟大的人，他看天象非常准”。（假如伯罗苏丝这个巴比伦的历史学家确实是指亚伯拉罕，那么在巴比伦编年史中，这位希伯来鼻祖的重要性远远超过了他精通天文学这一事实。）

在舒尔吉统治的那些可悲的年代，德拉一家人待在哈兰。在舒尔吉去世后，神的命令使他们去了迦南，德拉已经很老了，他的儿子那哈尔陪同他一起留在了哈兰。担负起使命的是亚伯拉罕——一个 75 岁的成熟的人。那是公元前 2048 年，这一年标志着长达 24 年的决定命运的年代的开始。舒尔吉后紧接着的两位继任者（阿马尔辛和舒辛）充满战争的 8 年统治期过去了，伊比辛和乌尔，最后的治国皇帝的 6 年统治期也结束了。

毋庸置疑，有很多巧合说明，舒尔吉的死不仅是亚伯拉罕离开的信号，也是近东的众神重新排位的信号。也就是在那时，亚伯拉罕由一支精锐部队陪同离开哈兰——海地大地之门（稍后可知），流浪的马杜克也在“海地岛”出现了，此外，最大的巧合是，马杜克在那儿同样度过了这决定命运的 24 年，这场大灾难处于顶峰的 24 年。

马杜克动向的证据是在亚述巴尼波图书馆的碑匾上找到的（见图 99）。那上面有年老的马杜克讲述自己过去的漂泊以及最后返回巴比伦的事：

图99

噢，伟大的神，请记住我的秘密，

当我缠绕我的腰带时，我的记忆记住了这些：

我是神马杜克，伟大的神，

我因为所犯之罪而被抛弃，

来到我现在的这座山，

我曾经流浪到过很多地方，

从太阳升起的地方，到它落下的地方，

我也到过海地岛的最高峰，

在那儿我问一位神使，

有关我自己登基和贵族权力的事，

我问："要到什么时候？"

在这24年，我才能返回。

在小亚细亚，马杜克的出现说明一个未料到的与阿达德的同盟，这也是亚伯拉罕匆匆赶去迦南的另一原因。以平衡的角度来看，马杜克从他流亡的新地方派遣了一些密使（穿过哈兰），为他在巴比伦的追随者以及去小亚细亚贸易的代理人效力。因此，他侵占了两个门——由兰纳/辛所控制的门与伊南娜所控制的另一门。

舒尔吉的死，作为一个信号，使整个远古世界变得躁动了。兰纳的王室已经不再被人信任，马杜克的王室看到自己最后崛起的时刻到来了。然而，马杜克自己依旧被排除在美索不达米亚之外，他的长子那布，为他父亲的事业带来了转变。他的战术的基点是自己的“教派中心”：博尔西帕，但他的影响遍及全部领地，包括大迦南。

为了阻止这一情况的迅速发展，亚伯拉罕被派往迦南，尽管关于他的使命只字未提，但《旧约》中清楚地说明了他的目的地：迅速去迦南。亚伯拉罕和他的妻子、侄子，以及随从不停地向南赶去。在色目做短暂停留时，主与他谈了话。“然后他从那里，去了那座山，在贝斯艾的东部扎营”；在这里给耶和华建了祭坛，并成为耶和华的贝斯艾，意思是“上帝的房子”，是亚伯拉罕再次回来的一个地方，在耶路撒冷被尊称为神山的附近，即摩利亚山（笔直的山）。当所罗门在耶路撒冷为耶和华修建了一座神庙后，契约的神龛就放在那里的圣石之上。

从那里，“亚伯拉罕依旧向更远的地方内盖夫行进”。内盖夫是迦南和西奈半岛交接处的一块干地，很显然是亚伯拉罕的目的地。一些神的谕告说埃及的河（现在被叫作干枯的河床）艾尔阿里史是亚伯拉罕领地的南边界，加低斯巴尔内亚的绿洲是他最南的前哨（见地图，P318）。在内盖夫，亚伯拉罕做了什么？“干旱之地”这一名字是谁取的？是什么使这位元老需要从哈兰长途跋涉，匆忙出发？并且是什么迫使他身处荒地间？

因为在这些岁月里，摩利亚山，即亚伯拉罕首次关注的地方，与它的姐妹山佐非山（观察者的山）和锡安山（信号之山）一起，作为阿努纳奇的航天任务控制中心的场所，而内盖夫的重要意义，也是其唯一的意义，就是它是西奈山宇航基地的通道。

一系列的描述告诉我们，亚伯拉罕将这一地区的军队全部集中起来，他

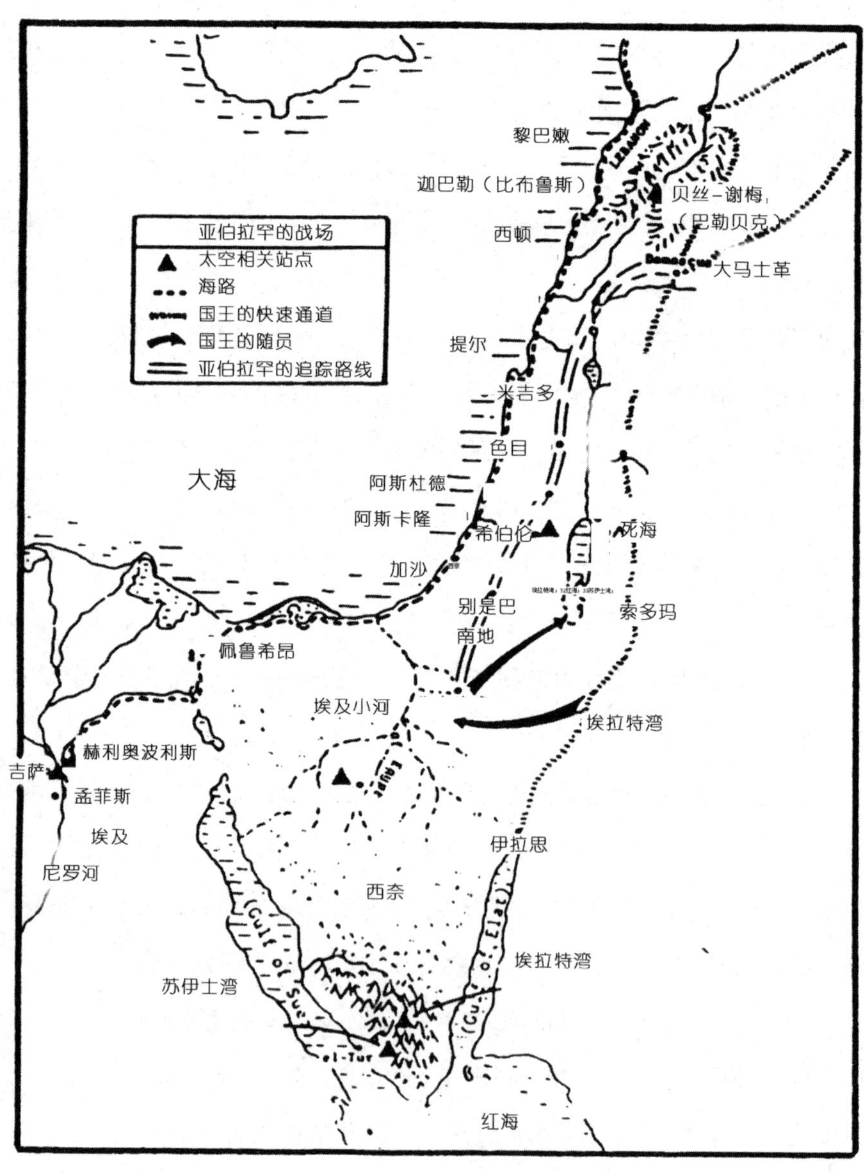

的随从包括几百名用于战斗的精锐战士。《圣经》中称他们为那尔，它有很多译法，比如“侍从”或很简单的“年轻人”；但是研究表明，在人类中，常称他们为“骑士”或“骑兵”，实际上，最近研究美索不达米亚的书都旨在处理军事活动的清单，包括战车兵种及骑兵 LU.NAR（那尔人），他们是最快的骑兵。我们在《圣经》中找到完全相同的词语：此后，大卫王袭击了一个亚玛力人的营地，唯一逃出的是“400 伊什－那尔”，按字面解释是“善战的人”或 LU.NAR——“骑着骆驼的人”。

在把亚伯拉罕麾下的那些善战的人描述为那尔人时，《旧约》告诉我们，他和他的骑兵队，极有可能骑的是骆驼，而非马。因为他可能想到：如此快速的骑兵武装力量来自海地，边界哈兰已设在那儿，但是对干旱的内盖夫和西奈来说，骆驼远比马更实用。

亚伯拉罕不是作为游牧部落的首领，而是作为皇室后裔的创新的军事指挥者出现的，这一说法，也许不符合这位希伯来鼻祖的惯常形象，但这些是根据所知的亚伯拉罕的全部往事而来的。因此，援引早期有关亚伯拉罕的资料，约瑟夫写道：“亚伯拉罕统治着大马士革，在那里他是一个外国人，与他一同来的还有一支超强的精锐部队。”在那里“很久后，上帝让他崛起，让他和他的国家及人民一同撤走，并让他去了后来被称为迦南、现在又叫作犹地亚的地方”。

亚伯拉罕的使命是一次军事行动：保护阿努那奇的太空设施——航天任务控制中心和宇航基地。

在内盖夫短暂地停留后，亚伯拉罕来到西奈半岛并且去了埃及，显然，他不是普通的游牧人，亚伯拉罕和萨拉又一次夺去了皇位，根据估算，大概是公元前 2047 年。当时法老控制着的下部海域（北方）的埃及——他不是阿门的追随者（“隐藏着的”上帝马杜克）——正面临着南方底比斯君主的强大的挑衅，在那里，阿门被认为是至高无上的。我们只能猜测事情的状况：联盟，联合保卫，神的命令。被围攻的法老和尼普尔的将军伊比尔商讨对策，《圣经》中没有提到这点，也没有说持续的时间有多长（《禧年书》中说持续了 5 年）。当亚伯拉罕再回到内盖夫时，陪同他的是大量的法老的随从。

“亚伯拉罕与他的妻子罗得一起离开埃及，返回内盖夫。”他因为旅途中牛羊群等的消耗而负担繁重：“受累于畜群”；还为他的骑兵们准备了驴和骆驼。他又一次去了贝斯艾，为“唤起耶和华的名字”寻找说明。他的侄儿不再与罗得同行，选择和他的牲畜一起居住在约旦平原，“在耶和华摧毁所多玛和蛾摩拉之前，那里是被灌溉的上帝的花园”。亚伯拉罕去了山城，定居在了临近哈兰的最高峰，从那里，他可以看到四面八方；上帝对他说：“穿越这一国家的东西南北，对你来说，这是我给你的。”

此后不久，“在希纳尔的阿拉菲尔王执政期”，东部联盟的武装远征开始了。

※

“他们为荷岛拉么（迦南国王们）效力十二年；在第十三年他们起义了；第十四年，荷岛拉么王与其他王一同到来（《创世记》14：4-5）。”

长期以来，学者们一直都在寻找《圣经》中记载的这些事件的考古学方面的记录；他们的努力注定是白费的，因为他们找错了亚伯拉罕所处的年代。如果我们所排列的年代正确的话，关于阿拉菲尔问题有一个简单的解决方式是有可能的。这是一种新的方法，但依赖于几乎一个世纪前所做的研究的建议。

回到 1875 年，把传统名字的读法与早期《圣经》中的译法做比较，F. 莱纳们特认为，正确的读法应该是“阿马尔－杷尔”，正如在 70 个人翻译的希腊文本《圣经》（公元前第三世纪，从原始的希伯来语把《旧约》翻译成希腊语）的两年后，D.H. 黑格也采用了“阿拉菲尔”的读法，并且认为“第二种因素（国王名字中的）是月亮神的名字"，他写道："长期以来，我一直坚信'阿马尔－杷尔'的身份是乌尔的王之一。"

1916年，弗拉姆保尔又一次认为名字的读法依然不对。因为在希腊文本《圣经》中，"阿马尔－杷尔"应解释为"被儿子看见"——它是近东皇室名字之一，比如埃及语的托斯－么思（指被托斯看见）（由于一些原因，保尔和其他人忽略了提及一些具有重大意义的事实，希腊文本的《圣经》详述了荷岛拉么的名字，荷岛拉么，几乎与斯帕托碑上的库多尔－拉哈玛完全一致）。

杷尔（意为儿子）确定是美索不达米亚皇室中常见名字的后缀，象征神所认为的最受宠爱的儿子，在乌尔，神最偏爱的儿子是兰纳／辛，这样一来，我们认为在乌尔，阿马尔辛和阿马尔杷尔是同样的名字。

我们认为《创世记》第14章中的"阿拉菲尔"等同于阿马尔辛，乌尔第三王朝的第三位王，这样便非常完美地与《圣经》和苏美尔的年代排序相吻合。《圣经》中诸王之战的故事发生在亚伯拉罕从埃及回到内盖夫不久后，是在他返回迦南10周年之前，也就是介于公元前2047年到公元前2039年之间，阿马尔辛／阿马尔杷尔的统治从公元前2047年持续到公元前2039年；这场战争发生在他统治的晚期。

阿马尔辛的统治期年份安排表精确地把他执政的第七年——公元前2041年，作为向南方各省发动大规模军事远征的一年。《圣经》中的数据（《创世记》14：4-5）认为，这发生在第十四年，那时荷岛拉么已经征服了迦南各王，埃兰人也在他旗下；而这一年，公元前2041年，也恰恰是舒尔吉接到兰纳神谕的第十四年，他在公元前2055年发动了这次军事远征，由埃兰到迦南。

有关《圣经》的历史对照表和苏美尔事件及日期，揭开和支持了一系列记载在《圣经》中的时间因素：

公元前2123年：亚伯拉罕在尼普尔出生，他的父亲是德拉。

公元前 2113 年：乌尔南模在乌尔登基，成为尼普尔的保护人，

德拉和他的家人搬到乌尔。

公元前 2095 年：乌尔南模去世，舒尔吉继承王位，

德拉和家人离开乌尔去了哈兰。

公元前 2055 年：舒尔吉接到了兰纳的神谕，把埃兰部队派往迦南。

公元前 2048 年：舒尔吉去世，在阿努与恩利尔的命令下，

75 岁的亚伯拉罕离开哈兰去迦南。

公元前 2047 年：阿马尔辛（阿拉菲尔）继承乌尔的王位，

亚伯拉罕离开内盖夫去了埃及。

公元前 2042 年：迦南众王开始效忠于“其他诸神”，

亚伯拉罕和他的精锐部队又回到埃及。

公元前 2041 年：阿马尔辛发动了众王之战。

谁是赢得迦南各王效忠的“其他诸神”呢？是马杜克，他和他的儿子那布策划从附近的流亡地逃脱，在迦南东部游荡，他们获得了至高的权力和众多的信徒。正如《圣经》中地名暗示的那样，整个莫阿布大地都受到了影响：这些地方因为那布而出名，并且这里很多地方都以他的荣誉而命名；最高的山峰保留了他的名字——尼泊山，经历了以后的太平盛世。

在《旧约》的历史框架中，已经肯定了来自东方的侵犯，但即使依从《圣经》的观点，把美索不达米亚诸神的故事浓缩为一神论的模式，它也是一次非同一般的战争：表面的目的——镇压起义却成为此战的次要方面；真正的目的——荒野中交叉路口的绿洲决不能延伸。

占据了从美索不达米亚到迦南的南部路线，侵略者继续向南穿越约旦，沿着国王大道，发动一连串的袭击来破坏保卫穿越约旦河的关键的哨所：北方的阿斯特－卡纳因，中心的哈姆，以及南部的闪可因。

根据《圣经》中的故事，艾尔巴拉是侵略者的真正目标，但他们从未到达那里。侵略者穿越约旦河而下，环绕着死海，越过希纳尔山，进一步“朝艾尔巴拉行进”，那地方在荒野之前，但他们被迫“快速撤退至艾因密斯杷，从未抵达那儿”。

直到那时，他们才返回迦南，随即“所多玛和蛾摩拉的王，阿当的王，子比的王，伯拉的王，在佐阿以四队行进，并且参与了斯蒂山谷的战斗（见地图，第 318 页）”。

这些迦南王之间的战斗，是此战最后的局面，但不是他们起初的目的。几乎一个世纪以前，在《加低斯巴尔内亚》一书中，H.C. 特朗布尔已经总结了侵略者真正的目的是艾尔巴拉，他准确无误地指出，侵略者是为了在西奈的中心平原那卡的绿洲设要塞。但是谁都不清楚，为什么这个大联盟要发动军队去千里之外的目的地，并且同诸神与人类作战，只是为了到这个巨大而凄凉的平原的一个孤岛绿洲。

他们为什么要去那儿，又是谁封锁了他们的道路，迫使这些入侵者返回呢？

对于此问题，除了我们所提供的答案之外，其他的解释都无任何意义：这个目的地的唯一意义就是宇航基地。在加低斯巴尔内亚封锁入侵者道路的是亚伯拉罕，很久以前，那里是最近的允许人们去宇航基地领地的地方，而且还不需要特殊的许可。舒尔吉曾去那儿祈祷，并在那儿供奉判决之神；在他之前近 1000 年，苏美尔的王吉尔伽美什在那里停留，以获取特殊的许可。这里是被苏美尔叫作班德戈丁吉尔的地方，阿卡德的萨尔贡，很清楚地把此地作为提尔蒙的地方列在他的铭文中。

我们认为这就是《圣经》中叫作加低斯巴尔内亚的地方，在这里，亚伯拉罕的精锐部队阻止了侵略者接近宇航基地的企图。

《旧约》中的暗示在荷岛拉么文本中是一个详细的故事，它很清楚地说明此战意在阻止马杜克的返回，以及阻挠那布为获得机会去宇航基地的努力。这些书中不仅说出了《圣经》中出现的那些国王，更重述了在第十三年开始效忠他们的具体细节。

当我们再回到荷岛拉么的书中获取有关细节时，需要牢记在心的是，他们是由一位巴比伦历史学家写成的，他非常支持马杜克的理想，即让巴比伦成为这四大地区中天国般的中心。这妨碍了诸神，他们反对马杜克，命令荷岛拉么抓捕他，并且摧毁巴比伦：

诸神……
对埃兰国的王，库杜尔－拉格玛下令说：
“去毁掉那里！”
这是让他去那儿做尽坏事。
在巴比伦，马杜克最珍爱的城市，
他统治着那里，
在巴比伦，诸神之王的城，
马杜克，推翻了君主制，
在神庙修建了一个狗窝，
乌鸦在飞，大声尖叫着，它们的粪便也落在那里。

对巴比伦的掠夺只是开始，自从“坏的行为”被干尽后，乌图／沙马氏采取行动反击那布，他指控那布破坏了一些国王对他父亲的忠心。兰纳／辛，在荷岛拉么的书中记载，这发生在第十三年（正如《创世记》第十四章所说）：

在众神及他的儿子来之前，
那一天的山，阳光明媚，

为了反抗众神，马杜克说：
“在第十三年，对王的忠诚背叛了，
争吵再次向他父亲袭来；
为了保持忠诚，王不再出席；
所有这些都是那布造成的。”

众神们聚在一起，警惕这造反者的行动，把皇室诸王及以埃兰人库多尔－拉哈玛为指挥官的部队组成联盟。他们的第一个命令是“毁灭要塞的武器”，为了执行命令，“库多尔－拉哈玛用非常险恶的念头抵触马杜克，用火来烧庙，用他随身的佩剑刺杀他的儿子”；之后，又命令远征队抵抗起义诸王，巴比伦文书中罗列了被袭击的目标，以及袭击者的名字。我们很容易在《圣经》中看到这些名字：“艾瑞克袭击舍不，图的－古拉袭击了加沙的子弟。”

根据神谕进行行动，东方的诸王把军队结合在一起，抵达并穿越约旦。首先被袭击的是“高地”的要塞，之后是瑞八图，路线与《圣经》中描述的一致：从北方的高地经过瑞八图的阿门中部地区，向南朝向死海行军，此后，杜尔马哈拉尼被捕，迦南的城市（包括加沙、内盖夫等）都被摧毁，但是根据巴比伦文本所说，杜尔马哈拉尼，“神父的儿子，众神用他们最真诚的慰藉对他施以涂油礼”，他站在入侵者的路上，“摧毁他们的防御”。

巴比伦文书中提到的德拉神父的儿子，就是亚伯拉罕，并详细说明了他在让入侵者退却中起到的作用。这种可能性很大，因为在美索不达米亚及《圣经》的文本中都提到了相同的事，在同样的时间及地点，并且结果也一样。

我们找到的这个具有高度启发意义的线索，不仅是为了强化其可能性。

这是一个没有被注意到的事实吗？在阿马尔辛统治时期，称他的第七年——公元前2041年为关键的一年，军事远征的一年，也是IB.RU.UM（见图100）的领导中心被袭击的一年。

这个参考文献，在确切的关键的这一年份，除了提到亚伯拉罕和他牧羊的住处之外，还说了什么？

也有关于这次入侵的绘图纪念。苏美尔人的圆筒封印上雕刻绘制出了当时的场景（见图 101)。它描述了基什早期的国王伊塔那到达羽翼之门的旅途，在那里，“天使”载着他在高空中翱翔，以至于地球都消失在他们的视线里。这枚印章也描绘了这位加冕的英雄在马背上的故事，在伊塔那时代的前期，他站在羽翼之门和两支明显的队伍之间。其中一支队伍的 4 个领导人也骑在马背上，全副武装的男人也走向西奈半岛的一片种植区（由象征罪孽的月牙标志与麦子的生长代表）。另外一支队伍是 5 位国王，他们面朝着相反的方向。这幅图包含战争中的国王和“教士儿子”这种在古代绘图中的元素，而不是伊塔那到达太空的旅程。在图的中心是一只动物，这说明英雄是亚伯拉罕而不是伊塔那。

在完成了他保护太空的使命后，亚伯拉罕回到了希伯伦附近的基地。备

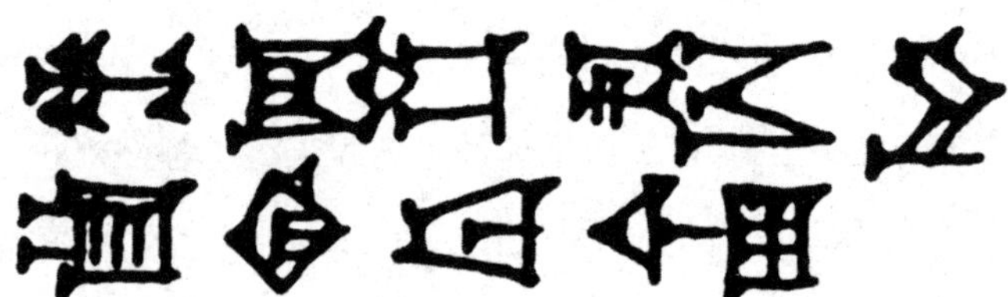

图100

图101

受亚伯拉罕壮举的鼓舞，迦南国王命令他的队伍从东边拦截撤退的部队。但是侵略者攻击了他们并且“没收了所多玛和蛾摩拉的所有财产”。一个人质回忆道：“他们拿走了住在所多玛的亚伯拉罕侄子的许多东西。”

听到这个消息后，亚伯拉罕召集他最好的骑兵部队追捕撤退的侵略者。亚伯拉罕的部队在大马士革附近追上了侵略者，他成功追回了所有的战利品。他回来后，人们把他当作一个胜利者，在沙拉木（耶路撒冷）的山谷迎接他：

> 沙拉木的国王莫克热德克，
> 拿出了面包和酒，
> 因为亚伯拉罕是和神一样至高无上的牧师。
> 他祝福亚伯拉罕：
> “祝福和神一样至高无上的亚伯拉罕，他是天空和地球的主宰者。
> 是他将敌人牢牢控制在手中。”

迦南国王同样也到场感谢亚伯拉罕，作为回报，国王将所有追回的战利品送给了他。但是，亚伯拉罕说当地的同盟者们可以分享这些奖励，他本人以及他的勇士们“即使是一根鞋带”也拒绝接受。他所做的一切既不是出于和迦南国王的友谊，也不是出于对东部联盟的敌意；关于兰纳和马杜克之间的战争，他的态度是中立的。为了“耶和华，至高无上的拥有天地的主，我伸出了援助之手”，他说。

※

失败的入侵并没有阻止古代世界里重大事件的发生。一年后，即公元前2040年，孟图赫特普二世，底比斯诸侯的领导者，打败了北部法老，将自己对底比斯的统治向西方一直扩大到西奈半岛。在随后的几年里，阿马尔辛试图通过海路到达西奈半岛，却因为被毒蝎子咬伤而死亡。

对太空的袭击屡屡受阻，但是太空仍然面临着危险；马杜克更努力地追求至高无上的统治权。15 年后，当尼努尔塔和奈格尔发动末日战争的时候，所多玛和蛾摩拉乘着火焰上升。

第十四章

核浩劫

世界末日于亚伯拉罕在希伯伦附近扎营的第二十四年到来，那时候亚伯拉罕已是99岁高龄。

> 那天天气炎热，在马末利平原的松脂树林里，上帝出现在他的面前，当时他正坐在帐篷的门口。他抬起眼睛，并且注意到三名男子站在他的面前。当他看到他们后，他从帐篷入口处跑向他们，并且对他们鞠躬。

这一切是如此迅速，从一个具有典型中东韵味的供君主休憩的帐篷阴凉处休息，到和神灵的突然会晤，《创世记》第十八章的神圣讲述者抬起亚伯拉罕的眼睛并且对他充满信任。虽然亚伯拉罕注视着他们，但他没有看到这三个男子是怎么来到这里的：他们突然“出现在他的面前”。虽然他们外表是“人”，但是亚伯拉罕马上认出了他们并且对他们鞠躬，称他们为“我的主”，并且“要求他们不要‘忽视了仆人’”，以让他有机会为他们准备丰盛的晚餐。

神圣的来访者吃完晚餐休息后已经是黄昏了。关于萨拉，他们的领导人对亚伯拉罕说："在明年的这个时候我将回来，那时你的妻子萨拉将有一个儿子。"

让亚伯拉罕和萨拉在晚年得到合法继承者的承诺，并非此行的唯一原因。更可怕的是，他们有一个更不祥的目的：

> 三个男子从那儿上升前往所多玛调查，
>
> 亚伯拉罕为他们送行。
>
> 神说：
>
> "我可以对亚伯拉罕隐瞒我将要做的一切吗？"

鉴于亚伯拉罕过去的尽心尽力和对未来的承诺，主透露给他此行的真正目的：证实对所多玛和蛾摩拉的指控。"由于对所多玛和蛾摩拉大量的强烈抗议，和对他们的行为难以忍受的指控"，神说，他已决定"下来确认，如果如我听到的呼声一样，我将完全地毁灭它；如果事实和我所知道的不一样，我想弄清楚真相"。

摧毁所多玛和蛾摩拉的行动已经成为《圣经》故事中最常见的描述和鼓吹。东正教和宗教激进主义始终坚信，是上帝从空中纵火和倾倒硫磺，从地球表面抹除了罪孽深重的城市。学者和尖端人才坚持努力寻求这个《圣经》故事的"自然"解释：地震；火山爆发；其他一些（他们准许的）有可能被解释为神的行为的自然现象：一种对于罪恶的惩罚。

但到目前为止，作为《圣经》叙事而言，到现在为止它一直是所有解释的唯一来源，这些活动肯定不是因为自然灾害而发生的。首先，它被描述为是一种有预谋的事件：神在事前透露给亚伯拉罕将发生什么和为什么会发生。其次，这是一场可以避免的事件，并不是由不可逆转的自然力量所造成的灾难。

只有对所多玛和蛾摩拉的“抗议”未被证实，灾难才会成为过去。第三（我们将很快发现），这也是一场被延迟的事件，它的发生可以被随心所欲地提前或者推后。

意识到这场灾难的可避免性，亚伯拉罕开始实施拖延策略，他争论道：“在一个城市里或许有 50 个正义的人，难道要不顾这 50 个人的利益而毁灭了这座城吗？”然后他又快速地说道：“到目前为止，你做这样的事情，是用罪恶杀死正义！你对地球所做的一切不是出于正义！”

这是对他的神最严肃的训诫！而且他请求，如果城内有 50 个正义的人，就停止毁灭——这是有预谋地避免破坏。神答应他，如果能在城中找到 50 个比亚伯拉罕更正义的人，那么将立即停止对城市的破坏。亚伯拉罕将选择 50 个正义的人，这令人提心吊胆，如果他找到的人数少于 50，神将继续毁灭这座城。当神同意将人数减少到 45 时，亚伯拉罕继续讨价还价，希望将人数减少到 40，然后是 30、20、10。“神说道：‘如果你找出了 10 人我就将停止破坏。’在对亚伯拉罕说完这番话后，神便离开了，亚伯拉罕回到了他的领地。”

在约定的期限之前，神的两个随从——《圣经》的讲述者，现在指的是 mal'akhim（译为“天使”但是意为“使者”）——到达了所多玛，他们的任务是要证实对所多玛的指控并将他们的发现反馈给上帝。罗得站在城市的大门口，马上辨认出了（就像亚伯拉罕早前一样）两个来访者的神灵身份，很显然，他们的服装和武器暴露了他们的身份，也可能是他们到来的方式（飞翔？）暴露了他们的身份。

现在到了罗得表达友好的时候了，两个使者接受了他的邀请在他家过夜；但是这并不是一个安静的夜晚，因为神灵到来的消息使整个城市沸腾。

当城市里的人民，所多玛的城民，来到罗得住处的时候，神灵还没有睡下。这座城市的人们，年轻的、年老的，从各个地方来到这里，他们叫喊罗得并且对他说："夜晚来到你家里的那两个人是从哪里来的？让他们出来见我们，我们想要认识他们。"但是罗得没有这样做。于是人群簇拥着开辟道路；但是两个神灵"重击了盲目地簇拥在房子入口处的人们，不管是老的还是少的；他们穿戴整洁打算离开这里"。

认识到这座城市的所有居民只有罗得是"正义的"以后，这两名使者不需要再做调查；这座城市的命运因此被决定了。他们对罗得说："你在这座城市里还有些什么——你的女婿、儿子、女儿、其他的亲属，所有那些在这座城市里与你有关的人，带他们离开这个地方，因为我们准备毁灭这里。"罗得匆忙地将这个消息告诉他的女婿，但是罗得还是不相信神的话而且觉得有些可笑。因此，当使者在黎明催促罗得立即离开时，罗得仅仅带着他的妻子和两个和他们住在一起的未婚女儿离开了。

但罗得久久逗留，

因此，这两个使者抓住他的手、他的妻子的手和他的两个女儿的手——

耶和华对他施加了恩慈——

他们将罗得家人带出了城市，

并且在城外安顿了他们。

他们带着这 4 个人在高空飞翔，然后在城外把他们放下，使者敦促罗得逃到山上去。"逃离你的生活，不要向后看，不要停留在有平原的地方，"他们对他说，"逃到山上去，否则你们将灭亡。"但是罗得担心他们不能及时到达山上而且"将面临邪恶和死亡"，于是他建议：能不能在他到达了离所多玛最远的避难地以后再毁灭所多玛？神接受了他的意见，其中的一个神要他以最快的速度到达避难地："快速逃到那边，在你到那儿之前我不会做任何事情。"

灾难不仅可以预测和避免，还可以推迟；而且它可以在不同的时间影响到不同的城市。自然灾难是不会照顾到各方面的情况的。

> 当罗得到达避难地的时候，太阳在地平线上升起；
> 向所多玛和蛾摩拉倾倒从上帝耶和华那里得到的硫磺和大火。
> 他毁灭了这些城市和整个平原，
> 居住在城市里的人们以及地上长出的蔬菜都受到了伤害。

城市、人民、粮食——所有的一切都被上帝的武器"毁坏"。热和火烧焦了眼前的一切，它的辐射甚至影响到了远处的人们。罗得的妻子，以为已经远离了所多玛，没有听从在逃离的途中不要停下来回头看的劝告，从而变成了一个"蒸汽柱"。"邪恶"的罗得受到了惊吓并且追赶上了她……

按希伯来语传统和字面上的意思，Netsivmelah 是"盐柱"，在中世纪写成的一本小册子，解释了一个人可能会变成结晶盐的过程。但是，如果像我们所认为的一样，亚伯拉罕和罗得的母语是苏美尔语，那么事件最初是用闪族语而不是用苏美尔语记录的，对于罗得妻子的命运完全不同而且也是可以理解的解释就成为可能。

在 1918 年提交给美国东方学会的一份文件和在关于亚述哲学的后续文章中，保罗·豪普特地表明，由于苏美尔人早期在波斯湾附近的沼泽地获取盐，苏美尔词语"NIMUR"既指盐也指水蒸气。在希伯来语中，死海又被称为盐海，《圣经》的希伯来语讲述者可能错误地理解了苏美尔语并且将罗得的妻子变成"盐柱"写成了"蒸汽柱"。在乌加里特语文本中有值得注意的联系，如阿迦特传说中的迦南故事（与亚伯拉罕的故事有许多相似之处），其中描述了被上帝之手控制的死亡："他的灵魂像水蒸气一样蒸发，如烟雾般从他鼻孔里冒出。"

事实上，我们认为，在《埃拉史诗》中有关于这场核动乱的苏美尔语记录，人类的死亡被上帝描述成：

我将使这些人消失，
他们的灵魂会变为蒸汽。

罗得的妻子不幸成了这些"变为蒸汽"的人中的一分子。

那些"激怒了上帝"的城市一个接一个地被毁灭，每次罗得都被允许逃脱：

因为当神摧毁平原上的城市的时候，
神都记得亚伯拉罕，并且将罗得
送出了城外。

罗得按照神的指示，继续"住在山区……住在洞穴里，他带着他的两个女儿一起前行"。

在目睹了猛烈的大火摧毁约旦平原上所有的生命和看不见的手蒸发了她们的母亲后，罗得和他的女儿会想些什么呢？我们从《圣经》故事中知道，在目睹了地球上人类的毁灭后，他们认为他们3个人是人类仅有的幸存者。因此，保存人类的唯一方法是让罗得和他的女儿乱伦来孕育生命……

"大女儿对小女儿说：'我们的父亲年纪大了，地球上再也没有一个男人会像以前所有人那样绅士地对待我们；过来，我们把父亲灌醉，然后和他躺在一起。'"这样做了以后，两姐妹都怀孕并且生下了孩子。

大屠杀的前夜必定是亚伯拉罕充满焦虑和难眠的夜晚，他在担心是否能够找到正义的人使所多玛城幸免于难，以及担心罗得和他家人的命运。亚伯拉罕很早便起床来到了他能够面对耶和华的地方，他注视着所多玛、蛾摩拉和平原地区，他看见地球上升起的浓烟就像熔炉中的烟雾。他目睹了“广岛”及“长崎”——肥沃的土壤和人口稠密的平原被原子弹摧毁。那一年是公元前 2024 年。

※

所多玛和蛾摩拉今天的遗址在哪里？古希腊和罗马的地理学家报告说，5 个曾经在肥沃谷底的城市在灾难后被淹没。现代学者认为，《圣经》中描述的这场灾难，导致死海南岸出现了裂口，引导其水流淹没了南部的低洼地区。曾经拥有 5 个人口稠密城市的河谷变成一块新地：南部的死海（见图 102），至今，仍然保留着它的昵称“罗得的海”。在北部滚滚南下的海水造成了海岸线的后退。

这份古老的报告已经在现代被不同的研究确认。由梵蒂冈宗座《圣经》学院赞助完成的科学使命，对 1920 年的区域进行了彻底的考察。如以 W.F. 奥尔布莱特和 P. 哈兰德等为首的考古学家，发现其山区周围的定居点在公元前 21 世纪被突然遗弃，且在几个世纪以后也没有被重新占据。到了现在，研究发现死海周围的温泉曾被放射性物质污染，“足以引起不育，而且直到几百年后还在影响人类”。I.M. 布雷克则在《巴勒斯坦勘探》季刊里写到了“约书亚的诅咒和伊莉莎的奇迹”。

从城市的平原上升到天空的死亡之云，不仅使罗得和他的女儿，还使亚伯拉罕受到了惊吓，即使在距希伯伦山区 50 里的地方，亚伯拉罕也没有安全感。《圣经》告诉我们，亚伯拉罕退出了营地向西远行，在基拉尔安营扎寨。

此后，他也决不冒险进入西奈半岛。甚至几年后，当亚伯拉罕的儿子以

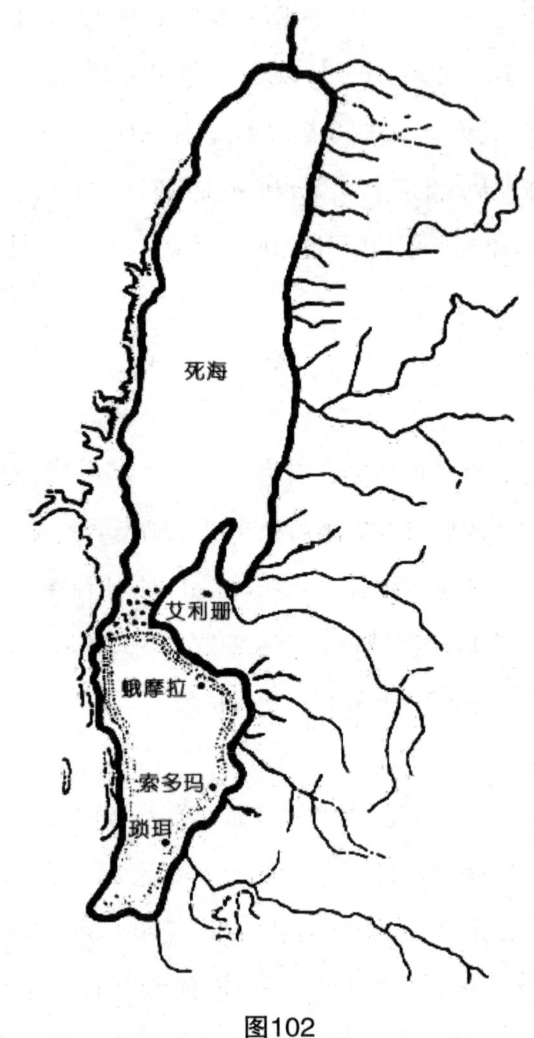

图102

撒因为迦南的饥荒想进入埃及的时候，“耶和华似乎告诉他说：‘不要到埃及去；居住在我的土地上。’” 穿过西奈半岛显然仍是不安全的。

这是为什么呢？

我们认为，对平原城市的破坏仅仅只是一次小小的玩笑；同时，西奈半岛上的太空站被核武器抹杀，在多年以后仍留存有致命的辐射。

核攻击的主要目标是西奈半岛，但是真正的受害者，到最后却是苏美尔本身。

※

虽然乌尔时代很快就结束了，但其命运却在国王发动战争以后越来越悲惨：就像一个遥远的鼓手发出的声音一样越来越近——一个前行的鼓手，每一年距离会越来越近，声音也会越来越大。厄运到来的那一年——公元前 2024 年，是乌尔最后的国王伊比辛统治的第六年；但是要找到关于这场灾难和灾难发生过程的最自然的解释，我们还要学习战争期间那几个重要年份的历史。

由于未能完成任务和受到了亚伯拉罕的羞辱——一次在加低斯巴尔内亚，一次在大马士革附近，入侵的国王很快便失去了王位。在乌尔，阿马尔辛被他的兄弟舒辛取代，他登上王位是为了拯救破裂的联盟和寻找从前的盟国。

尽管被国王发动的战争误导，兰纳与伊南娜仍然成了舒辛首先信任的神。舒辛早期的著作描述道：他把兰纳称为统治者；他“敬爱伊南娜”。舒辛夸赞道，她“拥有惊人的素质，是罪恶的第一个女儿”，赋予他武器，以便“讨伐那些不服从命令的敌对国家”。但所有这些还不足以维系整个苏美尔帝国，于是舒辛很快向更大的神求助（见图 103）。

按照日期来计算——因为王室也有商业和社交的目的，在每年的文献里，国王的连任都是由当年发生的大事来决定的，舒辛在他统治的第二年，给神恩基建造了一艘特殊的船以满足他的喜好，这艘船可以自由自在地从公海航行到下层世界。在他统治的第三年，他还在努力满足恩基的一切愿望。他的努力很少被人知道，这本来就是在用一种迂回的方式抚慰马杜克和那布的追随者；但是努力显然失败了，因为在第四年和第五年，他亲眼看到在美索不达米亚的西部边境建设了一道大规模的城墙，专门抵挡“西部马杜克的追随者”的入侵。

正如来自西方的压力不断上升，舒辛为了求得宽恕和救赎转向尼普尔的伟大的神。日期公式被美国探险家在尼普尔的考古发掘所证实，揭示了舒辛在尼普尔的神圣区所做的大量重建工作，从乌尔南模开始的重建规模尚不清楚。

图103

这项工程修建了纪念恩利尔和宁利尔的石碑，“在此前从来没有为国王修建过石碑”。舒辛拼命地想让人们确认和接受他是“恩利尔选择的国王”。但是恩利尔没有回答；只有留在尼普尔的宁利尔，恩利尔的配偶，答应了舒辛的恳求。出于同情，她做出了反应，“延长舒辛的寿命，延长他的统治年限”，她给了他“光芒无敌的武器……可怕的光芒可以到达天际”。

舒辛的归类为“收藏品 B”的文献认为，在努力重建与尼普尔的联系时，舒辛可能试图与尼普蕊提斯和解，他在乌尔南模去世后便离开了乌尔。该文指出，在哈兰建立的地方“由于敬畏他的武器而颤抖”，舒辛也到了这里。在那以后，和平的曙光出现了：舒辛将自己的女儿出嫁到这里（大概是和该地区的行政长官或他的儿子）。然后，她与随行人员一起回到了苏美尔，“在尼普尔的边界上，为恩利尔和宁利尔建造了一座城镇”。这是第一次“当命运被确定后，国王给恩利尔和宁利尔建立了一座小镇”，舒辛用期待被赞美的神情宣布。舒辛也恢复了在高级神庙服务时尼普尔赐予他的地位和大祭司的称号。

然而，所有这一切都是徒劳的。安全并没有到来，危险却越来越多，现在，他更担心的是苏美尔自己的领地而不是一些遥远的国家的忠诚。舒辛的著作写道，“乌尔强大的国王”发现，“那片牧羊的土地”——苏美尔本身已成为主要的皇家负担。

宁利尔曾经做过最后的努力以吸引恩利尔回到苏美尔，以找到在舒辛保护下的避难所。根据宁利尔的建议，舒辛为这对神圣夫妻建造了“伟大的旅游船，适合最大的河流……他用珍贵的宝石把船装饰得很完美”。船还配备了用最好的木材制成的船桨、桅杆和一个巧妙的方向舵，并且尽一切可能把它安排得很舒适，甚至还有一张婚床。

怀旧的情绪触动了恩利尔的心弦，因为他已经爱上了宁利尔，当他看到宁利尔在河中裸浴之时，她还是一名年轻的护士；然后他回到了尼普尔：

当恩利尔听到这一切，
他匆匆从天的这一头走到那一头。
从南方来到了北方；
他从地球匆匆来到天堂。
和他伟大的皇后宁利尔在一起，他非常高兴。

但是，这段情感的旅程只是一个短暂的插曲。一些关键的牌匾丢失，造成了一些重要线索的断裂，在那以后发生的事情我们便无从知晓了。但最后的一段关于“恩利尔的勇士尼努尔塔迷惑了入侵者”的线索，在一幅画有一艘船的画上被发现，它显然是在“一个碑文，一个邪恶的碑文”之后被发现的：它也许是用于诅咒恩利尔和宁利尔的。

没有关于恩利尔对这次愚蠢行动的反应的可靠记录，但所有其他的证据表明，他再次离开尼普尔，这次似乎是把宁利尔带在了身边。

此后不久——我们日历上的公元前 2031 年 2 月，近东被月食所惊吓，月食在夜晚穿过地平线的过程中使月亮完全没有了光芒。尼普尔的祭司不能缓和舒辛的焦虑，他们用书面信息说明，它是一个兆头，“领导这 4 个地区的国王的城墙将被摧毁。乌尔将成为一片荒凉地”。

被伟大的旧神拒绝，因此舒辛进行了最后一次行动——出于蔑视或者作为最后一根稻草来获得神圣的支持。他在尼普尔的神圣区域为一个名叫萨拉的年轻神修建了一座神坛。这个神是伊南娜的儿子；就像早期的王子卢加尔班达，萨拉（“王子”）也是一样，他是国王的儿子，在神庙里题词奉献。舒辛声称，他是这个年轻神的父亲：“神圣的萨拉，天空的英雄，伊南娜心爱的儿子，拥有无限权利的国王，乌尔的国王，拥有 4 个区域的国王，我们已经为他修建了神庙夏吉帕达，他心爱的神坛；这个国王将拥有生命。”这是舒辛统治的第九年，也是他在位的最后一年。

乌尔的这个新统治者，伊比辛，也不能阻止撤退和收缩。他所能做的，就是修建城墙和在苏美尔的心脏修建要塞，包围乌尔和尼普尔；该国其他地区却得不到保护。他自己的日期记录、讲述的事情没有超越他统治的第五个年头（尽管他统治的时间要长于此），几乎没有说明他在位时的情况，更何况其他惯例中的邮件和贸易文件似乎突然停止了。而其他附属城市中心每年发送给乌尔的邮件也中止于从一个中心到另一个中心的途中。最先停止的是从西部地区发出的表达其忠诚的邮件；然后，东部国家的首都也停止了信使的派遣。在第三年，乌尔的外贸活动“突然停止了”（在 C.J. 加德所著《乌尔的历史和古迹》一书的文字中）。在德莱海姆（靠近尼普尔）税收征管的十字路口，在以装运货物和牲畜的轮船以及收缴税款为主要记录的整个乌尔第三王朝，已经有成千上万年历史的完整泥制牌匾记录被发现，而这精心维持的记录也突然在这第三个年头中断。

无视其伟大的神已经离开尼普尔，伊比辛再次信任兰纳和伊南娜。他一再要求他的神给他指导和安慰；但他听到的是神谕的破坏和毁灭。在他统治的第四个年头，他被告知“儿子将在西部诞生……这是伊比辛的预言：乌尔应判断出来”。

在第五个年头，伊比辛通过在乌尔的神台成为伊南娜的最高牧师，以寻找更强大的靠山。但是那样也没有任何帮助：这一年里，苏美尔的其他城市已经不再忠诚。这是这些城市向兰纳在乌尔的庙宇进奉动物的最后一年。乌尔的中央权威，她的神，她的伟大塔庙已不再被承认。

正如第六年开始的时候，“关于毁灭”的预兆变得更加迫切和具体。“当第六年到来的时候，乌尔的居民将被困”，一个预言说道。另一个征兆说：“在第二次，他把他自己称为最高统治者，将来自西方。”在这一年，从边境传来的消息揭示出“敌对的西方人已经进入了美索不达米亚平原”；没有抵抗，他们很快就“进入该国内，逐一占领了所有伟大的堡垒”。

伊比辛抓住不放的是乌尔和尼普尔的领地；但是在致命的第六个年头之前，纪念乌尔国王的碑文也突然在尼普尔消失了。乌尔的敌人和她的神，那个“自称为最高统治者的人”，已经到达了苏美尔的心脏地区。

就像预言的那样，马杜克第二次回到了巴比伦。

※

在这致命的一年里，亚伯拉罕离开哈兰，舒尔吉登上了王位，马杜克开始了在赫梯的流亡，它们都发生在这满是厄运的时期，公元前 2024 年。亚伯拉罕的《圣经》传说以及乌尔和最后 3 个国王的命运并没有相互关联，现在我们将跟随马杜克的脚步。

牌匾上所写的马杜克的自传（我们已经部分引用）继续讲述了他在赫梯的土地上滞留了 24 年后返回巴比伦的故事：

在赫梯的土地上我问一个圣人

（关于）我的王位和我的贵族身份；
在中间我问道："在此之前是什么时候？"
24 年来，在我来到这里的中间。

然后，在第二十四年，他发现了好兆头：

我流亡的日子已结束：
我的城市（我理所当然地认为），
我的埃萨吉拉神庙像山一样（攀登 / 重建），
我提起我的脚（走向巴比伦），
经过……这些土地（我走过的），来到了我的城市。
她（未来？人类？）要建立
一个巴比伦的王国，
在签订协议的房子里……
在山中的神庙埃萨吉拉，
这些是阿努建立的……
在进入埃萨吉拉的入口修建了一个月台，
在我的城市
欢呼……

已经损坏的牌匾还列出了马杜克在去巴比伦的途中经过的城市名称。少数清晰的城市名称表明，马杜克从小亚细亚到美索不达米亚的路线，让他第一次来到了南部城市（《圣经》中的哈玛特），然后向东经过了马里。他的确到过美索不达米亚——就像预言的那样，在亚摩利人支持者的陪同下从西部进入。

马杜克继续说，他的愿望是把和平和繁荣带到这片土地上，"赶走邪恶和坏运气……把母亲般的慈爱带给人类”。但是，这一切都化为泡影了：一位敌方神灵“带来了他的愤怒”，攻击了马杜克的城市巴比伦。这个敌方神灵的名字被记录在文献新专栏的开头；但所有这些只保留下了第一个音节：“神宁……”，这段文献可能指的是尼努尔塔。

牌匾上几乎没有记录这个敌方神灵所采取的行动，所有随后的诗句都被严重破坏，文字也变得不能理解了。但我们可以从用赫多尔拉美尔词语写成的第三块牌匾中找到一些丢失的线索。尽管很神秘，但是它用一幅图片描绘了这场动荡，这位敌方神灵指挥着人类部队作战：马杜克的亚摩利支持者突然朝着尼普尔冲下了幼发拉底河山谷，尼努尔塔组织埃兰人的部队攻击了他们。

当我们阅读和重读关于这些艰难时刻的记录，我们发现，指责敌人的暴行并不是现代的创新。一个马杜克的崇拜者用巴比伦文字写道：“我们必须继续铭记——仅仅谴责埃兰人，谴责他们亵渎神庙，包括圣地沙马氏和伊师塔。”巴比伦的编年史甚至写得更远：他指责尼努尔塔错误地责备马杜克的追随者在尼普尔亵渎恩利尔圣地的神圣，从而导致恩利尔攻击马杜克和他的儿子那布。

事实上，巴比伦文字写道，当这两支对立的军队在尼普尔面对面交锋时，这座圣城被掠夺，神坛伊库尔也被亵渎。尼努尔塔谴责马杜克追随者的这种罪恶行为，但事实上，这一切是他的盟友埃拉所为！

奈格尔／埃拉是如何突然出现在巴比伦编年史的？在我们回到埃拉史诗之前，这一直都是一个谜。但毫无疑问的是，上帝的名字出现在克赫多劳麦尔文本中，同时还被指控亵渎神坛伊库尔：

埃拉，这个无情的人，
进入神圣的禁界。
他驻扎在了这片神圣区，
注视着伊库尔。

他张开嘴，对他的年轻人说：
“破坏伊库尔，
拿走贵重物品，
摧毁其基础，
打破神坛的圈地！”

当恩利尔“傲慢地登上王位”，听到他的神庙被摧毁，神坛被污损后，他说：“神圣的面纱被夺去。”他立即返回尼普尔。“在他前面的是衣服上带有辐射的神”；他本人“像闪电一样迅速出发”，他从天空落下（见图 104）；当他来到这片圣地的时候，“他使他的圣地动摇”。然后恩利尔对自己的儿子说：“尼努尔塔王子，去找出是谁玷污了神地。”但是尼努尔塔并没有如实说出他的盟军埃拉，而是将矛头指向了马杜克及其追随者。

巴比伦文字描述了这个场景，而且声称，尼努尔塔的行为没有一点对他父亲起码的尊重：“不担心他的生命，他没有摘下他的首饰。”为了恩利尔“煽动邪恶……没有正义可言；毁灭正在计划中”。因此尼努尔塔起到了挑衅的作用，“恩利尔挑战巴比伦的邪恶计划实施了”。

图104

除了“邪恶的行为，攻击马杜克和巴比伦，攻击那布和他在博尔西帕的艾日达神庙的行动也在计划中”。但是那布已经设法向西逃脱，向在地中海边忠实于他的城市靠近：

从艾日达……

那布，调集所有的城市，

一步一步，

按照他的计划向伟大的海洋前进。

巴比伦文献接下来的文字和《圣经》中毁灭所多玛和蛾摩拉的故事很相似：

但是，当马杜克的儿子

来到海边的土地上，

埃拉带来了邪恶的风暴，

再加上炎热，平原的土地被烧毁。

这些版本都有一个共同的来源，那就是《圣经》里描述的“硫磺和火”怎样从天空中倾洒下来，天空“毁灭了这些城市和整个平原”！

正如《圣经》中（《申命记》29：22-27）证明的那样，约旦平原上这些“邪恶”的城市，“已经抛弃了和上帝的盟约……它们前去服务于其他的神”。正如我们现在从巴比伦文献中了解到的，在和神对抗的最后一场战役中，“高喊”的是他们对抗马杜克和那布的口号。但是，巴比伦文又增加了一个重要细节：攻击迦南城市不仅是为了破坏中心对马杜克的支持，而且也是为了对抗那里寻求庇护的那布。然而，这第二个目的没有达到，因为那布设法及时逃脱了，他逃到了地中海的一个岛屿上，虽然他不是那里的神，但那里的人民还是接受了他：

> 他（那布）进入了伟大的海洋，
> 登上了那座本来不属于他的王位。
> 艾日达，合法的住所被占领。

《圣经》和巴比伦文献记录中，对亚伯拉罕时代席卷了古代近东的这场灾难的描述，要比《埃拉史诗》（我们刚才曾提过）详细得多。我们首先将从尼尼微的亚述巴尼波图书馆发现的碎片拼凑起来，亚述文字像从其他考古遗址出土的支离破碎的版本一样，开始成形而且有了含义。现在可以确定的是：案文被记录在 5 个牌匾上，尽管有破碎、遗失和不完整，甚至关于这些碎片究竟属于哪里，学者们之间还存在着分歧，但是两个大众的版本已经被编辑出来：P.F. 戈斯曼所著的《达斯时代史诗》，以及 L. 卡尼所著的《埃拉史诗》。

《埃拉史诗》不仅解释了导致终极武器的释放，以及试图消灭居住的城市冲突的自然原因，而且还表明，对这种极端措施是不能掉以轻心的。

我们还知道其他一些文本中所讲述的。当战争发生的时候，伟大的神正围坐在一次战争委员会上讨论，同时不断地与阿努沟通："阿努向地球说话，地球向阿努说话。"《埃拉史诗》增加了在这些令人毛骨悚然的武器被使用前的一些信息，即在埃拉和马杜克之间又发生了一次冲突。在这场战争中，奈格尔运用计谋劝说他的兄弟离开了巴比伦，而且放弃了对统治权的占有。

但是这一次，劝说失败了；他回到议会中的神的身边，劝说神使用力量驱逐马杜克。从文中我们了解到这次讨论很激烈，"因为一天一夜了，马杜克还没被驱逐"。恩基和他的儿子奈格尔之间的争吵非常激烈，在这场争吵中，恩基站在他的大儿子奈格尔身旁质问道："现在既然马杜克王子已经来了，既然人们再一次选他做王，为什么埃拉还是要反对呢？"最后，恩基失去了耐心，他对奈格尔吼叫，命令他立刻消失在他的眼前。

奈格尔快速离开，回到了自己的领地。"他和自己商量着"，最后决定使用超能量的武器，"我决定破坏这片土地，我将颠覆这里；我将毁灭这座城市；我将折叠山脉，使山上的动物失去生命；我将使海洋翻滚；我将除掉这里的人，他们的灵魂会变成蒸气；没有人能够分享这一切……"

我们从一个称为《CT-xvi-44 / 46》的文本了解到，吉比尔——其在非洲的领地和奈格尔的领地相连——提醒马杜克注意奈格尔的这个破坏性计谋。那时已经是夜晚，神灵们都已经休息了。吉比尔告诉了马杜克"阿努创造的这7种威力无穷的武器……"

马杜克感到很震惊，他询问吉比尔这些可怕的武器被保留在哪里。"噢，吉比尔，"他说，"这7种武器——它们在哪里出生，在哪里被创造？"吉比尔透露出它们被藏在地下：

> 这7种武器在山里，
> 在地球内部的山洞里。
> 它们将在这个地方展示威力，
> 从地球到天堂，布满了恐怖。

但是它们隐藏的确切地点到底在哪儿呢？马杜克一遍又一遍地询问，但是吉比尔能够说的仅仅是"即使是最有智慧的神也不知道它们到底藏在哪里"。

现在马杜克带着这个令人恐惧和失望的消息匆匆地找到了他的父亲恩基。"马杜克来到了他的父亲恩基的房子里"。这时已经是晚上了，恩基躺在会议厅的沙发上休息。"我的父亲，"马杜克说，"吉比尔规劝我说，他已经发现了那

7 种武器的来源。”告诉了他的父亲这个坏消息后，他催促他这个无所不知的父亲：“寻找它们的位置，加快行动！”

神灵很快又回到了议会中，因为即使是恩基也不知道这 7 种武器的准确藏身之处。令他惊奇的是，不是所有的神都和他一样震惊。恩基直接强硬地反对这个主意，并且急促地阻止奈格尔，因为他指出，这种武器“会毁灭大地，人们也会失去生命”。兰纳和乌图听到了恩基的建议后犹豫不决；但是恩利尔和尼努尔塔还是决定要采取行动。这样，因为神的意见不统一，所以决定权就交给了阿努。

当尼努尔塔最后听从阿努的决定到达了下层世界以后，他发现奈格尔已经下令启动“7 种可怕的武器”中最致命的“毒药”——它们的多弹头核能量。虽然《埃拉史诗》不断用修饰语以舜（“极热的东西”）来形容尼努尔塔，但是它非常详细地讲述了关于尼努尔塔如何清楚地向奈格尔／埃拉说明，这种武器只能用来对付特别批准的目标。它们被使用之前，要在阿努纳奇神选定的地点，由伊吉吉配备人员，将太空空间平台和航天穿梭机预先准备好。最后，人类必须不遗余力，因为“阿努，神的主，在土地上会有遗憾”。

首先，奈格尔在设想应该为谁预警时踌躇不前。古老的文字用了一定的笔墨来叙述神之间的交换。奈格尔后来同意，事先警告配备太空设备的阿努纳奇和神们，但是不警告马杜克和他的儿子那布，也不警告马杜克的人类追随者。那时，尼努尔塔试图阻止奈格尔这种不加考虑的毁灭行为，他使用的文字和《圣经》中记载的亚伯拉罕试图劝阻上帝毁灭所多玛时所使用的文字相同：

勇敢的埃拉，
你是用正义和不正义对抗吗？
你是要将那些对你有罪和那些

对你没有罪的人都消灭吗?

运用了奉承、威胁和逻辑的说话方式，这两个神争辩不休。奈格尔的个人仇恨远远超过了尼努尔塔。“我将要消灭这个儿子，然后要他的父亲亲手埋葬他；随后我将杀死这个父亲，于是没有人为他送终！”他喊道。运用外交手段，指出了这场毁灭事件中的不公正之处——有针对性的战略价值论，尼努尔塔的话终于动摇了奈格尔。“他听到了以舜（尼努尔塔）所说的话，这番话像上等石油一样吸引了他。”他决定单独离开海洋，离开美索不达米亚。为了避免攻击，他改变了计划。毁灭是有选择的：战略上的目标是毁灭那布藏身的那座城市；而策略性的目标是否认马杜克最好的王牌——空间站，“这个地方是人们登上天空的起始点”：

我将向每个城市都派出使者；
这个儿子将无处躲藏；
她的母亲会停止她的笑声……
这些地方也不会再有神灵：
神灵们登上天空的起点，
我将毁灭掉它。

当奈格尔说完包括毁灭太空站在内的最后计划，尼努尔塔无语了。但是，就像其他文献所说的一样，恩利尔支持这个计划；看起来阿努也支持这个计划。

奈格尔不想浪费任何时间，他催促尼努尔塔，两人立即展开行动：

英雄埃拉走在以舜的前面，

记住了他的话；
以舜跟在后面，遵守规定。
命令在他的心中占有很重要的地位。

第一个目标是空间站，命令复杂地隐藏在“山的最高处”，它的土地一直延伸到大平原附近：

以舜登上了山的最高处；
令人敬畏的7件（武器）不平行地
紧随在他身后。
英雄到达了山的最高处。
他抬起手，
山变得粉碎；
他抹掉了山最高处的平原，
在森林里一棵树都没有留下。

因此，在一个核攻击之后，太空站被摧毁了，山被打碎，平原上的跑道也被摧毁……这是一个破坏性的壮举，书面记录证明，这是尼努尔塔做的。

现在轮到奈格尔兑现自己的誓言复仇的时候了。沿着国王的路线从西奈半岛来到了迦南城，埃拉一路毁灭。《埃拉史诗》所用的文字同《圣经》中关于所多玛和蛾摩拉所用的文字一样：

然后，他们模仿以舜，
埃拉沿着国王的公路紧随。
他毁灭了这些城市，

在山上，他造成饥饿，
他们的牲畜也灭亡了。

后来的文献很可能描述了通过打破南部的海岸线，将死海南扩，以及所有海洋生物的毁灭：

他挖通了海，
使其整体性分裂。
那些生活在这里的生物，
甚至是鳄鱼，
都被他毁灭。
由于他用火烧焦动物，
并且禁止其残留物成为灰尘。

《埃拉史诗》涵盖了核活动所包括的3个方面：毁掉西奈半岛上的太空站；消除（《圣经》中的毁灭）了约旦平原上的城市；破坏死海从而使其向南延伸。每个人都可以想到，这样一种独一无二的破坏性事件会在多种文献资料里被记录和提及。实际上，我们在其他文献里也发现了关于这次核毁灭时间的描述和回忆。

关于这个事件的一个文献（也称为K.500）刊登在牛津大学出版社的楔形文字文本上，尤为宝贵的是，它是用最初的苏美尔语言写成的，同时，它还是双语文本，苏美尔人逐字逐句地用阿卡德语进行了翻译。毫无疑问，这是关于这个事件的最早文献；其措辞给人的印象正是这种或类似的苏美尔文献，为《圣经》故事提供了来源。为了向一个从这些残片中来看身份并不明确的神致敬，它说：

主啊，忍受着烧毁了敌军的炎热；
是你毁灭了这片动荡的土地；
是你枯萎了邪恶世界里的生命；
是你向敌人倾撒石块和烈火。

这次行动是由神尼努尔塔和奈格尔完成的，当时阿努纳奇守卫着太空站，他们被警告说，必须“登上天空的圆顶”来逃脱。在巴比伦，“更早国王统治时期”的其中一个国王，回顾了这件事情。这里是那位国王的话：

在那个时候，
在以前的国王的统治中，
情况发生了变化。
美好不复存在，痛苦经常出现。
陛下（神）愤怒了，
他发布了命令：
这个地方的神放弃了这里……
他们纵容邪恶，
使守卫们袖手旁观；
它的保护者们上升到圆顶天堂。

通过神的名字，尼努尔塔和奈格尔辨认出了他们的赫多尔拉美尔文献，并讲述了这件事情：

恩利尔，傲慢地坐在他的王位上，
充满了愤怒。

毁灭者再次建议采取邪恶的行动；
（以舜／尼努尔塔）倾洒火焰，
（埃拉／奈格尔）刮起了恶风。
他们使神灵逃离了，
使他们逃离炎热的一切。

神们守护着而后逃跑的目标是发射的地点：

他们上升到阿努的位置来发射，
他们造成了这里的枯萎，
他们使这里毁灭。

众多神参与的战争让太空站崩溃了：装备着控制设备的山被粉碎；发射平台从地球的表面消失了；其硬地被航空飞船用作跑道的平原已被毁灭，甚至连一棵树也没有留下。

这片伟大的土地再也没有出现过……但是给地球造成伤疤的可怕的这一天却依然清晰可见——这个特别的日子！这是一道巨大的伤疤，以至于疤痕只能从天空中俯瞰才能看到。近些年卫星开始拍摄地球的照片，这道伤疤才被揭示出来（见图 105）。对这道伤疤，至今没有一个科学家能够给出合理的解释。

我们把这道西奈半岛上的神秘伤疤向北部拉伸就是西奈半岛的中部平原——从早期地貌上遗留下来的湖泊；其平坦、坚硬的土地是发射太空飞船的理想地区。出于同样的原因，加州莫哈韦沙漠的爱德华兹空军基地，也被当作美国航天飞机的理想着陆地区。

站在西奈半岛的这片伟大平原上，它的平坦而坚硬的土地就像在近代历史上为航空飞机提供着陆地一样，支持过坦克战争，人们可以看到，远处群

图105

山环绕使它呈椭圆形，这片白色石灰岩山区矗立在地平线上；但是这片巨大的平原邻近西奈半岛的伤疤，这片平原纯黑色的色调和周围的白色形成了鲜明的对比（见图 106）。

黑色并不是西奈半岛的自然颜色，在那里，洁白的石灰岩和发红的砂岩，从明亮的亮黄色调到浅灰色和深棕色的结合，使眼睛眩晕，但没有从自然玄武岩石块上产生的黑色。

然而，在这里，在这道伤疤东北部的中央平原，土壤的颜色呈黑色。照片清楚地表明，这是由亿万片黑色岩石碎片造成的，它们被一双巨大的手撒落在了整个地区（见图 107）。

自从观察了美国宇航局卫星拍下的照片后，西奈半岛上的这条巨大伤疤才有了合理的解释。但我们仍然不知道，为什么黑石碎片会散落在平原的中

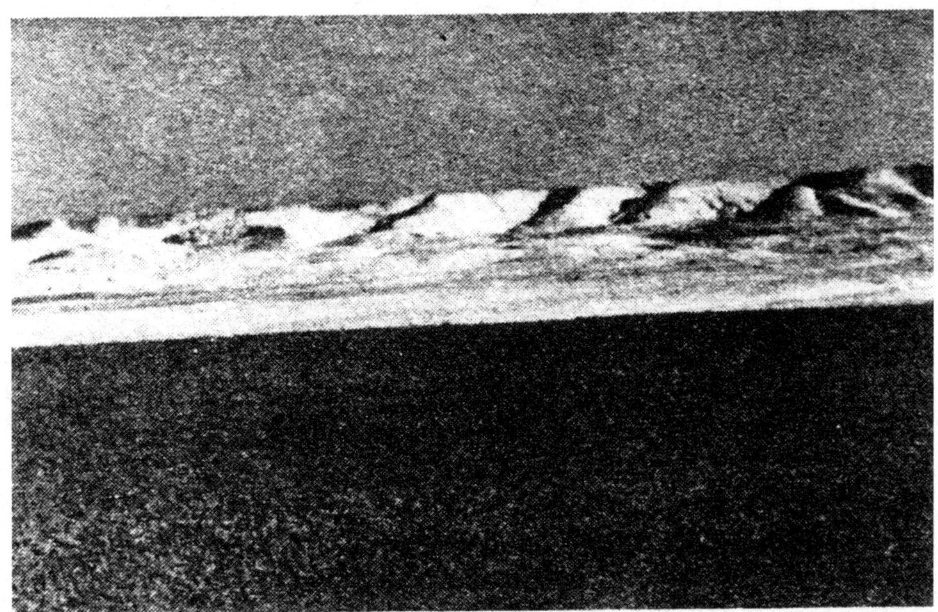

图106

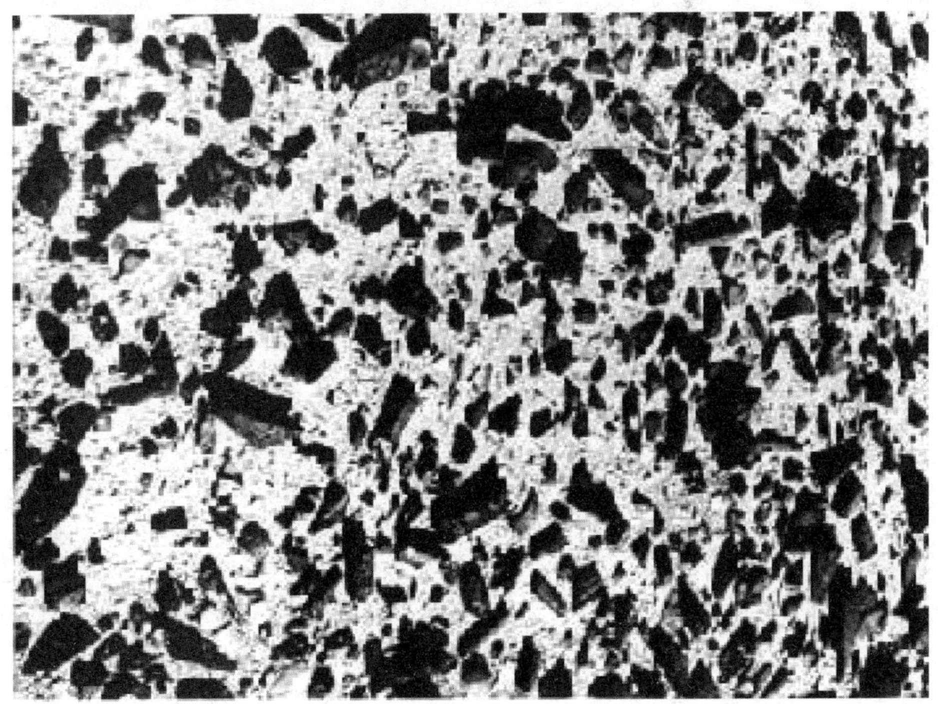

图107

部。只有在我们读到古代的文献而且接受了在亚伯拉罕时代的结论时，这种没有解释的日子才告终结。奈格尔和尼努尔塔用核武器消灭了太空站："我们到达阿努的所在地，发射能够导致衰落的核武器，这片土地被毁灭，它的面貌不复存在。"

太空站，甚至是邪恶的城市都不复存在了。

※

远离西边，在苏美尔，核武器爆炸和闪烁的光辉就像没有出现过一样；奈格尔和尼努尔塔的行为也没有历史记录。但这次事件对苏美尔地区以及它的人民造成了巨大的影响。

尽管尼努尔塔努力劝阻奈格尔不要危害人类，但是巨大的痛苦还是爆发了。虽然他们俩没有打算这样做，但核爆炸产生了巨大的风能，核风暴像旋风一样开始了：

一场风暴来临了，邪恶的飓风，

席卷了天空。

随后这场核风暴和从地中海刮来的风一起向西部蔓延，不久以后，苏美尔将走向终结的预言变成了事实；苏美尔本身变成了核风暴的牺牲品。

这场降临在伊比辛统治的第六年的灾难被描述在几个悲叹文本中——长诗哀叹了乌尔王国和其他苏美尔文明中心的消亡。这使我们想到了《圣经》中的耶利米哀歌，感叹巴比伦人破坏了耶路撒冷，苏美尔人哀歌告诉那些翻译美索不达米亚灾难的学者，灾难也是入侵的结果——这一次的冲突粉碎了埃兰人和亚摩利人的部队。

当第一个哀歌牌匾被发现，学者认为只有乌尔遭受了破坏，他们根据这些为文章命名。但是当更多的文献被发现后，他们才意识到乌尔不是遭受毁灭的唯一城市，也不是这场灾难的焦点。这些相同的哀歌让我们发现了遭遇相同悲剧命运的尼普尔、乌鲁克，埃利都其他的一些文本还提供了受影响的城市名单：它们似乎开始于西南并且延伸到东北部，涵盖了整个美索不达米亚的南部。很显然，这场非同一般、突然爆发和同时发生的灾难降临到了所有的城市——不是缓慢地、有进程地入侵，而是所有的城市都在同一时刻遭受入侵。雅各布（伊比辛的王朝）得出的结论是，“野蛮侵略”和“可怕的灾难”无关，他认为这场灾难“真正令人费解”。

“我们是否看见了这场在这几年发生的完整灾难，”雅各布写道，“只有时代会告诉我们这个完整的故事，我们认为它仍然离我们很远。”

但是这个难题是能够解决的。如果我们把美索不达米亚上的灾难和西奈半岛上的核爆炸联系起来，整个故事就一目了然了。

这本有着显眼的长度和被完整保存的文献，通常以悲叹各种神毁掉苏美尔的神区开始，这里的庙宇“被风遗弃”。这场灾难造成的毁灭被生动地描述出来，描述的诗句如下：

城市荒芜了，
（造成）房屋毁灭了；
摊位荒凉了，
羊皮耗尽了；
苏美尔的牛不再站在它们的牛棚里，
绵羊不再游荡在羊圈；
河流的水是苦的，
耕地杂草生长，

草原上到处是枯萎的植物。

在城市和村庄，“母亲不关心她的孩子，父亲从来不说‘噢，我的妻子’……幼儿的膝盖长得不坚固，保姆哼唱的不是摇篮曲……王权已经从这片土地上消失”。

在第二次世界大战尚未结束，广岛和长崎被从天而降的原子弹毁灭前，人们在阅读《圣经》中关于所多玛和蛾摩拉的故事时，会认为对留下“硫磺和石灰岩”的传说缺乏合理解释。对那些没有亲身经历过核武器的巨大威力的学者来说，苏美尔人的哀歌诉说了（就像学者命名的一样）“乌尔的毁灭”或者是“苏美尔的毁灭”。但是，这些并不是文献所描述的：他们描写荒凉，而不是破坏。城市仍然存在，但是已经没有了人烟；牛棚还存在，但是已经没有了牛；羊圈还在，但是已经空了；河水仍在流动，但是水是苦涩的；土地还在延伸，但是只长出了杂草；在草原上，植物发芽后也只有凋零。

入侵、战争、杀戮——这些罪恶的行为在以后都被人类了解。但是，就像哀歌清楚地悲叹的一样，这次毁灭是史无前例的：

土地（苏美尔）毁灭了，
人们不知道；
人们从未见过，
人们也不能承受。

死亡并不是敌人造成的；这是看不见的死亡：“它漫游在街头，让街道松散；它就站在人的身旁——但绝没有人能看到它；即使当它进入了房屋，人们也是不知情的。”没有反抗可以抵抗这种“像幽灵一样侵犯土地的邪恶……最高的城墙，最厚的城墙，被洪水淹没；没有门可以抵挡这一切，没有螺栓能够使它返回，通过门像蛇一样地滑行，通过铰链像风一样地袭击”。那些躲在门后的人倒在了屋内；那些跑到屋顶的人死在了天台上；那些逃到街道上的人在街头被袭击：“咳嗽和痰侵袭着胸部，口腔里充满了唾沫和泡沫……人们只有目瞪口呆和惊讶，麻木地看着这一切……一个邪恶的诅咒，一场头痛……他们的精神遗弃了他们的身体。”他们死了，这是一场最可怕的死亡：

令人恐怖的是，人们几乎不能呼吸；
飓风侵袭着他们，
他们不能保证活到第二天；
嘴巴被鲜血浸透了，
头躺在血泊中……
面对着的是苍白的飓风。

这场看不见的死亡的来源是出现在苏美尔天空中的云，并且“像披风一样覆盖在这片土地上，像纸一样铺开”。云在白天呈现出棕色，“太阳在地平线上被涂黑”。到了晚上，其边缘发光(“广阔的地球上弥漫着恐惧”)，它阻止月球：“月亮在上升时暗淡。”

由西向东移动，这团死云“笼罩着恐怖，使恐惧无处不在”，将苏美尔带到了呼啸的风中，“飓风在高空中旋转，飓风将压垮大地”。

但是，这并不是自然现象。它是“朝向阿努的飓风……它来自恩利尔的中心”。

它是 7 个超能量武器产生的现象，“它产生了大量的罪恶……就像神的痛苦毒液。在西方这是催生者”。飓风“席卷了一座又一座的城市，带来了阴霾的云团”。这场飓风是“闪电”的结果：“从山的中部它降临到了这片土地上，它没有任何怜悯地来到了平原上。”

虽然人们很困惑，但是神知道这场飓风的原因：

一场爆炸预示着风暴的到来。
邪恶爆炸的前身是
预示瘟疫的强大的后代，勇敢的儿子。

两位勇敢的儿子——尼努尔塔和奈格尔释放“独特的诞生物”，用阿努创造的 7 种威力无穷的武器。在爆炸发生的地方“连根拔除一切，毁灭一切”。古代的描述很生动，就像现代目击者准确地描述原子弹爆炸一样：当“可怕的武器”快速地从天空落下，巨大的光辉出现，“它们向阴沉的地球传播可怕的射线，像火一样地灼烧地球上的一切”。一篇文献这样指出；另一篇关于尼普尔的哀歌，回顾“这场风暴在一刹那间创造了闪电”。原子弹蘑菇云“带来的阴云”，随后升上了天空，紧接着是“仓促的阵风……暴风雨的愤怒灼伤了天堂”。然后，盛行的风由西向东吹来，开始向美索不达米亚蔓延：“厚重的云给天空带来阴霾，使一座又一座的城市变暗。”

不止一个文献证明这场带来死亡之云的飓风是由巨大的爆炸造成的，这一切我们要铭记：

在这一天，
天堂被撞碎，
地球被重击，
地球的面貌被漩涡抹掉，
天空黑暗，

被阴云覆盖……

哀歌认为，可怕的爆炸事件是“在西方”发生的，这里临近“大海的胸部”——生动描述了西奈半岛弯曲的地中海沿岸，从“处于山区中部”的平原而来，这个平原是一片“没有怜悯”之地。这片土地从前是发射基地，从这里神们朝着阿努爬升。此外，山区也具有许多这个地方的特征。在《埃拉史诗》中，距离“神爬升的地方”很近的山被称为“最高的山脉”。在一首哀歌中，它被称为在“隧道中的号叫”。这首最后的史诗，让我们联想到金字塔文献中关于在隧道口滑向地下的通道，埃及法老从这里去寻找来生。在《通往天国的阶梯》中我们已经确定，它们从吉尔伽美什山到达他们旅程的目的地，西奈半岛上的火箭飞船。

一首哀歌指出，从这座山开始，向东的盛行风带着爆炸的致命云到达了在扎格罗斯山脉的“安珊的边界”，影响了从南部的埃利都到北部巴比伦的所有苏美尔人。这场看不见的死亡缓慢地席卷了苏美尔，它持续了24小时——这一天一夜被哀歌描写纪念，例如在尼普尔哀歌中写道：“在那一天，独一无二的一天；在那个夜晚，特殊的夜晚……那场风暴，在一瞬间创造了闪电，尼普尔的人们被袭击。”

《乌鲁克挽歌》生动地描述了这场人神之间的冲突。这场冲突开始于阿努和恩利尔为推翻恩基和宁基的统治时所达成的使用核武器的“共识”，文本称，没有一个神预计到核武器的可怕结果：当他们目睹了爆炸的“巨大的射线到达天堂以及地球，一直颤动到地底下”后，“伟大的神被它的巨大威力吓得脸色苍白”。

当飓风开始“像网一样蔓延到山区”，苏美尔的神开始逃离他们心爱的城市。文献认为，描写乌尔毁灭的哀歌列出了所有伟大的神和他们的子女，这些人“逃离了风暴”，抛弃了城市和苏美尔的神庙。这篇文献认为，描写苏美尔和乌尔毁灭的哀歌，为这场突然的灾难增加了戏剧性的细节。因此，在逃出伊辛的时候“宁呼尔萨格流下了苦涩的眼泪”；当“她心爱的住所被不幸取代”时，女神娜社喊道：“啊，我那被毁灭的城市啊。”伊南娜匆匆离开乌鲁克，乘坐一艘“潜水的船”前往非洲，并抱怨说，她失去了她的珠宝和其他财产……在她自己对乌鲁克的哀歌中，伊南娜/伊师塔为她的神庙和城市在瞬间被飓风毁灭而悲哀，一眨眼的工夫，飓风已经在山的中部产生，所有人对这场风暴没有任何的防备和抵抗。

就像乌鲁克描写飓风来临时一样，就像描写这场发生在人和神之间的灾难一样，在几年以后，当重建工程开始的时候，有一个关于这场恐惧和暴乱的激动人心的描写。当“乌鲁克的忠实公民们充满了恐惧”的时候，那些掌管这座城市的神敲响了警钟。“站起来！”他们在午夜的时候呼吁人民，快点逃走。“躲到草原上去！”他们指示人民。但是随后，这些神灵自身“跑向……他们不熟悉的道路”。文献沮丧地写道：

因此，所有的神逃离了乌鲁克：
他们远离它；
他们藏在山里；
他们逃到了遥远的平原。

在乌鲁克，人们在无指挥和无助的混乱中离开。“群众的恐慌在乌鲁克爆发……他们的良好感觉被扭曲。”神坛被破坏，神坛里面的物品也支离破碎，就像人们的提问：“为什么众神在那个时候转移了他们慈善的目光？这些哀歌是谁写的？”但是他们的问题仍然没有得到答复：邪恶的风暴过去了，“人们被堆在了废墟中……这场灾难就像披风一样覆盖了乌鲁克”。

我们从《埃利都挽歌》中了解到，宁基飞到远离城市的非洲避风港：“乌鲁克的夫人宁基，像鸟一样飞离了城市。”虽然恩基仅仅逃离到能躲开埃利都的地方，但是足以见证这座城市的命运：“它的主来到了城外……恩基留在城外观察它的命运……因为他的饱经风霜的城市的命运，他流下了痛苦的眼泪。”他的许多忠实的使者跟着他，在郊外露营。一天一夜里，他们看到风暴“将其魔手”伸向埃利都。

在“邪恶的风暴离开城市席卷乡村”之后，恩基调查了埃利都，他发现这座城市“闷死在沉默中……居民的尸骨成堆”。那些存活的人献给他一首哀歌。“噢，恩基，”他们喊道，“这座城市已经受到了诅咒，就像一座外国的城市！”然后他们询问，他们什么时候能够离开，他们应该怎么做。但尽管飓风已经过去，这个地方仍然不安全，恩基“居住在城外，就好像这是一座外国城市”。“放弃埃利都”，恩基随后领导“那些从埃利都流离失所的人”来到沙漠，“建立了一片敌对的土地”；在那里，他用科学的力量使那些“树”可以食用。

从飓风袭来的北部边缘，从巴比伦，当死亡之云要来到城市的时候，焦急的马杜克给他的父亲恩基发了一封告急信。“我究竟该怎么办？”他问道。恩基的建议是，那些可以离开这座城市的人向北方前行。马杜克随后将这个建议告诉了他的追随者们。按照接走罗得的使者提供的建议，逃离巴比伦的人被警告“不要转身也不要回头看”。他们还表示，不能携带任何食物或饮料，因为这些可能“被幽灵触碰过”。如果逃避不成功，恩基建议躲在地下“来到地下的黑暗中”，直到飓风退去。

飓风的姗姗来迟误导了神，神因延误而付出了昂贵的代价。在拉格什，“母亲巴乌为她的圣殿、她的城市哭泣”。虽然尼努尔塔走了，他的配偶却离不开了。她在后面呻吟：“噢，我的城市，我的城市。”她一直哭泣，拖延几乎耗尽了她的生命：

在那一天，
风暴赶上了她；
巴乌，死去了，
风暴赶上她……

在乌尔，我们从一些哀歌（其中之一是宁迦尔本人写的）中了解到，兰纳和宁迦尔拒绝相信乌尔的毁灭是无法挽救的。兰纳语重心长地请求他的父亲恩利尔，寻找一些方法来挽救这场灾难。但是恩利尔“回答他的儿子”，这场命运无法改变：

乌尔是注定的王城——
但是它没有被赋予永远的权利。
从苏美尔成立
到现在，当人口成倍增加，
有谁见过王权统治的永恒？

宁迦尔在她的长诗中回顾，虽然提出了请求，但“风暴勇往直前，它的啸声压倒了一切”。飓风接近乌尔是在白天，“提到这一天我仍然在颤抖，”宁迦尔写道，“虽然那一天到处充满了恶臭，但是我们没有逃离。”当夜晚来临，“哀歌呻吟”；然而神和女神仍停留在这里，“很愚蠢的是，我们没有离开”，女神说。随后风暴到达了乌尔的塔庙，宁迦尔意识到兰纳“已经被飓风取代”。

宁迦尔和兰纳度过了噩梦般的一夜，宁迦尔表示永远不会忘记，他们躲在塔庙的“白蚁屋”（地下）里。第二天，当“风暴离开了这座城市，宁迦尔从她的城市匆忙地离开……匆忙地穿上衣服”，和筋疲力尽的兰纳一起离开了他们心爱的城市。

在他们离开的时候，他们看到了死亡和荒凉："人们如陶器一样布满了城市的街道；在他们来到高耸的大门前时，这里尸体遍布；在人们庆祝节日的林荫大道上，尸体随处可见；在所有的街道上，尸体遍布；在这片土地庆祝活动的发生地，人们的尸体堆成堆。"这些尸体没有被埋进土里："人的尸体，如脂肪放置在阳光下，融化消失。"

随后宁迦尔为乌尔写了一首伟大的哀歌。悲伤的城市，苏美尔的重要城市，这个王国的首都：

> 噢，乌尔的房屋到处充满了悲伤，
> 噢，宁迦尔的土地已死去，
> 使你的心如止水！
> 这个城市已成为一个陌生的城市，
> 它现在还怎么存在？
> 这里的每一所房子已成为一滴眼泪，
> 它使我的心如止水……
> 乌尔和它的神庙
> 已交给了飓风。

美索不达米亚南部躺在悲哀中，土壤和水已被飓风毒害："在底格里斯河和幼发拉底河沿岸，只有残存的植物还在生长……沼泽散发着芦苇腐烂的恶臭……在果园和花园，也没有新生的植物，它们迅速地消失了……耕地上没有农作物，没有种子植入土壤中，没有歌曲在这片土地上回响。"在乡下，动物也受到了影响："在草原上，大小牛都成为稀缺品，众生结束。"家养的动物，也被摧毁："羊圈已交付给飓风……嗡嗡声没有在羊圈回响……市场上没有脂肪和奶酪供应……尼努尔塔清空了苏美尔的牛奶。”

“风暴粉碎了土地，消灭了一切；飓风在土地的上空呻吟，没有人能躲过这一切；毁灭了城市，毁坏了房屋……没有人能够找到出路。”

苏美尔的毁灭已经结束。

结语

在飓风毁灭苏美尔后的第七年，这片土地上又有了生命的迹象。但它不再是势力远至其他地区的王国，而成为一个殖民地，由南部的埃兰人和北部的古提人在这里发号施令。

以前从没成为过都城的城市伊辛被选为临时的统治中心，由原来的总督马里统治这片土地。文件记录了当时的申诉："不是苏美尔后代的人"统治了这里。正如他的闪族语名字伊什比埃拉所示，他是奈格尔的追随者，那么他的任命必定有一部分是因为奈格尔和尼努尔塔的安排。

一些学者把乌尔毁灭后的几十年称为美索不达米亚历史上的黑暗时代。除了从编年表里收集到的资料，关于这段历史人们了解得很少：改进安全，恢复旧貌。伊什比埃拉为了巩固他稳定的权力，驳回了外国驻军巡逻乌尔的提议，并延长他统治该城的时间和范围，自称为乌尔国王的继承者；但只有少数其他得到了安顿的城市承认他的霸权，并且在那时，拉尔萨的一个地方行政长官向他提出了挑战。

一年或两年后，伊什比埃拉承担了对尼普尔的监护工作，并寻求加强中央宗教权威，增加恩利尔和尼努尔塔在那里的神圣标志。但是只有尼努尔塔单方面同意这种做法，伟大的神恩利尔对伊什比埃拉保持冷漠和疏远。

又过了半个世纪，伊什比埃拉在伊辛的两个接班人逐步回到这片土地；

农业和工业恢复，国内和国外贸易恢复。在灾难过后 70 年，尼普尔的神庙被伊辛的第三位王位继承者依西米达甘重建。在献给尼普尔的长诗的第十二章，他讲述了神灵夫妻响应他的呼吁，恢复城市及其伟大的神庙，因此，“尼普尔城市得以恢复”，“神圣的牌匾被送回尼普尔”。

当再次为恩利尔和宁利尔修建巨大的神庙时，这片土地欢腾了。在公元前 1953 年，苏美尔和阿卡德正式被列为可居住的城市。

政府恢复了正常，但仍然挑起了老神之间的斗争。依西米达甘继承的名字表示，他将效忠伊师塔。尼努尔塔迅速结束了这一切，而且伊辛的未来统治者、最后一个拥有苏美尔名字的君主是尼努尔塔的追随者，但是尼努尔塔却没有坚持重建这片土地的声明。

最后，他间接造成了苏美尔的毁灭，就像未来继任者的名字所暗示的一样，然后辛设法重新证明他的权威，但是他的统治和乌尔的地位已经结束了。

这样，通过赋予他权力，阿努和恩利尔最后接受马杜克的建议，在巴比伦建立最高的权力。为了纪念这个至高无上的重大决定，巴比伦国王汉谟拉比在法典中写下了这些话：

崇高的阿努，
从天空来到人间的君主，
恩利尔，天空和地球的主人，
他们决定了这片土地的命运。
恩利尔对全人类都有重大的作用，
他是那些注视他的神中最伟大的一员。
巴比伦的名字是崇高的，
在世界上是最至高无上的；

因为马杜克，在这儿建立了
一个永恒的王权。

巴比伦，然后是亚述，都成了伟大的城市。苏美尔不再存在；但在一片遥远的土地上，传统的接力棒从亚伯拉罕和他的儿子以撒手中传给了雅各布，后来他名叫伊斯拉艾。

附录：中英文对照表

A

爱色尼	Essenes
阿喀琉斯	Achilles
阿斯卡拉福斯	Ascalaphus
阿客雅瓦	Achiyawa
阿蒙拉	Amonra
阿蒙	Amon
阿蒙-拉	Amon-Ra
艾贝拉	Ebla
安南	Annan
阿马努斯山脉	Amanus
埃姆特巴	Emutbal
阿卡德桑玛兰德	Sumerand
阿迪尼	Adini
阿卡	Akko
阿什卡龙	Ashkalon
阿尔比勒	Arbela
安珊	Anshan
阿契美尼德	Achaemenid
阿胡·玛兹达	ahuar-mazda

艾得夫	Edfu
阿比多斯	Abydos
阿布	Abu
安努	Anu
安	AN
安城	On
阿萨尔	Asar
阿斯特	Ast
阿索	Aso
《埃及神话》	*Egyptian Mythology*
阿斯卡热	Askara
安瑟尔	Aether
阿芙罗狄忒	Aphrodite
阿特伯罗斯	Atropos
埃特纳火山	Etna
阿克梅娜	Alcmena
阿波罗多里斯	Apollodorus
奥伦特河	Orontes
奥图埃斯菲德	Otto eissfeldt
阿底提亚	Adityas
阿底提	Aditi
阿格尼	Agni
阿沙文	Ashvins
阿苏茹阿	Asuras
埃利毕沙	Ilibsa

安格瑞瑟司	Angirases
阿斯旺	Aswan
埃利潘蒂尼	Elephantine
阿布辛波神庙	Abu Simbel
阿丽娜	Arinna
安图姆	Antum
安图	antu
安沙戈	Anshargal
阿拉卢	Alalu
阿拉尼姆	alulim
《阿特拉-哈希斯》	*Atra-Hasis*
阿舒拉	Ashura
艾达	Adah
A.R.米勒德	A. R. Millard
阿麦克达	Amakandu
阿舒尔-贝尔-凯利	Ashur-bel-Ka'ini
阿舒尔-恩·杜尼	ASHUR-EN.DUNI
阿什克拉兹	Ashkenaz
阿拉姆	Aram
阿日木阿	Azimua
阿扎格	Azag
阿克·W.萧柏格	Ake W. Sjoberg
埃拉特	Eilat
艾伦比	Allenby
艾尔-芒塔	el-Muntar

安纳吉姆	Anakim
A.费尔肯斯坦	A. Falkenstein
艾萨克·牛顿爵士	Sir Isaac Newton
阿拉帕	Arappa
AB.格时	AB.GALs
艾丁-达甘	Iddin-Dagan
阿克沙克	Akshak
《埃拉叙事诗》	*The Erra Epos*
埃萨吉拉	Esagil
阿皮沙	Apishal
艾帕威尔	Ipuwer
阿曼	Arman
《阿卡德的诅咒》	*The Curse of Agade*
阿曼-曼达	Umman-Manda
艾吉吉	Irgigi
艾米	Imi
艾努努	Elulu
埃克斯克里巴	Excalibur
阿马尔辛	Amar-Sin
阿拉菲尔	Amraphel
艾日可	Ariokh
阿当	Admah
爱瑞阿克苏	Ariokh
A.H.塞思	A. H. Sayce
阿尔弗雷德·赫雷米亚斯	Alfred Jeremias

阿拉瑞哈	Azariah
奥菲勒斯	Theophilus
安提阿	Antioch
阿蒙诺菲斯二世	Amenophis
艾尔阿里史	EI–Arish
阿马尔–杷尔	Amar–pal
阿斯特—卡纳因	Ashterot–Karnayim
艾尔巴拉	EI–Paran
艾因密斯杷	Ein–Mishpat
艾瑞克	Eriaku
阿迦特	Aqhat
艾日达	Ezida
《埃拉叙事诗》	*L'Epopea di Erra*
爱德华兹空军基地	the Edwards Air Force Base
埃尼奴	E.NINNU
阿赫莫西斯	Ahmosis

B

《圣经》	*The Bible*
巴勒摩石刻	Palermo Stone
本本	Ben–Ben
贝奴鸟	Bennu bird
布里亚琉斯	Briareos
波哩提毗	PritHivi
跋伽	Bhaga

博格	Bogh
《百道梵书》	*Satapatha Brahmana*
波格斯凯	Boghazkoi
巴地比拉	BAD.TIBIra
卜特	Put
巴顿	Barton
伯示麦	Beth-Shemesh
波利特	Beth-El
伯利恒	Bethlehem
伯罗苏丝	Berossus
比鲁鲁	Bilulu
宾夕法尼亚	Pennsylvania
《贝尔-马杜克的死亡和复活》	*The Death and Resurrection of Bel-Marduk*
班德戈丁吉尔	BAD.GAL.DINGIR
贝拉	Bera
比尔沙	Birsha
伯拉	Bela
保罗豪普	Paul Haupt
《巴勒斯坦勘探》	*The Palestine Exploration*
毕博罗斯	Byblos

C

C.J.加德	C. J. Gadd

D

《地球编年史》	*The Earth Chronicles*
底比斯	Thebes
丹德拉	Dedera
《第一王朝的王陵》	*The Royal Tombs of the First Dynasty*
《都灵纸草》	*Turin Papyrus*
《第四突击纸草书》	*Fourth Sallier Papyrus*
德婆	Devas
帝奥斯	Dyaus
敦奴	Dunnu
《大洪水之前的城市》	*Antediluvian cities*
多达利姆	Dodanim
杜英法罗	Bau-ef-Ra
戴迪	Dedi
《调查》	*Untersuchungen*
丹	Dan
《东方史料》	*Orientalia*
德尔	Der
杜尔-鲁	Dur-Ilu
D.H.黑格	D. H. Haigh
杜尔马哈拉尼	Dur-Mah-Ilani
德莱海姆	Drehem
《达斯时代史诗》	*Das Era-Epos*
帝奥斯-皮塔	Dyaus-Pitar

E

E-尼玛尔	E-Nimmar
恩麦杜兰基	Enmeduranki
E.齐拉	E. Chiera
恩利利特	Enlilite
E.贝格曼	E. Bergmann
E.姆西	E.MUSH
恩纳图姆	Eannatum
E.D.冯·布伦	E. D. Van Buren
厄里倪里斯	Hrinyes

F

腓力斯人	Philistine
弗尔坎	Vulcan
弗拉维·约瑟夫	Flavius josephus
弗林德斯·皮特里	Flinders petrie
菲比	Phoebe
伐楼拿	Varuna
《吠陀经典》	*Rig-veda*
佛陀	Budah
凡格瑞达	Vangrida
F.赫罗兹尼	F. Hrozny
凡尔赛	Versailles
《反驳阿皮翁》	*Against Apion*
F.莱纳们特	F. Lenormsnt

弗拉姆保尔	Franz M. Bohl
弗栗多	Vritra

G

歌格	Gog
高加索	Caucasus
古提姆	Gutium
冈比西斯	Cambyses
该撒利亚	Caesarea
盖布	Geb
《工作和生活》	*Works and Days*
古埃斯	Gyes
甘露	Sukra
哥莫	Gomer
《古代东方研究》	*Altorientalische*
《给奈格尔的祈祷和赞美诗》	*Gebete und Hymnen an Nergal*
《柽柳和枣椰树寓言》	*The Fable of the Tamarisk and the Datepalm*
格西提南娜	Geshtinanna
古蒂亚	Gudea
古提人	Gutian
果美	Go'im
《国王之书》	*The Book of Kings*
《古代东方圣约书的收集与整理》	*Das Alte Testament Im Lichte Des Alten Orients*

H

豪尔赫·路易斯·博尔赫斯	Jorge Luis Borges
海伦	Helen
荷马	Homer
赫克托	Hector
海因里西·谢里曼	Heinrich Schliemann
哈克汉姆-阿尼什	hakham-anish
哈特城	The city of Hut
海因里希·布鲁格施	Heirenchi Brugsch
赫利奥波利斯	Heliopolis
赫里奥坡里坦	Heliopolitan
赫尔墨斯	Hermes
《哈列夫的纸草书》	*Papyrus of Hunefer*
哈特	Hath
赫美拉	Hemera
亨克堂切瑞斯	Hekatoncheires
哈莫斯山	Haemus
赫拉克里斯	Heracles
哈奴曼	Hanuman
哈塔斯利西	Hattusilish
赫梯	Hatti
赫巴特	Hebat
哈兹	hazzi
《鹤嘴锄神话》	*The Myth of the Pickax*
霍华德·维瑟	Howard Vyse

胡夫	Khufu
哈姆弗莱斯·布莱维	Humphries Brewer
哈尔萨格	Harsag
哈夫拉	Khafra
哈德德夫	Hor-De-Def
哈姆	Ham
《混杂的巴比伦文本》	*Miscellaneous Babylonian*
海因里希·热曼	Heinrich Zimmem
哈拉帕	Harappa
赫瑞克里欧坡利斯	Heracleopolis
荷岛拉么	Khedorla'omer
《汉谟拉比的书信和铭文》	*The Letters and Inscriptions of Hammurabi*
汉谟拉比-巴尼	Hammurabi-bani
哈特谢普苏特	Hatshepsut
哈比鲁	Hapiru
赫雷米亚斯	Jeremias
哈比鲁 / 哈皮如	Habinu / Hapinu
H.C.特朗布尔	H. C. Trumbull
赫多尔拉美尔	Khedorlaomer
荷布特特	HorButet
哈索尔	Hathor
哈克思	Hyksos

I

I.M.布雷克	I. M. Blake

J

加沙	Gaza
《金字塔文本》	*Pyramid Texts*
杰耿迪斯	Gigantes
迦楼罗	Garyda
J.赫伯特	J. Herbert
J.缪尔	J. Muir
迦叶	Kasyapa
加利福尼亚	California
济拉	Zillah
贾万	Javan
吉奥普斯	Cheops
J.博伦鲁切	J. Bollenrucher
《近东的早期文明》	*Earliest Civilzations of the Near East*
吉利达	Gilead
基利亚特亚巴	Kiryat Arba
J.冯·戴克	J. van Dijk
《吉尔伽美什史诗》	*Epic of Gilgamesh*
吉尔苏城	Girsu
基角拉	Gigunu
J.加斯唐	J. Garstang
J.W.杰克	J. W. Jack

加低斯巴尔内亚	Kadesh-Barnea
《加低斯巴尔内亚》	*Kadesh-Barnea*
基拉尔	Gerar

K

昆兰	Quram
克辛斯	kittians
《库普利亚》	*kypria*
库德城	Kutha
肯努	Khennu
卡	ka
科俄斯	Coeus
克利俄斯	Crius
克罗诺斯	Cronos
科托斯	Cottus
克罗托	Clotho
克克里特	Crete
凯莱斯	Fates
卡西乌斯	Casius
卡西雅伯	Kas-Yapa
克兰亚	Karanja
卡马克	Kamak
卡哈特	Kahat
《库玛而比周期》	*The Kumarbi Cycle*
库米亚	Kummiya

凯恩	Ka'in
科提姆	Kittim
库施	Cush
卡利夫·阿尔玛门	Caliph Al Mamoon
库拉布	Kullab
《库热的领袖那拉姆-辛》	*The Kuthean Legend of Naram-Sin*
《库德城国王》	*The King of Kutha*
K.M.凯尼恩	K. M. Kenyon
库杜尔-拉格玛	Kudur-Laghamar
卡得美亚人	Cadmeans

L

罗马帝国	Roman Empire
卢里斯坦	Luristan
拉吉	Lachish
拉伯沙基	Rab-shakeh
拉皮特斯	Lapetus
流特斯	Lustier
拉克西斯	Lachesis
拉姆	Ram
楼陀罗	Rudra
罗摩	Rama
拉马奇	Namuchi
拉瑟提亚	Nasatya
拉马	Lama

力鲁	Lillu
莉莉塔	Lillitu
莉莉日	Lilith
L.W.金	L. W. King
里纳博	Nin-ab
路德	Lud
《卢伽尔-e 》	*Lugal-e*
《拉姆传奇》	*Legend of the Ram*
《历史开始于苏美尔》	*History Begins at Sumer*
朗戈	Nungal
卢加尔班达	Lugalbanda
《卢加尔班达和呼兰山》	*Lugalbanda and Mount Hurum*
《卢加尔班达和恩麦卡尔》	*Lugalbanda and Enmerkar*
《卢加尔班达史诗》	*The Lugalbanda Epic*
卢加尔基西	Lugal-zagesi
《列王记》	*Kings*
L.卡尼	L. Cagni

M

弥赛亚	Messianic
摩押	Moab
玛各	Magog
密涅瓦	Minerva
玛舍里	Murshilis
米吉多	Megiddo

穆瓦塔里斯	Muwatallis
米提里提	Mitinti
美地亚	Media
孟菲斯	Memphis
马拉松	Marathon
马其顿王国	Macedonia
曼涅托	Manetho
美尼斯	Menes
米纳	Mena
玛特	Maat
梅特涅石碑	Metternich Stela
密苏里州	Missouri
麦克唐纳·道格拉斯	McDonnell Douglas
缪斯	Muses
摩涅莫辛涅	Mnemosyne
墨利亚神女	Meliae
马-艾西	Mar-Ishi
米特拉	Mitra
魔录多	Maruts
马鲁特	Marut
玛阿特-勒胡鲁-拉	Maat-Neferu-Ra
米坦尼王国	Mitanni
美国国家航空航天局	NASA
麦努哈	Meluhha
马根	Magan

马格	Magog
马代	Madai
密塞	Meshech
麦希	Mizra'im
摩西山	Mount Moses
米塞利诺斯	Mycerinus
门卡拉	Menkaure
麦什拉姆	Meslam
莫阿布山	Mount Moab
玛拿西	Manasseh
莫蒂默・惠勒	Mortimer Wheeler
摩亨佐-达罗	Mohenjo-Daro
马里	Mara
曼奴丹奴	Mannu-Dannu
摩里斯・兰伯特	Maurice Lambert
M.C.阿思托	M. C. Astour
玛尼叟	Manetho
米哈	Milkha
莫克热德克	malkizedek
孟图赫特普	Mentuhotep
马末利平原	Mamre
莫哈韦沙漠	Mojave Desert
马尔斯	Mars
孟奈菲	Men-Nefer
玛米	Mammi

N

奈格尔	Nergal
《那拉姆-辛的传说》	*The Legend of Naram-Sin*
奈里	nairi
尼斯洛	Nisroch
尼科	Necho
努比亚	Nubia
《努比亚的埃及》	*Egypt in Nubia*
纳尔迈	Narmer
妮芙提丝	Nephtys
那波特海特	nebt-hat
涅其-阿特夫	Netch-Atef
尼克斯	Nyx
纽墨菲	Nymphs
尼克斯纳米西斯	Nyx nemesis
妮莎	Nyssa
拿辖	Nahash
纳得	Nud
那尔迈	Nar-Mer
宁呼尔萨格	Ninhursag
尼布卡	Nebka
宁图纳	Nintulla
宁树图	Ninsutu
纳日	Ninkashi
纳结	Nazi

宁达拉	Nindara
拿破仑	Napoleonic
宁吉什西达	Ningishzidda
宁迦尔	Ningal
尼泊山	Mount Nebo
拿弗他利	Naphtali
勒格	Nege
努戈	LU.GAL
尼达巴	Nidaba
尼那戈	Ninagal
宁松	Ninsun
南姆	Nanum
那哈尔	Naharin
尼古拉施耐德	Nikolaus Schneider
那卡	Nakhl
尼普蕊提斯	Nippurites
宁玛赫	Ninmah
奴南利尔	Nunamnir
努戈	LU.GAL

O

欧日瑞斯山	Mount Othyres

P

佩皮	Pepi

帕第	Padi
佩鲁希昂	Pelusium
皮同	Pi-Torn
普鲁塔克	Plutarch
品达	Pindar
毗湿奴	Vishnu
普善	Pushan
佩南亚	Parnaya
P.德哈米	P. Dhorme
佩扫	Peitho
皮莱格	Peleg
P.哈兰德	P. Harland
P.F.戈斯曼	P. F. Gossmann

Q

乾闼婆	Gandharvas
乔治·史密斯	George Smith
切夫伦	Chephren
乔治·A.巴顿	George A. Barton

R

热舍尔	Zeser
瑞亚	Rhea
瑞胡	Rehu
芮发特	Riphat

瑞西阿达德	Rish-Adad
如尔	Re'u
瑞八图	Rabattum

S

十字军	Crusaders
萨拉森人	Saraee
疏割	Succoth
舍鲁金	Sharrukin
萨尔贡	Sargon
闪族	Semitic
沙巴图	subartu
沙提姆	sutium
舍尼博	Sillibel
沙利色	Sharezzer
萨拉米斯	Salamis
锁安	Zo’ an
塞提	Seti
舒	Shu
斯马	Sma
塞缪尔·伯奇	Samuel birch
S.B.摩尔瑟尔	S. B. Mercer
圣路易斯	St. Louis
沙巴寇	Shabako
《颂诗》	*The Odes*

《神谱》	*The Theogony*
史崔勒斯	Strainers
色雷斯	Thrace
舍巴尼克舍勒特	serbonic sealet
赛博尼斯湖	Serbonis
瑟奇	Tvashtri
苏利耶	Surya
索玛	Soma
沙西拉	Sushna
沙巴拉	Sambara
苏丹-土丘	Sultan-Tepe
S.N.克雷默	S. N. kramer
《苏美尔文学尼普尔文本》	*Sumerische Literarische Texte aus Nippur*
圣凯瑟琳山	Mount St.Katherine
塞缪尔·盖勒	Samuel Geller
《神的主权》	*La Souveraine des Dieux*
《苏美尔神庙赞美诗汇编》	*The Collection of the Sumerian Temple Hymns*
苏尼姆	Shulim
沙马氏	Shamash
《〈圣经〉考古学学会交流》	*Transactions of the Society of Biblical Archaeology*
斯蒂芬·兰顿	Stephen Langdon
莎佩勒特	Sarpanit

《苏美尔人的神话》	*Sumerian Mythology*
舒革娅	Shugia
《萨尔贡传奇》	*The Legend of Sargon records*
《萨尔贡编年史》	*Sargon Chronicle*
撒玛利亚	Samaria
《所有MEs的女王》	*Queen of All the MEs*
《神宁吉日达》	*The God Ningizzida*
舒哈达库	Shuhadaku
舒辛	Shu-Sin
史纳比	Shinab
闪-希伯	Shem-eber
色持	Shelach
赛如	Serug
色目	Shechem
斯帕托	Spartoli
闪可因	Shaveh-Kiryatayim
斯蒂山谷	Vale of Siddim
舍不	Shebu
色耶尼	Syene
萨来	Sarai

T

特洛伊	Trojans
特摩斯三世	Thothmes III
图如库	turukku

提格拉特帕拉沙尔一世	Tiglat-Pileser I
透特	Thoth
《太阳翼碟传奇》	*Die Sage von der geflugten Sonnenscheibe*
塔肯	Ta-khenn
塔尼斯	tanis
托勒密·菲勒德哈斯	Ptolemy philadelhus
塔乌尔	Ta-Ur
塔-尼特尔	Ta-Neter
提姆	Tem
泰芙努特	Tefnut
塔尔塔罗斯	Tartarus
忒伊亚	Theia
特耶斯	Thetys
特冯辛	typhaonion
提婆	Deva
塔拉	Tara
唐克娜	Damkina
提革拉昆列色	Tiglat-Pileser
《天空之神》	*Kingship in Heaven*
托伽马	Togamah
塔希斯	Tarshish
特耳革哈舒	Tell Ghassul
提哥亚	Tekoah
陶克尔德·雅克布森	Thorkild Jacobsen

特洛	Tello
泰尔	Tidhal
泰得古拉	Tidhal
托马斯	Toumosis
T.E.皮特	T. E. Peet
替尔胡	Tirhu
托斯-么思	Thoth-mes
图的-古拉	Tud-Ghdhal
提鲁	tillu

W

瓦拉	Warahshi
瓦瓦	Ua-Ua
《亡灵书》	*The Book of the Dead*
W.马克斯·穆勒	W. Max Muller
乌纱斯	Ushas
维戈瓦斯	Navagvas
乌利库梅	Ullikummi
W.W.哈罗	W. W. Hallo
W.L.莫兰	W. L. Moran
W.G.兰伯特	W. G. Lambert
威廉哈罗	william hallo
威斯卡	Westcar
《我歌唱众神的母亲之歌》	*I Sing the Song of the Mother of the Gods*
维也纳	Vienna

《我歌唱众神之歌》	*I Sing the Song of the Gods*
乌姆-舒马尔	Umm-Shumar
《为埃利都唱赞美歌》	*Yymn to Eridu*
W.S.C.波司卡文	W. S. C. Boscawen
乌马西	UL.MASH
乌图-黑格尔	Utu- Hegal
文森特舍尔	Vincent Scheil
乌加里特语	Ugaritic
W.F.奥尔布莱特	W. F. Aibright
《乌尔的历史和古迹》	*History and Monuments of Ur*
《乌鲁克挽歌》	*The Uruk Lament*

X

雪松山	Cedar Mounatain
西顿	Sidon
希西家	Hezekiah
沃尔特.B.伊莫里	Walter B. Emery
许配里翁	Hyperion
西弥斯	Themis
西西里岛	Sicily
锡兰	Ceylon
夏皮努尼马	Shuppilulima
辛沙里什库	Sinsharishkun
《禧年书》	*Book of Jubilees*
夏得特博	Shid-tab

希伯	Eber
西奥菲勒捏	Theophilus
辛-已地那	Sin-Idinna
希特勒	Hitler
夏吉帕达	shagipada
希罗多德	Herodotus
夏佩特	Shupat

Y

约翰·威尔金斯	John Wilkins
犹太	Judah
以东	Edom
亚扪人	Ammonites
亚该亚人	Achaean
《伊利亚特》	*Iliad*
耶利米	Jeremiah
以倘	Etham
亚甲	Agade
亚实突	Ashdod
以革伦	Ekron
亚拉姆语	Aramaic
亚德米勒	Adrammelech
《伊西斯和奥西里斯》	*De Iside et Osiride*
伊雷亚	Eraea
伊吉潘	Aegipan

雅利安人	Aryans
因陀罗	Indra
叶雅亚提	Yayati
《印度神话》	*Hindu Mythology*
伊吉吉	Igigi
雅雷德	Yared
伊莉莎	Elishah
英西格	Enshag
伊姆杜吉德	Imdugud
英克特斯	Enkites
耶利哥	Jericho
亚历克西斯·马伦	Alexis Mallon
盐山	the salt Mountain
以法莲	Ephraim
伊尼德	Enid
《伊南娜和比鲁鲁的神话》	*The Myths of Inanna and Bilulu*
雅模利	Yarmuli
伊比辛	Ibbi-Sin
伊拉撒	Ellasar
《耶利哥故事》	*The Story of Jericho*
亚兰-那哈尔	Aram-Naharim
以撒	Isaac
亚伯	Abram
《宇宙中的苏美》	*Der Kosmos Von Sumen*
《亚伯拉罕在苏美尔的战争？》	*Abraham Sumerer*

亚玛力人	Amalekite
伊什-那尔	Ish-Naar
以舜	Ishum
伊什比埃拉	Ishbi-Erra
依西米达甘	Ishme-Dagan
伊斯拉艾	Isra-EI
优西比乌	Eusebius
依沙瑞拉	Irsirra
亚萨	As-Sar

Z

朱迪亚	Judea
扎格罗斯	Zagros
扎卜河	zab river
朱利叶斯·阿非利加努斯	Julius Africanus
《祖的神话》	*The Myth of Zu*
《赞美深渊之神》	*Ludlul Bel Nimeqi*
詹姆斯梅拉尔特	James Mellaart
《最痛苦的呼喊》	*The Most Bitter Cry*
佐阿	Zoar
子比	Zebi'im
子可-宜立舒	Zikir-ilishu
佐非山	Mount Zophim

FONGHONG
凤凰联动出品